重庆市人文社会科学重点研究基地
劳动经济与人力资源研究中心研究成果

STUDY ON THE COORDINATED DEVELOPMENT OF
FINANCIALIZATION AND URBANIZATION IN CHINA

中国经济金融化与城镇化
协调发展研究

姜松　夏艳◎著

图书在版编目（CIP）数据

中国经济金融化与城镇化协调发展研究/姜松，夏艳著.—北京：经济管理出版社，2019.12

ISBN 978-7-5096-6950-1

Ⅰ.①中… Ⅱ.①姜… ②夏… Ⅲ.①金融—影响—城市化—研究—中国 Ⅳ.①F832 ②F299.21

中国版本图书馆 CIP 数据核字（2020）第 010361 号

组稿编辑：胡　茜
责任编辑：任爱清
责任印制：黄章平
责任校对：陈　颖

出版发行：经济管理出版社
　　　　　（北京市海淀区北蜂窝 8 号中雅大厦 A 座 11 层　100038）
网　　址：www.E-mp.com.cn
电　　话：(010) 51915602
印　　刷：北京玺诚印务有限公司
经　　销：新华书店
开　　本：720mm×1000mm/16
印　　张：12.5
字　　数：224 千字
版　　次：2020 年 5 月第 1 版　2020 年 5 月第 1 次印刷
书　　号：ISBN 978-7-5096-6950-1
定　　价：69.00 元

·版权所有　翻印必究·

凡购本社图书，如有印装错误，由本社读者服务部负责调换。
联系地址：北京阜外月坛北小街 2 号
电话：(010) 68022974　　邮编：100836

序

2019年2月22日，习近平总书记在中央政治局第十三次集体学习时发表了重要讲话并强调，金融要为实体经济服务，满足经济社会和人民群众需要。金融活，经济活；金融稳，经济稳；经济兴，金融兴；经济强，金融强。经济是肌体，金融是血脉，两者共生共荣。因此，在宏观大背景下，当前金融产业发展的总体基调就是深化供给侧结构性改革，引导金融高质量服务实体经济、打好防范化解包括金融风险在内的重大风险攻坚战，推动金融业健康发展。

金融与实体经济是协同迈进、共生共荣的关系。随着经济新动能转换、结构转型升级及金融市场的发展，尽管实体经济和金融市场的联系愈发密切、互动愈发频繁，金融化趋势已经不可逆转。但纵览实体经济和金融市场的波动情况，从"防范系统性金融风险"的角度来看，我们要密切关注其中的"过渡金融化"的问题。按照国际发展经验，经济金融化是产业结构演进、盈利模式和组织流程变革的必然结果，可以提升实体经济成长与发育程度。但从实践运行和受限于诸多体制、机制原因来看，大量的资金从实体经济流出，并涌入金融部门、金融产业，反而成为"掣肘"实体经济转型升级和高质量发展的"木桶短板"。这也是引发当前"资金空转""脱实向虚""以钱炒钱"现象的重要源头。

实体经济是"百业之根"。城镇化的发展需要实体经济有效支撑。随着城镇化的加速发展，最明显的表象特征就是城镇人口的快速增加。这类人群的共性就是需要解决就业问题。如果无法创造更多的就业岗位，拥有更强的就业容纳力，城镇化的发展就是"病态"的、不可持续的。从这个角度来讲，要促进城镇化的发展，就需要发展实体经济、提升实体经济的运行质量，为城镇化发展提供产业之源、空间之基。

如果将实体经济看作"手段"，城镇化就是实体经济发展结下的"硕果"。因而，在理论层面，两者应该是相互促进、同步发展的协同关系。自党的十八大以来，党中央就深入推进新型城镇化建设做出了一系列重大决策部署。习近平总书记强调，城镇化是现代化的必由之路。李克强总理批示指出，城镇化是我国最大的内需潜力和发展动力所在。对新时代城镇化发展寄予厚望和诸多美好期待。

然而，经济金融化存在明显的"双刃剑"效应和"三重特征"。从里层特征来看，经济金融化趋势反映的是非金融企业金融化程度的提升，是"脱实向虚""根基虚化"的直接体现。从这个角度来说，金融化会直接影响到实体经济的发展结果——城镇化，会使城镇化失去产业支撑，削弱人口流动的"拉力"，不利于实体经济和城镇化的持续、健康和快速发展。但从现在的研究现状来看，关于经济金融化的研究成果关注更多的实体经济发展"过程"。将其与实体经济的发展结果——城镇化联系起来的研究成果还十分稀缺，研究亟待补充。

那么，我国经济金融化发展是否存在过度发展的情况呢？经济金融化和城镇化究竟存在怎样的关系？作用机制是什么？经济金融化对城镇化发展是否已经产生不良影响了呢？为回答这些问题，首先，本书采用多视角、多层面、多维度的立体研究思路，遵循"分析问题→提出假设→实证检验"的逻辑架构，从多学科交叉运用与融合的视角，建立经济金融化影响城镇化的理论分析框架；其次，根据权威统计数据，运用前沿统计学、计量经济学方法，刻画经济金融化和城镇化的基本关系、描述经济金融化与城镇化协调性及其动态演进，实证经济金融化与城镇化的相互关系及其影响效应，提出经济金融化与城镇化协调发展的制度安排及其实现路径，为我国走向新型城镇化道路，提高城镇化发展质量，提供理论依据与经验证据。研究得到了诸多有益结论，具体如下：

（1）理论分析表明经济金融化发展存在临界值。经济金融化的过程也是金融容量或说一个国家或地区金融最大或"最适"容纳量变化的过程，会通过"金融化→经济增长→城镇化"路径与城镇化发展产生理论关联。从本质来看，经济金融化和城镇化的关系体现的是生产函数中资金和劳动力要素比例变化的过程，最佳的资金与劳动力比率也就是经济金融化影响城镇化的临界值。当跨越临界值时，就意味着当前的金融容量已经超越了经济增长和城镇化所能承受的容量，也就是所说的"过度金融化"问题。

（2）经济金融化和城镇化演进过程均符合 Logistic 成长曲线所刻画的阶段性规律。当前中国经济金融化处于成长曲线的"准备期"阶段，城镇化发展则处于"成长初期"阶段。无论是经济金融化还是城镇化，在未来都有较快的增长速度、较大的成长空间、较强的市场潜力。在发展阶段上，城镇化发展明显超前、经济金融化发展明显滞后，两者存在发展阶段上的不匹配性和动态失衡性，并未出现协同共进的理论预期状态。新时期要推进经济金融化和城镇化的协调发展,应以稳定城镇化发展为前提,继续推动经济金融化发展。

(3) 无论是经济金融化还是城镇化都存在结构性"过度发展"状态。经济金融化多度发展出现的年份大多处于中国经济结构性转型、经济体制变革的关键时期。外部环境不好的年份,更易出现经济金融化过度发展的情形。城镇化过度发展的情形大多出现在改革开放之后。在样本区间内,两者同时出现过度发展状态的年份有九次。

(4) 中国经济金融化和城镇化的关系在宏观和区域层面存在不一致性。在宏观层面,经济金融化是城镇化的格兰杰原因,城镇化也是经济金融化的格兰杰原因,两者之间是双向因果关系、存在互动机制。但面板格兰杰因果检验结论却揭示,经济金融化是城镇化的格兰杰原因,但城镇化却不是经济金融化的格兰杰原因,两者在面板数据层面不存在互动关系。中国经济金融化和城镇化发展特色性、结构矛盾性十分明显。

(5) 中国经济金融化和城镇化协调水平的波动性、反复性和间断性特征明显。虽然中国经济金融化和城镇化协调发展水平较高,但总体上呈现下降态势。从阶段性特征来看,两者的协调水平的变动趋势呈现倒"S+U"型特征,即"降—升—降—升降"。如果任凭这种趋势蔓延而无动于衷,两者之间的协调关系将逐步恶化乃至失衡,届时将对于实体经济发展、产业结构转型升级和新旧动能转换产生诸多不利影响。

(6) 经济金融化对城镇化的影响显著为正且存在门槛效应特征。整体而言,在样本跨期内经济金融化并没有对城镇化产生不良影响,相反其通过实现金融部门规模经济、引导资金再分配和加速资本积累等途径对城镇化产生显著促进作用。但其对城镇化影响效应也存在显著空间差异,东部影响显著,中部和西部影响显著为负。从阶段特征来看,经济金融化对城镇化的影响存在明显的门槛效应,在不同经济金融化阶段其对城镇化影响效应并非恒定。当期跨越第一个门槛值迈入第二阶段后其负面效应开始显现或呈现不确定性。

(7) 中国经济金融化对城镇化的影响存在显著的空间效应。经济金融化对本区域城镇化的影响存在着倒"U"型非线性特征。在经济金融化水平未达到"U"型曲线的顶点以前,对该区域城镇化的影响效应显著为正,而当其跨越"U"型曲线的顶点后,对该区域城镇化发展的负面效应便开始显现。但值得注意的是,其对邻近区域城镇化影响的非线性特征并不明显,而是存在显著的、线性的负向关系,会制约邻近区域城镇化的发展。

（8）新时期中国经济金融化与城镇化协调发展应坚持"1+2"的总体发展思路，通过服务实体经济、促进结构调整、加速人力资本投资三个路径实现。坚持一个目标：以金融和产业融合共生发展为目标；平衡两个关系：金融创新和金融监管的关系、包容性和市场性的关系；在服务实体经济路径方面，应强化货币政策调控，营造服务实体经济氛围；依托供应链提供金融服务，提升服务实体经济质量；创新PPP模式，改进金融服务实体经济效率。在促进产业结构调整路径方面，应明确货币政策与财政政策分工，强化协同配合；切实推进配套改革，突破产业结构调整困境；发展绿色金融，服务产业绿色转型。在加速人力资本投资路径方面，发挥消费金融作用、发挥小微金融作用、发挥金融科技作用。

综合而言，本书对于经济金融化、城镇化及两者之间的作用机理的论证方面较为综合和彻底，能够对学界同仁系统认知经济金融化的效应、开展同类研究提供理论支撑和前期的资料准备。同时，本书运用的相关方法、技术路线可以为研究人员开展此类研究提供方法支撑和技术借鉴，有利于从新的维度，发现经济金融化、城镇化协调发展中的新矛盾，进一步推动研究的深化和研究层级的跃升。最后，书中发现的相关结论，尤其是在服务实体经济路径、产业结构路径和人力资本路径等方面所提到的政策建议，可以为决策部门制定相关政策、进行战略决策提供经验支撑。当然，现实世界远比想象复杂，对于经济金融化和城镇化关系与作用机制的研究也是如此。因为时间和研究者能力的关系，对于相关问题的揭示也浅尝辄止，仍存在诸多不足，也恳请学界同仁不吝赐教，提出宝贵意见，以促进研究成果的进一步完善。

目 录

第一章 导论 ... 1

  第一节 研究背景及问题提出 ... 1
    一、研究背景 ... 1
    二、问题提出 ... 3

  第二节 文献回顾及述评 ... 4
    一、文献回顾 ... 4
    二、文献述评 ... 7

  第三节 研究意义及内容 ... 9
    一、研究意义 ... 9
    二、研究内容 ... 10

  第四节 研究方法及技术路线 ... 12
    一、研究方法 ... 12
    二、技术路线 ... 12

  第五节 可能创新点 ... 13

第二章 相关概念与理论框架 ... 15

  第一节 概念界定 ... 15
    一、经济金融化 ... 15
    二、城镇化 ... 18

  第二节 理论基础 ... 21
    一、金融发展理论 ... 21
    二、金融创新理论 ... 23

三、平均利润理论 25
　　　　四、工业化理论 26
　　　　五、产业结构理论 27
　　第三节　理论框架 28

第三章　国外经济金融化发展一般特征及其启示 32
　　第一节　国外经济金融化发展历程 32
　　　　一、发达国家金融化历程 32
　　　　二、新兴市场国家金融化历程 35
　　第二节　国外经济金融化一般特征 36
　　　　一、金融范畴和业态拓展的过程 36
　　　　二、产业资本和金融资本协调发展的过程 37
　　　　三、金融创新和监管协调发展的过程 38
　　　　四、金融自由化和金融开放协调发展的过程 38
　　第三节　国外经济金融化启示 39
　　　　一、合理分配实体资本和金融资本 39
　　　　二、平衡金融创新和金融监管关系 39
　　　　三、构建现代金融体系 40
　　　　四、扩大金融开放 41

第四章　中国经济金融化发展概况及其发展趋势 42
　　第一节　中国经济金融化的演进及其制度逻辑 42
　　　　一、中国经济金融化的演进轨迹 42
　　　　二、中国经济金融化演进的制度框架 44
　　　　三、中国经济金融化演进的制度逻辑 45
　　第二节　中国经济金融化发展成就 47
　　　　一、宏观维度 47
　　　　二、中观维度 50
　　　　三、微观维度 56
　　第三节　中国经济金融化发展过程特征模拟 59
　　　　一、模拟方法 59
　　　　二、模拟过程 62

三、模拟结果 ……………………………………………………… 64
第四节　中国经济金融化发展定位与趋势分析 …………………… 68
第五节　中国经济金融化发展的适度性判断 ……………………… 69
　　一、适度性界定 …………………………………………………… 69
　　二、判断方法 ……………………………………………………… 70
　　三、判断结果与分析 ……………………………………………… 71

第五章　中国城镇化发展现状及其发展趋势分析 ……………… 75

第一节　中国城镇化发展现状与特征 ……………………………… 75
第二节　中国城镇化发展空间布局与比较 ………………………… 77
　　一、三大地带城镇化发展水平比较 ……………………………… 77
　　二、八大经济区域城镇化水平比较 ……………………………… 78
　　三、热点区域城镇化发展水平比较 ……………………………… 80
第三节　中国城镇化发展过程模拟结果与定位 …………………… 81
　　一、模型运用及其估计结果 ……………………………………… 82
　　二、发展定位与趋势分析 ………………………………………… 86
第四节　中国城镇化发展的适度性评估 …………………………… 87

第六章　中国经济金融化与城镇化关系的实证检验 …………… 91

第一节　时间序列的证据 …………………………………………… 91
　　一、方法选择 ……………………………………………………… 91
　　二、检验结果与分析 ……………………………………………… 92
第二节　面板数据的证据 …………………………………………… 94
　　一、面板格兰杰方法说明 ………………………………………… 95
　　二、检验结果与分析 ……………………………………………… 96
第三节　综合结论 …………………………………………………… 98

第七章　中国经济金融化与城镇化协调性测度 ………………… 99

第一节　测度方法：协调适应度模型 ……………………………… 99
第二节　测度过程 ………………………………………………… 101
　　一、样本方差计算 ……………………………………………… 101
　　二、协调值估计 ………………………………………………… 101

三、静态协调度计算 …………………………………………… 108
第三节　测度结果及分析 ………………………………………… 111

第八章　中国经济金融化对城镇化的总体影响与阶段特征实证 ……… 113

第一节　模型设计与变量说明 …………………………………… 113
一、实证模型设计 …………………………………………… 113
二、变量说明与指标量化 …………………………………… 115
第二节　数据来源与面板数据的检验 …………………………… 118
一、数据来源与处理 ………………………………………… 118
二、面板数据平稳性与协整检验 …………………………… 119
第三节　经济金融化对城镇化影响的总体效应实证 …………… 121
一、全样本估计结果与分析 ………………………………… 121
二、分区域估计结果与分析 ………………………………… 123
第四节　经济金融化对城镇化影响的阶段特征实证 …………… 126
一、门槛效应检验 …………………………………………… 126
二、门槛面板模型估计结果与分析 ………………………… 128
第五节　本章小结 ………………………………………………… 130

第九章　中国经济金融化对城镇化影响的空间效应实证 ……………… 132

第一节　模型设计 ………………………………………………… 132
第二节　空间统计分析 …………………………………………… 136
第三节　空间计量分析 …………………………………………… 137
一、直接效应分解结果与分析 ……………………………… 141
二、间接效应分解结果与分析 ……………………………… 141
第四节　本章小结 ………………………………………………… 143

第十章　经济金融化在业态层面对城镇化的影响：小微金融视角 …… 144

第一节　模型设计与估计方法 …………………………………… 144
第二节　变量说明与数据来源 …………………………………… 147
一、变量说明 ………………………………………………… 147
二、数据来源 ………………………………………………… 148
第三节　实证结果与分析 ………………………………………… 148

  一、小微金融发展对城镇化的影响效应实证 …………………… 149
  二、小微金融发展对城镇化影响的半参数估计 ………………… 153
 第四节 本章小结 ……………………………………………………… 157

第十一章 中国经济金融化与城镇化协调发展路径 ……………………… 158

 第一节 经济金融化与城镇化协调发展本质与基本原则 ……………… 158
  一、经济金融化与城镇化协调发展本质 …………………………… 158
  二、经济金融化与城镇化协调发展基本原则 ……………………… 160
 第二节 经济金融化与城镇化协调发展的总体思路 …………………… 161
 第三节 中国经济金融化与城镇化协调发展路径 ……………………… 163
  一、服务实体经济路径 ……………………………………………… 164
  二、结构调整路径 …………………………………………………… 166
  三、人力资本投资路径 ……………………………………………… 167

第十二章 研究结论与政策建议 ………………………………………………… 170

 第一节 研究结论 ……………………………………………………… 170
 第二节 政策建议 ……………………………………………………… 172
  一、建设经济金融化预警机制 ……………………………………… 173
  二、创新金融服务新机制 …………………………………………… 174
  三、构建普惠金融成长机制 ………………………………………… 175
  四、建立区域合作机制 ……………………………………………… 176

参考文献 ………………………………………………………………………… 177

后 记 ………………………………………………………………………… 187

第一章 导 论

第一节 研究背景及问题提出

一、研究背景

随着经济全球化进程纵深推进,经济运行、金融形势深刻变革,新自由主义、全球化、金融化演化成为世界经济的主要特征。但观察发现,其中的金融化已成为新一轮经济全球化的主导动力、全新图景、"程式化"的事实与无法逆转的时代主趋势与风向标(Krippner,2005;严启发,2008;崔学东,2009)。与之相适应,个人、企业和宏观经济与金融市场联系更为紧密,并越来越受到金融市场的影响。经济金融化是贸易投资自由化向金融自由化深化的结果,描述了经济活动重心从实体产业部门转移至金融部门、生产为中心转移到以金融为中心的客观事实(Krippner,2005;Foster,2007;赵玉敏,2008;段平方,2012)。经济金融化的"渐进式"演进改变了依托贸易和商品生产攫取与积累经济利润的传统模式,不仅为金融业规模经济效应提供了良好的外部环境,也极大地改变了世界各国经济运用方式与特征,有利于产业竞争力维持与扩张(白钦先,2001;吴晓求,2010)。随着经济金融化的深化,金融部门力量崛起、体系建立健全,金融新业态、新产品和新模式不断涌现,未来在引领经济增长新理念、新范式的同时,需要提升全要素配置效率,为经济增长注入新动能。

另外,经济金融化是一把名副其实的"双刃剑",在诸多方面表现其反面效应和不利影响。经济金融化的动态深化会激发金融利润投机机会,诱致企业投资倾向偏离引发不确定性风险，不仅使经济陷入长期衰退"泥潭"，而且也会引致收入分配失衡、加剧社会矛盾。更为甚之，过度的金融化将引致实体经济"空心化"，成为经济危机诱发的重要因素（张慕濒、诸葛恒中，2013）。而促进实体经济发展正是我国政策聚焦"主轴"和供给侧结构性改革的核心内容。在中共十九大报告的深化供给侧结构性改革部分，明确提出了"建设现代经济体系，必须把经济发展的着力点放在实体经济上"。作为国民经济发展的"根基"，实体经济对于一国实现经济持续增长、改善人民生活、提供就业岗位、提升国际竞争力具有重要意义。

因而，习近平总书记在改革开放四十年纪念大会上，对实体经济发展成就也予以充分肯定，并指出："我国主要农产品产品跃居世界前列、建立了全世界最完整的现代工业体系、科技创新和重大工程捷报频传、基础设施成就显著。我国已是世界第二大经济体、制造业第一大国、货物贸易第一大国、商品消费第二大国……"

从微观层面来看，实体经济发展成就的取得与实体经济企业家密不可分。在入围改革开放杰出贡献百人名单的 21 位企业家中，新希望刘永好、吉利李书福、TCL 李东生、美的何享健、海尔张瑞敏、正泰南存辉、邯郸钢铁刘汉章、中国中车孙永才等。他们不仅是中国制造、实体经济发展的引领者，也见证了我国改革开放中实体经济演进脉络、转型升级、成长壮大、竞争引领的全过程，更是习近平总书记新理念、新思想、新观点的最好体现与实践例证，是我国实体经济内生发展的微观"缩影"和跨越发展的保障。从这个角度来说，经济金融化潜在的负面效应会影响我国实体经济发展宏观大局以及未来发展的持续性。

从结构层面来看，工业化是现代化的核心。经济金融化所导致的实体经济虚化在一定程度上会传递和影响工业化发展。因此，在国际金融危机后，全球制造业和工业化发展处在重塑发展理念、调整失衡结构、重构竞争优势的关键节点。促进工业化发展重新成为全球竞争的制高点。发达国家聚焦实体经济发展，推行"再工业化"和"制造业回归"战略。美国发布"先进制造业国家战略计划"，德国提出"工业 4.0"，英国发布"工业 2050 战略"，法国颁布"新工业法国"计划，日本启动"再兴战略"，这些国家都旨在谋求技术、产业方面的领先优势，抢占制造业高端领域，推动工业化发展迈入新阶段，进而寻求经济结构再平衡。实践经验和科学研究表明，工业化和城镇化之间存在相互促进、互为条件的深刻关系。没有工业化就没有城镇化；反之，没有城镇化，就没有现代工业化，工业化是过程和手段，城镇化既是经济发展过程规律也是实现目标预期。如果将实体经济比作一辆自行车,那么工业化和城镇化就如同其两轮,互促实体经济前行。因此,关注经济金融化的影响效应,应该同时关注其对工业化和城镇化的影响。从研究层面来看,关注前者居多,后者欠缺。

从政策层面来看,随着我国经济社会迈入全面转型、改革攻坚新时期,经济发展环境渐趋复杂、挑战更多,各类新矛盾、新问题"抱团"涌现。中共十八大、十八届三中全会以及十九大,高瞻远瞩、顶层设计,提出了"促进工业化、信息化、城镇化、农业现代化同步发展"的宏伟蓝图,蕴含了新时期中央决策高层寻求突破跨越、和谐共进的全新战略内涵。"四化"中的城镇化是现代化必由之路,是破除"二元"结构的依托(李克强,2014),被中央决策层视为"未来最大的发展潜力"和"经济增长的重要引擎"并寄予厚望。从这个意义上来说,城镇化建设是新时期我国经济发展政策操作与聚焦"主轴"。因而,无论是在研究层面还是在政策层面,在振兴实体经济的大背景下,从"城镇化"这一工业化、实体经济发展结果层面,评估经济金融化的影响效应就是一项亟待开展的研究课题,具有重要的理论价值和现实意义。

二、问题提出

城镇化是人类发展到一定阶段的产物,是不可逆转的潮流与趋势。城镇化发展有其内在的运行规律,不是简单的人口比例增加和城市规模扩张,而必须依靠产业支撑、建立在工业化基础之上(李强、陈宇林、刘精明,2012;陈斌开、林毅夫,2013;辜胜阻、刘江日,2012),城镇化发展质量提升与健康可持续发展需要"产城融合、互动",需要工业化、实体经济的支撑。从这个层面来讲,经济金融化的"输血"功能将为城镇化发展"保驾护航"。但经济金融化在改变利润积累模式、提升产业竞争力和经济运行模式的同时,也改变了现代经济结构中名义部门与实体部门的数量对比、资源偏好与流向。在某种程度上经济金融化也是"去工业化"过程。经济金融化这种"双重效应"蕴含着推进城镇化进程的新机遇、新启示,也提出了一系列亟待解决和探知其规律的新矛盾、新问题。

既然经济金融化与城镇化是经济社会发展必然趋势,都具有"不可逆性"。那么就现阶段中国国情与发展实际而言,经济金融化是否会与城镇化内涵特质背离?经济金融化与城镇化间究竟存在怎样的关系?经济金融化对城镇化演进产生了怎样的影响,是正向推动还是负向约束?经济金融化不同阶段对城镇化演进的影响效应存在怎样的动态差异?经济金融化影响城镇化演进的作用机理是什么?在新型城镇化推进中,如何规避经济金融化的负面效应进而实现经济金融化与城镇化的协调共进？本书正是基于对科学问题的认知而选题的，旨在通过对经济金融化和城镇化相互作用、相互牵扯关系认知，解析经济金融化对城镇化演进的影响机理，进而探寻经济金融化与城镇化间的协调途径等一般规律性问题。

第二节 文献回顾及述评

一、文献回顾

21世纪初，金融化概念被广泛使用并用来描述政治经济结构变化，其同新自由主义、全球化一道诠释资本主义历史变迁的"三大"趋势（Zwan，2014；Foster，2007）。实质上，金融化概念最早始于20世纪70年代新自由主义盛行之时，并一直是新自由主义悬而未决的重要问题（Kotz，2008）。但真正将金融化引入经济学研究则始于Phillips（1993）的《沸点》一书（段平方，2012）。自此之后，经济金融化的研究就彻底改变了工业经济的基本逻辑范式和民主社会内部运作方式，其中一个最为显著的特征就是其使已有理论框架中所建立起来的工资和生产率的关系逐步脱钩（Zwan，2014；Rossman和Greenfield，2006），许多学者也因此认为，经济金融化有助于更好地理解与刻画组织利益以及福利国家的政治制度变迁过程。例如，美国在20世纪70年代基本完成经济金融化后，一些发达国家学者也开始反思经济金融化趋势对经济来说到底意味着什么（Krippner，2005），尤其是自2008年国际金融危机引发的全球经济衰退更将经济金融化推向了研究高峰，凸显了深刻认知金融化和经济关系的重要性。虽然理论界对经济金融化并未形成统一认知（赵峰，2010；Freeman，2010；Lapavitsas，2011），但归纳起来主要体现在内涵特质认知、金融化的正向效应、金融化的负向效应等层面。

在内涵界定研究方面，Palley（2007）认为，金融化是一个过程，意味着金融市场、金融机构和金融精英对经济政策和经济成果的影响更大，意味着金融动机、金融市场、金融参与者和金融机构在国内及国内经济运行中的地位不断提升（Epstein，2005）。崔学东（2009）认为，经济金融化是指发达国家以金融为核心并支配实体经济的发展阶段概况，涵盖企业治理、资本关系与积累模式等内容

（Arrighi，1994；Fligstein，2001；Tickell，2000；莫雷拉和阿尔梅达，2010；何自立和马锦生，2013）。Stockhammer（2010）研究发现，经济金融化是指金融在经济发展中的作用越来越大，意味着金融部门与真实部门间的关系变化。白钦先（2003）认为，经济金融化是指经济与金融日益相互渗透、社会财富或资产日益金融资产化，并由此带来的经济关系的日益金融关系化等。严启发（2008）认为，金融化是指经济运行日益以金融活动为中心、以金融关系为纽带，以金融网络为基础，以追求财富增值为主要目的。赵玉敏（2008）从狭义和广义两个层面对金融化进行界定，认为狭义金融化是指通过金融技术将实体资产置换为金融资产的过程。广义金融化则是指世界主要经济体从产业资本向金融资本过渡的进程。此外，赵峰（2010）认为，经济金融化的内涵特质体现在宏观金融市场地位和作用的提升、金融部门和交易成为经济剩余吸收的主渠道、资本主义积累体制的转型、资本和劳动关系的结构性调整、非金融企业部门治理模式的转变、金融对生产关系的全面渗透六个方面。在最近研究中，鲁春义和丁晓钦（2016）指出，金融化的本质在于资本积累演变为资本脱离剩余价值的生产与交换而通过金融系统实现增值的过程。谢长安和俞使超（2017）将经济金融化概括为，在货币由贵金属形式演变到信用形式后，经济体由于货币创造的便利性出现大量信用活动进而呈现类似金融的状态。陈波（2018）认为，经济金融化是在资本主义条件下资本循环和资本积累的过程中，为了解决积累悖论而采取的应对之策，经济金融化的本质是资本积累的金融化。他将经济金融化界定为，在国际和国内范围内，在宏观、中观和微观经济层面，金融资本、金融机构以及金融业精英的支配力量越来越强大，获取的收益越来越高，金融深刻冲击和决定国家经济、政治及社会生活的各个方面与层面（陈波，2018）。

以概念内涵认知为逻辑起点，理论界亦开始解析经济金融化的影响效应，但也是众说纷纭。归纳起来也基本上涵盖正向效应和负向效应两层面。在正向效应研究方面，西方学者 Foster 和 Magdoff（2008）研究发现，当经济增长濒临停滞时，金融化有利于经济发展。Stockhammer（2004）认为，经济金融化改变了非金融机构的治理结构模式，使其更像金融市场主体。Lin 和 Devey（2013）则认为，经济金融化提高了金融精英人才的谈判与议价能力。Gleadle 和 Haslam（2010）则认为，经济金融化有利于证明股东价值、价值创造和价值吸收。Corpataux 和 Crevoisier 等（2009）认为，经济金融化能够在有效地分配金融资源的基础上实现对实体经济的积极影响。此外，Mishra 和 Sivramkrishna（2014）认为，企业因金融工具和其他投资决策所引发的"金融化"趋势能增加企业的盈利能力、维持净利润率以达到市场预期目标。Lapavitsas（2011）认为，经济金融化代表着成熟资本主义三大制度转型特征，大企业较少依赖银行但融资能力较强，银行金融服务职能回归及家庭金融财富意识觉醒。

国内学者白钦先（2001）认为，经济金融化与经济全球化的初衷一样，都是寻求进一步优化资源配置，提高市场效率，以此实现全球经济的共同发展和人类福利的普遍增长。蔡如海和刘向明（2008）认为，当货币化达到一定程度时，金融化随着非货币类金融工具的迅速扩张而趋于强劲，这不仅是现代经济中金融渗透的主要形式，也是货币化向纵深发展的必然结果。徐建军和王浩瀚（2009）研究发现，经济金融化对我国贸易发展起到了重要的促进作用。钟伟（2011）认为，21世纪经济金融化是经济全球化的重要特征，应将经济虚拟化视为常态，采取多种政策积极扶持经济金融化。鲁春义（2014）发现，经济金融化缓解了总体收入分配不平等，提高劳动收入份额。王红建等（2017）研究发现，金融化与企业创新呈"U"型曲线关系，当金融化程度达到23%时，其对创新作用表现为促进效应。适度的经济金融化确实在一定程度上拓展了该时期实体资本增值与社会物质财富创造的时空范围，对实体经济发展起到了积极的推动作用（戴赜，2018；王永葉，2017；王守义，2018）。

与此形成鲜明对比的是，学者也对经济金融化及其隐匿的风险存在诸多担忧，学者开始关注金融膨胀与实体经济繁荣是否同步并行抑或金融膨胀与经济停滞更接近经验事实（Foster，2007）。国外学者 Palley（2007）、Foster（2007）、Dore（2008）研究发现，经济金融化增加了收入不平等和促进工资停滞，增加经济债务紧缩和经济持续衰退风险。Aalbers（2008）研究发现，经济金融化加剧了抵押贷款市场的波动性与风险。Stockhammer（2010）认为，经济金融化引致金融部门的行为变化，是引发"影子银行"出现的直接诱因。Devey 和 Lin（2011）、Kedrosky 和 Stangler（2011）认为，2008年因房地产泡沫和风险抵押贷款而引发的世界性经济危机是经济金融化的结果。此外，Lee 和 Cheng（2011）回顾了经济金融化与金融危机的关系，并以中国香港为个案样本，分析了经济金融化对中国香港底层阶级的影响。国内学者也对经济金融化的负面效应提出了独到见解。其中，刘刚和白钦先（2008）认为，随着经济金融化的迅猛发展，短期资本会逐步演化为专业性投资资本，往往会对一国乃至世界经济金融发展造成巨大威胁。吴晓灵（2009）认为，金融危机是在经济金融化高度发展的背景下发生的，经济金融化大大加快了经济衰退的速度，加剧了经济衰退的程度。赵峰（2010）认为，资本主义经济从20世纪70年代末以来发生了重大结构性转型逻辑，必然导致资本主义金融和经济困境。

除此之外，还有学者将经济金融化对实体经济产生的不良影响做了论述。尽管我国实体经济很多领域仍存有金融支持欠缺的问题，但总体而言已呈现过度金融化倾向（陆岷峰、杨亮，2019），一旦预期到现实经济条件和实体经济长期回报根本无法支撑金融资本过度膨胀，金融危机就产生了（黄群慧，2017；成思危，2015）。因此，经济金融化虽然带来了短暂的经济繁荣，但造成了实体经济与虚拟经济的严重不平衡（赵磊和肖斌，2013）。基于此，有学者开始对经济金融化对实体经济的影响程度做进一步解构。例如，张成思和张步昙（2015）、周游和张成思（2016）认为，金融化趋势已经对实体经济运行产生了复杂而深远的影响，并带来前所未有的多层面冲击。经济金融化会显著降低实体投资率、弱化货币政策的"提振效应"、使实体企业形成"高杠杆依赖""挤出效应"大于"蓄水池效应"（张成思和张步昙，2016；杜勇等，2017；刘贯春等，2019）。基于这些不利影响，也有学者对经济金融化的本质进行解剖。比较有代表性的是刘锡良（2017）认为，中国经济过度金融化的本质是结构问题，强调必须基于供给侧结构性改革方能解决。

二、文献述评

学术界关于经济金融化内涵及其影响认知为研究深入提供了坚实的理论框架和逻辑起点，指引了研究深入方向。但通过对已有研究成果综述也发现已有研究存在以下四个问题：

1. 研究边界范围有待进一步拓展

经济金融化涵盖的范畴是十分广泛的，现行学界对于经济金融化的认知也存在两种倾向：一是过于狭窄。该类成果往往从宏观维度认知经济金融化，并将其边界界定为金融部门，因而在研究实施过程中，该类成果并未跳出"金融深化"理论的框架体系。因而，从本质上来说，该类成果就是金融发展理论的复刻，理论性、创新性以及应用性不足。二是过于泛化。该类成果往往是建立一系列指标体系来度量经济金融化，并从经济、政治、社会以及其他方面对经济金融化的影响效应进行评估。因而从一定程度上来说，该类研究成果又存在对经济金融化概念内核"泛化"的问题，研究结论的科学性、有效性需要进一步提升。因而，在本书中，力争通过扎实的理论框架和概念体系，明确经济金融化的核心内涵，并将其影响效应范围界定在经济领域，从宏观、中观以及微观三个维度，全面拓展研究边界范围、增强研究的系统性、科学性。

2. "结果"维度的研究成果有待进一步补充

当前,对于经济金融化影响效应的刻画,大多从宏观维度,刻画经济金融化对实体经济的影响效应。事实上,实体经济发展与工业化密切相关,两者是同步前行、亦步亦趋的。发达国家为推行实体经济发展所推行的"再工业化"在一定程度上就体现了这一点。所以,在这个程度上可以将工业化看作是实现实体经济发展目标的"过程"。但按照发展经济学的一般理论内涵,城镇化和工业化也是亦步亦趋的关系,往往可以把其看成是工业化发展的必然结果和"以人为本"发展理念的最直接表达,更是我国现代化的必由之路、最大的内需潜力和发展动能所在。因此,进入新时代后,习近平总书记多次对新型城镇化的发展及其作用做出重要指示,强调坚持以创新、协调、绿色、开放、共享的发展理念为引领促进中国特色新型城镇化持续健康发展。可以说,在推动供给侧结构性改革、振兴实体经济、实现新旧动能转换、产业结构升级和经济高质量的大背景下,城镇化可持续、健康发展显得尤为重要。从"结构"维度探究经济金融化与城镇化的关系、评估经济金融化对城镇化的影响效应就显得十分迫切,这方面的研究成果也有待进一步补充。

3. 研究视角及维度有待进一步丰富

经济金融化和城镇化都有其内在的发展规律,有其发展的阶段特征。现行研究成果在很大程度上还滞留于对两者发展内涵、特征事实以及发展模式的定性或描述性统计分析层面,鲜有研究成果从实证角度揭示经济金融化和城镇化"自身"的成长规律、阶段特征等方面的研究,并在两者动态发展中看待两者之间的关系以及失衡程度。为此,本书将在刻画经济金融化和城镇化两者成长规律、演进过程以及动态协调程度的基础上,深刻解析两者之间的动态关系、协调程度,在比较中,揭示两者动态协调过程中所面临的基本问题、动力因子以及约束机制,进一步拓展研究视角、研究维度,弥补现有研究的不足,为后继学者提供认知深化的逻辑基础和翔实资料。

4. 研究方法有待进一步填补

已有研究在解析经济金融化影响效应层面大多运用政治经济学的逻辑框架,从理论定性、概念描画的角度进行,定性研究成果居多,定量研究还是十分稀缺,亟待补充。且在已有研究数据类型选择中大多运用时间序列数据,样本容量和研究可信度有待进一步扩充和提升。在研究方法选择方面,已有研究大多运用传统计量方法,缺乏前沿计量方法,例如,非线性计量、空间计量等方法的运用,研究有待填补空缺将新方法引入以发现新矛盾、新问题。本书运用前沿计量方法来研究经济金融化对城镇化的影响效应及其协同路径，研究层次逐步递进、观点论证环环相扣、方法运用恰当。相比较现有研究，在研究方法上本书实现了跨越式进步。

第三节 研究意义及内容

一、研究意义

1. 理论意义

经济金融化既是金融对实体经济影响、渗透效应增进放大过程，也是虚拟经济与实体经济界限不断模糊与统一的过程，金融的作用通过"经济金融化"内生的、阶段性呈现。但诸多发达国家"经济金融化"前车经验也一再证明，过度金融化产生投资偏好错位、产业地位下降等诸多经济社会问题，导致产业空心化、实体经济"虚化"等问题。因而在理论研究与学理认知中关于经济金融化也存在诸多争议与分歧，并未达成共识。城镇化作为工业化的结果和实体经济增长的"引擎"，在新时代被赋予了新动力内涵。将经济金融化和城镇化相联系，不仅可以澄清长久以来学术界关于经济金融化认知的诸多误区，还可以在"五化同步"新阶段，尤其是新型城镇化建设中的新问题、新矛盾，形成规律性、一般性和客观性认知，有利于促进理论深化，至少对现有理论形成有益补充，从学理上为理论宝库增砖添瓦。

2. 实践意义

实践操作经验揭示，经济金融化过程也是投机性金融和食利阶层膨胀的过程。通过对我国经济金融化及其影响效应的系统辨析与判别，一方面，可以检验我国实体经济改革和发展过程中的实践运行绩效、观察实体经济和金融部门的偏离程度，进而可以明晰并"重塑"金融战略地位，为推进我国"普惠金融"改革，建立健全金融体系，更好地支农、支小，为服务实体经济提供理论支持，相关研究成果转化形成的政策运用可以作为政府的决策参考。另一方面，通过对经济金融化影响城镇化的理论解构和实证检验，可以解剖经济金融化影响城镇化的作用路径和条件，有利于明确新型城镇化建设新时期政策调整思路，在金融层级找准推进新型城镇化建设的主攻方向与突破口，有利于促进理性的实际操作，对实现中共十八大提出的全面建成小康社会目标具有推进作用。

二、研究内容

本书目标旨在解剖我国经济金融化与城镇化关系的基础上，解析并检验我国经济金融化对城镇化演进的影响及其作用机理，探寻新形势下经济金融化与城镇化间协调发展的条件和途径，形成政策运用的决策参考。基于研究目标，研究内容主要设计为九部分：

1. 经济金融化对城镇化影响的理论阐释

首先，对研究所涉及经济金融化、城镇化发展的代表性、经典理论进行归纳、梳理与述评，将其作为研究理论主体基础和逻辑引申起点，以明确研究主攻方向和切入视角。其次，对经济金融化与城镇化概念及其相互关系进行比较与理清、界定本书中的经济金融化、城镇化的基本概念并明确其基本特征，将其作为研究深入的概念起点，并基于理论认知，搭建经济金融化影响城镇化的理论分析框架。最后，辨识、确立经济金融化与城镇化的量化分析指标，为描述性统计分析和后续的实证检验奠定数据基础。

2. 国外经济经融化发展一般特征及其启示

梳理国外经济金融化发展历程，在具体操作中主要从发达国家经济金融化发展历程和新兴市场国家经济金融化发展历程两个维度进行，全面呈现国外经济金融化发展的总体概况，并通过比较分析，明确经济金融化发展的一般规律、主要特征，深刻挖掘国外经济金融化发展的共性特征，尤其是在经济金融化过程中如何处理其与实体经济、产业结构，尤其是城镇化发展关系层面的典型措施，并通过对一般特征的提炼和演义，明确新时期我国经济金融化推进过程中的经验启示。

3. 中国经济金融化发展概况及其发展趋势

首先，以理论分析成果、国外经验现实为基础，刻画我国经济金融化的演进过程，明确我国经济金融化演进轨迹、制度框架以及制度逻辑。其次，基于经济金融化量化指标，从宏观维度、中观维度、微观维度分析中国经济金融化发展成就，明确我国经济金融化发展的总体概况和现实特征。基于描述性统计信息刻画，进一步运用 Logistic 成长曲线，模拟我国经济金融化的发展过程，揭示其阶段规律、基于结果对当前我国经济金融化所处的发展阶段以及未来发展趋势进行研判。最后，为了明确当前我国经济金融化的"适度性"问题，研究运用 H－P 分解法进行检验和判断。

4. 中国城镇化发展现状及其发展趋势分析

首先，基于城镇化发展的量化指标，明确我国城镇化发展现状与特征；由于城镇化发展是生产要素在空间层面的重新组合、再配置,本书进一步从空间维度,比较我国城镇化发展水平的发展差异、空间分布特征。其次,以描述性统计分析结果为基础,依然运用刻画经济金融化发展阶段的 Logistic 成长曲线模型,刻画我国城镇化的成长过程、发展阶段以及当前的发展定位和未来成长趋势。再次,基于经济金融化发展阶段判断结果,明确两者的动态均衡关系。最后,运用 H-P 分解法对我国城镇化发展的"适度性"进行判断,明确我国是否存在过度城镇化的问题及其演进趋势。

5. 我国经济金融化与城镇化关系的实证检验

选取多维数据类型,在时间序列、面板数据两个维度,综合运用格兰杰因果关系检验、面板格兰杰因果关系检验等计量方法,展开我国经济金融化与城镇化关系的实证检验。综合研究结论,判断我国经济金融化与城镇化的关系,为后续检验经济金融化对城镇化的影响效应奠定基础。

6. 我国经济金融化与城镇化的协调性判断

基于理论分析成果,首先,运用协调系数判定方法分析我国经济金融化与城镇化间的协调系数,了解我国经济金融化与城镇化间协调发展水平、实现程度及其差距。其次,从动态视角切入,运用协调适应度方法,判断我国经济金融化和城镇化两者协调性的动态演化趋势,明确两者之间的失衡程度以及发展绩效,明确当前我国经济金融化和城镇化协调发展中存在的主要矛盾和问题。

7. 我国经济金融化对城镇化的影响效应

基于理论分析框架,梳理并添加相关控制变量,从静态和动态、总体和结构等多维度,建立我国经济金融化对城镇化影响的计量模型。在具体操作过程中,首先,对面板数据进行平稳性检验、协整检验,明确实证检验的数据基础、计量关系的可靠性。其次,从静态和动态相结合的角度,检验经济金融化对城镇化的影响效应总体效应、阶段特征和空间效应。其中,总体效应和阶段特征,运用的是面板门槛模型。在具体操作中,运用"自助法"抽样技术(Bootstrap)获取我国经济金融化阶段划分的"临界值",作为我国经济金融化阶段划分的临界点。据此,运用门槛计量技术,探究经济金融化不同阶段其对城镇化影响效应的动态演变过程,以揭示不同阶段演变过程的阶段性特征和特殊矛盾。空间效应运用的是直接效应和间接效应分解方法,明确经济金融化发展对本地区和邻近地区城镇化发展影响的差异性特征。

8. 我国经济金融化与城镇化协调发展路径

运用前述研究成果,比较借鉴国内外一般经验,探研促进经济金融化与城镇化间协调发展，明确经济金融化与城镇化协调发展的本质、基本原则和总体思路，并从服务实体经济路径、结构调整路径以及人力资本投资路径等方面提出新时期我国经济金融化与城镇化协调发展的实现路径。

9. 研究结论和政策建议

基于全篇研究结果，提出本书的总体研究结论、政策建议。

第四节　研究方法及技术路线

一、研究方法

本书采用规范分析与实证分析、定量分析与定性分析相结合的方法对我国经济金融化对城镇化的影响及其机理进行了较为系统和全面研究，既重视理论分析，又重视经验实证。规范分析主要体现在经济金融化与城镇化内涵厘清与概念界定。实证分析则是围绕规范分析展开，体现在时序、截面与面板数据的"三维"统一视角。定性分析则主要体现静态与动态分析方法的结合，定量分析是基于数理模型的基础上展开的，分析数据充实可靠、研究方法客观公正、研究维度多层等。

具体计量方法主要体现在，经济金融化影响城镇化的理论阐释部分主要体现为数理模型方法。在中国经济金融化发展概况及其发展趋势、中国城镇化发展现状及其发展趋势分析部分主要运用了 Logistic 成长曲线方法、H‐P 滤波法；在我国经济金融化与城镇化关系检验部分主要运用了时间序列格兰杰因果检验方法、面板格兰杰因果检验方法；在我国经济金融化与城镇化的协调性判断部分主要运用了协调系数法和协调适应度模型；在我国经济金融化对城镇化的影响效应部分主要运用了空间统计方法，SAR、SDM、SAC 和 GSPRE 模型及其直接效应和间接效应分解方法，"自助法"（Bootstrap）与门槛计量。

二、技术路线

首先，本书采用多视角、多层面、多维度的立体研究思路，遵循"分析问题→提出假设→实证检验"的逻辑架构，以科学问题为导向，从多学科交叉运用与融合的视角，建立经济金融化影响城镇化的理论分析框架。其次，根据权威统计数据，运用前沿统计学、计量经济学方法，刻画经济金融化和城镇化的基本关系，描述经济金融化与城镇化协调性及其动态演进，实证经济金融化与城镇化的相互关系及其影响效应，提出经济金融化与城镇化间相互协调的制度安排及其实现路径，为我国走新型城镇化道路，提高城镇化质量，提供理论依据和经验证据。技术路线如图1-1所示。

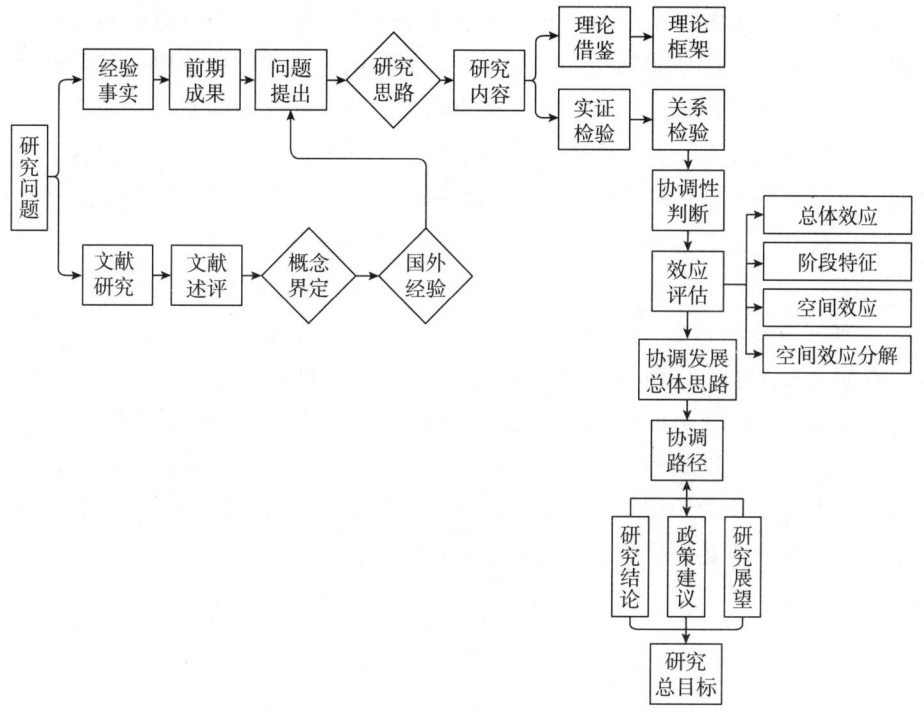

图1-1 研究技术路线

第五节 可能创新点

1. 选题有一定特色和新意

现有研究在揭示经济金融化影响时，大多从其对工业化、实体经济的角度进行，鲜见将经济金融化和城镇化相联系的研究成果。进入新时期，城镇化晋升成为经济新动力、新引擎的角色,尤其是国家所倡导的新型城镇化建设与工业化、实体经济发展、产业融合密切相连。将经济金融化和城镇化相联系,探究两者协调发展的问题,一方面,可以检验经济金融化的发展成就、存在问题,而且可以为促进城镇化发展探究可行化的金融路径;另一方面,相比较已有研究成果,研究选题有一定的创新性和特色性。

2. 研究内容有一定特色和新意

本书采用多视角、多层面、多维度的立体研究思路,遵循"分析问题→提出假设→实证检验"的逻辑架构,以科学问题为导向,搭建理论分析框架,侧重对经济金融化、城镇化自身发展规律、成长阶段、发展定位的研究,在动态协调中重新审视两者的关系及其在失衡程度的基础上,从总体和结构、动态和静态相结合的维度,评估经济金融化对城镇化的影响效应,明确新矛盾、新问题。相比现有研究,研究内容更为系统、完善。这也是该研究成果在研究内容上所体现的特色和新意。

3. 研究方法运用有一定特色和新意

在研究方法上,该研究成果更加注重前沿方法的运用,在方法运用的适用性、贴合度方面,所选取的方法也更适宜揭示经济金融化、城镇化这类"过程"指标的状态及其变动趋势。因而,相比较传统计量方法,将前沿计量方法运用到研究中,更易发现新矛盾、新问题、新结论,也更易得到新的政策启示和成果运用价值。这是本书在研究方法上所体现的特色和新意。

第二章 相关概念与理论框架

经济金融化和城镇化是学界关注的热点，受到广泛关注。但事实上关于两者的逻辑联系，学者的研究还很鲜见，研究缺口很大。这就使在研究开展的过程中，并没有直接文献可供参考和借鉴。也就是说，研究要深入进行必须搭建理论分析框架，在理论层面对两者之间的关系予以解答，并为实证研究奠定坚实基础和支撑。为此，首先，本章对经济金融化和城镇化概念进行梳理界定和特征描画；其次，借鉴相关理论，揭示经济金融化和城镇化的理论关系、逻辑关联；最后，以此为基础，搭建全篇分析的简单理论分析框架，揭示经济金融化和城镇化的理论机理及其具备条件，为实证研究奠定基础。

第一节 概念界定

一、经济金融化

1. 学者的观点梳理与本书界定

对于经济金融化的内涵界定，国内外学者的研究结论并不一致。一部分学者认为，经济金融化的本质反映的是金融与经济增长之间的关系。Palley（2007）认为，金融化是一个过程，意味着金融市场、金融机构和金融精英对经济政策和经济成果的影响更大，意味着金融动机、金融市场、金融参与者和金融机构在国内及国内经济运行中的地位不断提升（Epstein，2005）。崔学东（2009）认为，发达国家以金融为核心并支配实体经济的发展阶段概况，涵盖企业治理、资本关系与积累模式等内容（Arrighi，1994；Fligstein，2001；Tickell，2000；莫雷拉和阿尔梅达，2010；何自立和马锦生，2013）。Stockhammer（2010）认为，经济金融化是指金融的作用在经济发展中的作用越来越大，意味着金融部门与真实部门间的关系变化。白钦先（2003）认为，经济金融化是指经济与金融日益相互渗透、社会财富或资产日益金融资产化，并由此带来的经济关系的日益金融关系化等。

还有一部分学者认为，经济金融学反映的是金融部门实力不断增强、竞争力不断提升、谈判能力不断强化的行为，并未体现其与经济增长的"此消彼长"关系，更多体现的仍是金融部门对经济增长的贡献和拉动作用。赵峰（2010）认为，经济金融化的内涵特质体现在宏观金融市场地位和作用的提升、金融部门和交易成为经济剩余吸收的主渠道、资本主义积累体制的转型、资本和劳动关系的结构性调整、非金融企业部门治理模式的转变、金融对生产关系的全面渗透六方面。严启发（2008）认为，金融化是指经济运行日益以金融活动为中心，以金融关系为纽带，以金融网络为基础，以追求财富增值为主要目的。

当然，也有学者认为，经济金融化实质上是一个综合过程，涵盖广义和狭义两个层面的内涵。例如，赵玉敏（2008）从狭义和广义两个层面对金融化进行界定，认为狭义金融化是指通过金融技术将实体资产置换为金融资产的过程。广义金融化则是指世界主要经济体从产业资本向金融资本过渡的进程。因此，综合学者的观点，本书也认为，经济金融化是综合演进过程，是经济发展、结构转变、模式创新、利润获取渠道等变迁、转变和升级的新发展状态和普遍趋势，但从本质上来看，本书认为，经济金融化是经济与金融相互影响、相互融合、共生发展，并由初级阶段向高级阶段不断演变的过程。经典理论已揭示了金融对经济增长的作用。经济金融化的过程也是金融容量①或者说是一个国家或地区金融最大或"最适"容纳量变化的过程。这种关系实质就是美国著名经济学家戈登·史密斯所刻画的金融—经济比率。如果假定 M 表示金融容量，G 表示经济总量。两者的关系就可以描述为式（2-1），其中，K 表示金融容量系数，且满足约束条件 $0 < K < 1$，当 $K = 1$ 时，就说明金融容量已经处于理论最大值。

$$M = K \times G \qquad (2-1)$$

由式（2-1）可知，静态意义上的经济金融化水平就可以写成 $K = \dfrac{M}{G}$。此外，经济阶段变迁以及信用货币创造机制作用，金融活动范畴不断扩展，经济金融化程度会不断深化。式（2-1）所反映的关系就需要扩展。为此，继续参照

---

① 金融容量是一个国家或地区在一定经济条件下金融的最大或最适容纳量。

田力和胡改导（2004）的思路，继续改写式（2-1）并将其表达为式（2-2）。其中，$K \to K_1 \to K_2 \to \cdots \to K_n$ 揭示的就是经济金融化动态深化和演变的程度。

$$M = (K + K_1 + K_2 + \cdots + K_n) \times G \qquad (2-2)$$

2. 经济金融化的发展特征

基于对这一过程的深刻剖析，就可以得到经济金融化发展的四点特征：

（1）经济金融化总体特征是经济和金融相互作用的关系。由概念界定和学者的分析可知，经济金融化是经济和金融相互作用的过程。换言之，经济金融化反映的实质是经济和金融的"双向关系"。一直以来，无论是学界还是政界，都将金融看作经济增长的核心。事实上，在经济金融化的概念范式下，经济增长也会引发金融发展。从这个角度上来说，金融并不只是促进经济增长的一种要素，是单向的促进作用，而是"你中有我""我中有你"的共生关系，两者融合发展的直接结果就是形成"金融经济"。在这一作用下，社会资产日益金融化。在这一点上可以由金融相关率来衡量。在20世纪90年代初时，发达国家的这一比例一般介于 3.26～3.62；同期，大部分发展中国家仅为 0.3～1.5。由此可见，经济金融化程度较高的国家，其一般也处于较高的经济增长阶段、富裕程度也较高。当然，我们也要辩证地看待这一问题，并不是这一比例越高越好，需要维持在合理的区间范围内。这也是本书后续要揭示和检验的一个非常重要的问题。唯有对此进行合理判断，才能客观、公正地评价当前经济金融化的发育程度。

（2）经济金融化表层特征是经济关系的金融化。生产力决定生产关系。经济金融化对生产力的变革最终会影响生产关系。随着经济金融化发展所引致的金融部门的成长壮大、体系健全，经济金融化最终将引致市场主体之间金融关系化。这也是现代经济成长和成熟的"分水岭"。社会上普遍存在的盈余和赤字关系给金融要素的介入、金融中介的成长、金融功能的发挥奠定了坚实基础。从某种意义上来说，在经济金融化的助推下，现有经济主体既存在盈余的情况也存在赤字的情况。因此，社会关系也越来越表现为债权债务关系、股权股利关系、风险和保险关系等金融关系。也就是说，这些金融关系也直接改变着人们的生活以及财产性收入。以美国为例，20世纪80年代，美国的1/4人口持有股票和债券。从我国情况来看，资本市场也是学习"大舞台"，培养人民的理财投资理念和风险意识。因此，经济金融化表层特征是经济关系的金融化。

（3）经济金融化的中层特征是金融部门的壮大、金融体系的健全。经济金融化在中层，也就是在产业层面的特征就是金融部门的壮大、金融体系的健全。

一般来说，金融体系一般分为银行主导型金融体系和市场主导型金融体系两种。一个地区选择何种金融体系类型主要和这个国家的发展历史、经济发展阶段、货币信用、金融体制、收入分配结构有很大的关系。因此，金融部门的成长壮大也有一定的优先秩序，一般是间接金融先发展、直接金融后发展；短期金融先发展、长期金融后发展。但随着信息的不断充分，必然会向直接金融和长期金融演变，"去中介化"也是不可逆转的趋势。同时，由于间接金融在存量资源配置、风险分散以及财富成长等方面存在的不足，直接金融是未来演进趋势。可以看出，随着经济金融化的发展，金融部门类型逐步增加、业态创新逐步加快、金融体系也会更加完整。这也是经济金融化的中层特征。

(4) 经济金融化的里层特征是非金融企业金融化程度的提升。按照平均利润理论的基本内容，金融业的成长壮大会形成"示范带动"效应。一方面，在宏观环境欠佳、非金融企业的产业发展乏力的情况下，在利益最大化目标的驱动下，非金融企业就会转变企业经营结构、商业模式，向金融企业、逐渐靠拢，现在，非金融企业主要依赖于金融资产来获取资金，这一方式使非金融企业内部的金融资本不断增加，而产业资本不断被压缩。另一方面，非金融企业更多的是通过金融资本来获取企业利润，而非依靠产业资本，推动企业在结构调整中更多趋向金融资本，产业资本被进一步削弱，使非金融企业被逐渐金融化。这方面是经济金融化的里层特征。因此，从这个角度来说，经济金融化对城镇化不利影响也就在这一层面。产业资本的"虚化"会使城镇化失去产业支撑，削弱人口流动的"拉力"，不利于城镇化的持续、健康和快速发展。

二、城镇化

人口城镇化是所有城市的基础，是人口往城镇集聚的过程，人口城镇化也被经济学家公认为经济发展中的积极力量，引起了世界广泛关注，成为社会科学家研究主体内容（Davis，1966；Sovani，1964；Ravallion 和 Chen，2007），但城镇化的持续增长受到农村人口向城镇迁移速度、人口自然增长率等因素的牵制，尤其是在工业化初期，农村人口向城市的迁移是城市化增长的主要来源（Zhang 和 Song，2003）。可以看出，城镇化和国家发展是相互促进的，一个国家在达到中等收入以前，必然会出现大量人口流向城镇的现象。因此，城镇化的研究从来没有终止，并极大地调动了学者的研究热情。如果对城镇化发展的概念进行追根溯源。城镇化的概念最早是由西班牙的工程师 Serda 于 1867 年在其代表作《城镇化的基本理论》中提出，并给出了测量的方法。在 Serda 看来，城镇化水平 = 城镇人口/总人口。因此，关于城镇化的概念长久被认定为人口向城市迁移的过程（冯献、崔凯，2013）。事实上，人们对于城镇化的理解是一个逐步深入的过程。尤其是20世纪50年代后，随着发达国家相继实现了高度城镇化，不少发展中国家也进入城镇化发展的"快车道"。学者才开始认识到城镇化是经济社会发展的一般规律、在世界范围内具有广泛的含义。在这一点上，美国学者弗里德曼对于城镇化的认知最客观、最全面。弗里德曼将城镇化进程区分为城镇化Ⅰ和城镇化Ⅱ。其中，城镇化Ⅰ是指人口和非农业活动在规模不同的城镇环境中的地域集中过程、非城镇景观转化为城镇型景观的地域推进过程，是可见的物化了的或实体性的过程。城镇化Ⅱ是指城镇文化、城镇生活方式和价值观在农村的地域扩散过程，是抽象的、精神上的过程。从中可以看出，弗里德曼对于城镇化概念的认定既包含生产力方面的内涵，又包含生产关系的内涵。

从我国来看，辜胜阻（1991）在国内首次使用"城镇化"这一概念，认为城镇化是在经济发展过程中人口不断由农村向城镇地区集中的过程，是中国社会、经济现代化进程中必然的一个重要的结构转换。城镇化是综合经济生产方式、行为生活方式、生产要素种类等多方面因素的综合化转变过程，而非单一在生活环境上的改变（严蓓蓓，2013）。城镇化的概念内涵不断拓展。以此为基础，学者开始从结构层面对城镇化所包含的结构性特征进行进一步剖析。例如，冯献和崔凯（2013）认为，城镇化可分为人口城镇化、空间城镇化以及经济城镇化，并将城镇化的基本特征归结为人口的流动性、时空的协调性以及经济的有效性。虽然城镇化是发达国家较早出现的现象，但不同国家的国情各异，发展路径和表现形式也各具特色。我国在总结国内外城镇化发展的经验教训时，提出了新型城镇化发展思路。因此，有学者开始总结我国改革开放以来城镇化发展的成败得失，提出了新型城镇化的概念。

新型城镇化是相对于原有城镇化而言的，不同于原有城镇化的发展方式和目标（张引等，2015）。王素斋（2013）、董晓峰等（2017）认为，新型城镇化就是按照统筹城乡、布局合理、节约土地、功能完善、以大带小的原则，由市场主导、政府引导的城镇化机制推动，实现城镇化与工业化、信息化和农业现代化良性互动，大中小城市和小城镇的合理布局与协调发展，形成以资源节约、环境友好、经济高效、社会和谐、城乡一体的集约、智慧、低碳、绿色城镇化道路。新型城镇化的核心是"人的城镇化"，强调的是城镇内涵增长及其质量持续升级、以信息化、农业产业化和新型工业化为动力，以"内涵增长"为发展方式，以"政府引导、市场运作"为机制保障，走城乡一体化的可持续发展道路（倪鹏飞，2013；张荣天和焦华富，2016）。此外，还有学者解构新型城镇化的结构内涵。例如，罗超平和周子琳（2016）认为，新型城镇化的内涵主要体现在城乡协调、环境城镇化、社会城镇化、设施城镇化、经济城镇化、人口城镇化等方面。

综合来看，国内外学者对于城镇化概念的界定是较为广阔的。基本涵盖经济学、社会学、地理学等诸多方面。受限于学科背景，本书中对于城镇化的界定仍限定于经济学领域，认为城镇化是地区农业活动向非农业活动转换、人口向城镇转移流动的过程。这一过程具有以下四个方面特征：一是城镇中心对农村腹地影响传播的过程；二是全社会人口逐步接受城镇文化的过程；三是人口集中的过程，包括集中点的增加和每个集中点的扩大；四是城镇人口占全社会人口比例的提高过程。基于这一认知，学界对于城镇化的量化方法也较为多样，但基本上可以概括为指标体系方法和单一指标法两种。指标体系方法在城镇化水平测度方法的运用广泛，可以较好地涵盖城镇化特征及其动态变化。但由于指标体系涉及指标较多、操作较为复杂，在实证层面运用受到诸多限制，尤其是在省际层面表现更为突出。因而相比较指标体系，单一指标在实证中备受青睐。现实层面农村人口向城镇的迁移是城镇化增长的主要来源（Zhang和Song，2003），因此，在后续实证中，对于城镇化的量化也采用最为经典的量化方法，用城镇人口占总人口的比重来衡量。

那么，城镇化是如何与经济金融化相联系的呢？这里就涉及城市化发展的建模问题。在这一点上，吉勒斯·杜兰特给出了一个简单的发展框架。在其看来，关于城市化发展的经济理论一般都涵盖三个基本的底层结构，其中包含三个要素：空间结构、生产结构，商品的流动，影响因素的假设。其中，空间结构一般涵盖城市内部和外部地理，内部地理涉及土地、住房、基础设施和内部交通；外部地理涉及新城市的发展以及城市相对于另一个城市所在的位置，还有自然资源的分布；生产结构体现的是首要因素与最终产出相关的总体生产函数；商品和要素的流动性，这个假设条件是至关重要的，主要包括商品、服务、主要要素、理念和技术的地理流动性。物质投入和产出的程度显然因行业而已。在主要要素中，土地是固定的；资金具有高流动性，每个地方的供应价格相同。劳动力的流动性是要保证谨慎处理的过程。理念和技术的流动性决定了产品在不同空间是如何不同的。从这个角度上来讲，城镇化和经济金融化会通过生产结构、要素结构建立理论关联，是研究开展的概念基础。

第二节 理论基础

基于经济金融化和城镇化概念及其特征的认知,下文进一步从现有理论层面探寻经济金融化和城镇化关系的理论支撑。综合来看,本部分主要从金融发展理论、金融创新理论、平均利润理论、工业化理论和产业结构理论角度予以开展。

一、金融发展理论

货币和信用的统一是现代经济和传统经济的"分水岭"。自此以后,金融范畴不断拓展、金融机构也不断产生。人们开始探索金融和经济增长的关系,并成为发展经济学的经典论题。其中,有两种不同的研究思路。一是将金融问题看成是经济问题的从属,并没有对金融问题进行专门研究,学者普遍认为,金融问题只是工业化、资本积累以及计划化的工具,金融也只是附属部门。这一点可由古典经济学家所提出的"货币中性"理论得以窥探。二是在古典经济学家看来,货币只是覆盖在实体经济上的一层"面纱",对经济增长没有影响。这一点引用了维克赛尔、熊彼特的批判。凯恩斯通过将货币资产观、货币利率理论等确立了货币市场和商品市场的互动关系,在理论上确立货币非并中性论。战后,托宾进一步发扬了凯恩斯的理论,摒弃了哈罗德—多马模型为代表的实物增长理论,揭示货币和经济增长的互动关系以及"托宾反论"。事实上,最早开始要始于"帕特里克之谜"。

美国经济学家帕特里克在其《欠发达国家的金融发展和经济增长》一文中指出,在金融发展与经济增长的关系上,有两种研究方法:一种是"需求追随"方法,它认为,随着经济规模的扩大要求金融业提供更大规模的金融服务,经济结构的转变和产业结构的提升及与此相伴随的企业制度创新、市场规模的扩大及其复杂化,要求金融业提供更为复杂和系统的金融服务;另一种是"供给领先"方法,它认为,随着金融结构的不断转变,提供了更多的融资渠道或降低风险的金融服务,为经济结构的转变和产业结构的提升创造有利的环境和条件。帕特里克认为,在经济发展的早期阶段,供给领先型的金融占据主导地位,而随着经济的不断发展,需求追随型的金融逐渐居于主导地位。基于帕特里克的思想,金融与经济的关系有三种可能结果:经济增长是因,金融发展是果;金融发展是因,经济增长是果；两者互为因果。这种关系上的困惑就是"帕特里克之谜"。

以此为基础，学者开始将金融问题看成是专门性、系统性问题，在该阶段金融发展问题在经济学中就不再是附属地位，而是占据重要地位，金融产业获得了重要的成长空间、市场作用开始凸显。这其中就是以戈登·史密斯、格利和肖以及麦金农等一批学者为典型代表。金融发展理论的核心内涵主要为了揭示两个问题：金融在经济中的作用，也就是金融和经济的关系；如何建立金融体系、合理利用金融资源实现经济的可持续发展。在回答第一个问题方面格利和肖建立了一个初级向高级、简单向复杂演变的金融发展模型，认为经济增长水平越强、发展阶段越高，金融的作用也就越凸显。可以看出，金融是推动经济增长的动力和手段。这个理论实际上就是本书中所提出的经济金融化。不同的是，金融发展理论反映的是金融和经济增长两个变量之间的关系。经济金融化是对两个变量关系的"集成"，中层含义也是金融由初级向高级、由简单向复杂的演变过程。

在第二个研究问题上，戈登·史密斯提出了著名的"金融发展就是金融结构的变化"著名论断，金融发展理论的根基就是寻找影响金融结构、金融工具存量和金融交易流量的主要因素。进入20世纪70年代，麦金农《经济发展中的货币和资本》、肖的《经济发展中的金融深化》两本著作的出版，正式标志着以发展国家或地区为研究对象的"金融发展理论"正式建立。该理论主要由金融抑制理论和金融深化理论构成。其中，金融抑制指的是发展中国家存在的市场机制作用没有得到充分发挥、金融资产单调、金融机构形式单一、过多的金融监管和金融效率低下等现象。其认为，金融抑制产生的原因主要是由于发展中国家政府"压抑"金融的政策，例如，设定利率上限、选择性信贷政策、严格控制金融机构、高估本币汇率等。当存在金融抑制后将直接造成资本市场利率低下、经济增长达不到最佳水平、银行体系受到抑制，加剧了地区的分化等问题。金融深化主要是指金融体制和经济发展之间存在相互推动、相互制约的关系，主要表现在两方面，健全的金融体系能够"动员储蓄"，将资金投放到生产性投资，也就是投放到实体经济发展中。国民收入的提高和市场主体对于金融服务需求增加会带动金融业成长，由此形成良性循环。不仅如此，戈登·史密斯还提出了金融深化表现特征量化方法，其认为金融深化可以从三个方面予以反映。一是金融增长，一般用 M2/GDP 或金融相关率表示；二是金融工具、金融结构的不断优化；三是金融市场机制和市场秩序的建立健全。相比较金融抑制和金融深化理论，本书中所运用的经济金融化在一定程度上既涵盖金融抑制内容，也涵盖金融深化的内容，反映的内涵更为丰富。

由于发展中国家在推进金融自由化发展中出现了诸多问题。因此，学者也开始反思金融发展理论所带来的诸多问题，并对金融改革失败的原因进行分析。这也就是金融发展理论的最新——金融约束理论。该理论最早由赫尔曼、默多克和斯蒂格利茨提出。在几位学者看来，金融约束理论是指通过金融政策创造租金机会来实现防止金融抑制和达到规避风险的目的。这些政策包括存贷利率的控制、竞争管制、市场准入限制等，进而影响租金在生产性部门和金融部门之间的分配，进而调动金融机构、政府以及居民的积极性。这其中，政府也应有所作为、创造条件鼓励金融机构开拓新市场，进而促进金融深化。因此，从本质来看，金融约束理论实际上介于金融抑制状态和金融自由化状态中间的一种"过渡性"状态。

从中可以看出，无论是金融抑制理论、金融深化理论还是金融约束理论，其本质上看重的仍是金融业的扩张。这显然有失公允。金融具有资源属性，金融发展体现的应该是金融功能的完善，应该包含增长和发展两个维度，是质与量的有机统一，应将金融发展理论注重量的增长的观点、金融功能注重效率的观点、金融生态理论适应外部环境的观点以及制度金融学注重制度建设的观点有机结合和实现融合。因此，基于金融发展理论的主要观点，本书认为，经济金融化是特定体制环境下的一种经济现象，金融资产总量的增加，金融结构的优化以及金融市场的完善都是它的表征，它的实质是金融资源配置效率的提高以及由此引起的阶段性特征变化，从这个意义上来说，经济金融过程体现的是金融抑制→金融约束→金融深化的全过程，有生命周期特性。

二、金融创新理论

经济金融化的表层特征是金融部门的成长壮大、金融工具和金融产品的丰富、金融市场机制的建立健全。而这些特征都与金融创新存在密切关联。经济金融化不断演进的过程就是金融创新演进和深化的过程，两者是金融发展侧面的不同表达。虽然内涵不同，但殊途同归。从这个角度来说，金融创新的动力也就是经济金融化演进的动力。金融创新理论对于认知经济金融化演进过程有重要的参考和借鉴价值。因而，对于经济金融化的解释也应符合金融创新的理论框架。一般来说，按照金融创新理论范式的基本内涵，金融创新的出现主要有约束诱导型金融创新、规避型金融创新和制度性创新，这也是金融创新的动力源泉。其中，约束诱导理论主要由西伯尔提出，他认为，金融创新是金融机构为了摆脱其所面临的内部或外部制约因素的影响，寻求利润最大化，而在金融工具、交易服务方式和管理方法方面实行的是"自卫行为"和"逆境创新"。其中,内部因素主要是指金融机构在内部管理指标上对企业进行约束,外部因素刻画的是政府管控、监管部门的监管约束以及金融市场上的一些法律约束。经济金融化首要的表现特征是金融部门的成长壮大、金融工具的丰富、金融交易服务方式的变革以及在经济体系中作用的发挥,这一点与约束诱导型金融创新有一定的类似性。

规避型金融创新理论刻画的是金融机构为获取利润而规避政府及监管部门各种控制和管理所引起的行为,其主要代表人物是凯恩斯。他的主要观点可以概括为,一是他认为政府部门的管制或监管,类似于"隐含税收",会产生阻碍、限制和剥夺已有金融机构从事营利性活动和攫取利润最大化的机会。因此,金融机构为了实现利润最大化和逃避监管责任,其一般会进行金融产品的创新以实现冲减盈利减少和管理成本提升的影响。二是金融机构的规避政府管制和监管的行为可能会造成金融市场的不稳定性和波动性增加,这在某种程度上会使政府和监管部门形成监管的"自我强化"机制。即金融部门会做出和制定更为严格的监管政策。这就会形成和导致新的金融创新的形成。换言之,金融机构的创新和政府部门的监管两者通过不断博弈形成新的均衡格局。比较其与约束诱导型的金融创新来说,规避型金融创新和其有一定的联系,那就是规避型金融创新理论主要强调的是金融创新的动力源自外部环境约束,这点和约束诱导型创新中的"外部因素"存在一致性,这一点是相同的。但是规避型金融创新也和约束诱导型金融创新存在不同之处,那就是规避型创新最终所形成的格局是一个"动态均衡"的格局,即政府和监管部门与金融机构间形成的"作用力"和"反作用力",从这个角度来说,约束型金融创新存在明显的范畴限定。经济金融化实际上是剩余资本谋求出路、监管和金融创新平衡的过程。这一点与规避型金融创新有一定的类似性。

相比较前两种理论框架,制度学派也从制度变迁的角度对金融创新进行了诠释。这其中的代表人物是戴维斯、塞拉和诺斯。其主要观点可以从以下几个方面进行解读:一是其认为,金融创新实质上是一种金融改革,是针对政府要求金融稳定和收入分配不均衡而采取的一种金融改革,其目的虽然是建立"新制度"为核心特征,但是与金融管制存在明显的不同和差异性,带有"创新"的标签。二是其认为,金融创新与制度创新密切相连、相互影响,是制度创新的一个组成部分。本质上是与经济制度相互影响、互为因果关系的制度改革。因此,金融体系内的任何制度变革都可以视为金融创新的现实表征,其主要目的是降低成本增加收入和维持金融体系的稳定。比较来看,约束诱导型金融创新和规避型金融创新主要从中观的机构层面来阐释其理论内涵的,而制度学派的观点则是从宏观的角度,论述金融创新和制度创新的相互作用,其所涵盖的范围要更为广阔一些。

结合经济金融化的概念特征,从金融部门来看,经济金融化过程反映的是金融部门在内部、外部环境因素下所进行的金融工具、交易服务方式、管理方法等方面的创新活动,其最终的目的是实现利润最大化。从监管部门及政府层面来看,经济金融化过程反映的是监管部门平衡金融监管和金融创新、克服金融脆弱性、防范系统性金融风险的动态博弈过程。但这也会致使金融部门进行新一轮的创新活动,从而推动金融创新深化。从制度变迁角度来看,经济金融化是金融制度建立健全的过程。因此,综合来看,金融创新理论基本上可以覆盖上述经济金融化特征的总体特征、表层特征和中层特征。

三、平均利润理论

按照概念界定,经济金融化除总体、表层和中层特征之外,其还有一个里层特征。那就是非金融企业金融化程度的提升。这一现象背后实质上是金融部门和产业部门盈利能力的变化。为什么原先做实体经济的企业纷纷转向从事金融、房地产等虚拟性产业呢?这一转变的背后究竟会产生怎样的影响后果呢,是会形成协同共进的格局,还是会挤占产业资本空间、挫伤实体性企业的研发能力以及可持续发展后劲呢?对于这些问题,平均利润率给出了答案。马克思在《资本论》第三卷第二篇对平均利润率的形成进行了详细论述。马克思认为,在劳动的剥削程度不变时,利润率会随着不变资本各个部分的价值变化以及资本周转时间的变化而变化。因此,不同生产部门所使用的资本周期时间不同或这些资本有机组成部分的价值比率不变,那么同时并存的不同生产部门的利润率就会不同。

根据这一点,不同生产部门中占统治地位利润率本身就是不同的,这些不同的利润率通过竞争而平均化为一般利润率。因此,一般利润率就是所有这些不同利润率的平均数。在马克思看来,一般利润率主要由两个因素决定:一是不同生产部门资本的有机构成,从而确定各个部门的不同利润率。二是社会总资本在这些不同部门之间的分配,即投在每个特殊部门因而有特殊利率润的资本的相对量。也就是说,每个特殊生产部门在社会总资本中所吸收的相对份额。由于不同部门和企业的利润率的差别,必然引起资本家之间的竞争。

竞争先在部门内展开。部门内的竞争是指同一生产部门生产同类商品的企业在不同条件下为获得超额剩余价值以提高利润率,不断改进技术,加快资本周转,提高劳动生产率,努力使商品个别价值低于商品社会价值。部门之间的竞争是部门内部竞争在社会范围内的进一步展开与扩大。部门之间的竞争主要表现为追求有利的投资部门而展开的竞争。这就导致了资本在不同部门之间的转移。因为不同生产部门之间由于资本有机构成不同,即使在剩余价值率相同的条件下,所获得利润率高低会有所不同。资本有机构成较高的生产部门,获得低利润;反之亦然。这与"等量资本获得等量利润"相矛盾,必然会引起部门之间的竞争。部门之间竞争的表现就是资本在各个部门之间自由转移,即把资本从利润率低的部门转移到利润率高的部门。这使资本在各部门间的分配比例发生变化,造成了不同商品在市场上的供求关系出现变动,进而引起它们在市场上价格的波动,从而使各个生产部门的利润率趋于平均化,结果形成平均利润率。

马克思平均利润理论用来解释实体经济金融化过程是十分合适的。我们发现,在比较金融部门和实体经济部门时,实体经济部门资本构成高、研发周期长,受限于各方面的影响,其反倒会获得较低的利润率。相比较实体性部门,金融部门资本构成较低,反倒获得了高利润率。实体经济发展陷入"等量资本获得等量利润"的困境。这样,必然导致金融部门和实体部门之前的竞争,具体的表现就是实体部门的金融化。即实体性企业越来越通过金融业务来实现利润的提升。这按照平均利润理论的内涵,这一现象的出现可能会是短期性的问题。因为随着竞争的加剧,各个生产部门的利润率会趋于平均化。从这个角度来说,利润平均化反映的是一种动态趋势,而不是静态的绝对平均。利润平均化规律在本质上与等量资本获得等量利润原则有关,但形式上已经成为资源配置的重要规律。总而言之,在平均利润率的理论框架下,经济金融化将是一个动态过程,而不是静态的过程。同时,既然在长期内金融部门和实体部门利润率都将"平均化",因此,经济金融化对实体经济产生的不良影响也会在长期内得到分散。从这个角度来说,经济金融化和城镇化的关系也是动态的,存在一定的阶段特征。

四、工业化理论

自英国工业革命后,工业化已经构成各国现代化发展和经济增长的主题,是经济发展的引擎。城镇化一般寓于工业化中,是社会进步的必然现象。两者是同步前行、亦步亦趋的过程。既然如此,解释城镇化现象必不可少的就是要运用工业化理论来进行阐释。一般来说,工业化理论产生于发展经济学中,比较典型的工业化理论主要有霍夫曼定理。德国经济学家霍夫曼是最早研究工业化的学者之一。其在1931年出版的著作《工业化的阶段和类型》中最早提出了工业化发展阶段的划分方法,并广泛地用来分析轻重工业结构的变化以及工业化的发展程度。按照霍夫曼的分析,首先,工业化是从纺织和食品等消费工业起步,并且带动生产冶金等生产资料的发展;其次,资本品的生产增长一般要快于生产品的消费增长,这两部门关系的变化就会反映工业化发展的不同程度。以此历史经验为主,霍夫曼对此进行了论证。总体来看,其论证过程主要分为以下步骤:

第一步,将工业部门分为消费品部门和资本品部门,并以产品的75%为分界线来划分这两大部门,并根据当时的历史背景,选择了8个工业行业作为研究对象。其中,消费品部门选取的是食品业、纺织业、皮革业和家具业。资本品部门选择的是金属材料业、运输设备业、一般机械业和化工制品业。

第二步,确立两大部门的比例系数指标,即消费品部门和资本品部门净产值的比值,也就是大家所熟知的"霍夫曼系数"。具体见表2-1。

表2-1 霍夫曼比例及工业化阶段划分

阶段	第一阶段	第二阶段	第三阶段	第四阶段
霍夫曼比例或系数	5(±1)	2.5(±1)	1(±0.5)	1以下

第三步,划分工业化发展阶段。霍夫曼依据对20多个国家工业内部结构时序划分和计算分析,把工业发展划分为如下四个阶段:在第一阶段,消费品工业占统治地位,资本品工业不发达;在第二阶段,资本品工业的增长快于消费品工业的增长,但消费品工业的规模仍然比资本品工业的规模大;在第三阶段,资本品工业继续比消费品工业更快地增长;在第四阶段,资本品工业的净产值已经超过消费品工业的净产值。

为此,霍夫曼得到的结论是,随着工业化的发展,消费品工业与资本品工业的比值是下降的。也就是说,这一比值越大,工业化水平也就越低。实践表明,霍夫曼定理只适用于工业化初期,而到了工业化较高的阶段,由于工业化的内涵已发生了变化,霍夫曼系数就趋于稳定了。工业化是城镇化发展的"产业支撑"。经济金融化对于城镇化的不良影响也是从其对工业化的不良影响开始的。因此,在评估经济金融化对城镇化的影响效应时,不得不将工业化作为一个非常重要的控制变量纳入分析框架,否则研究就会失去价值。

五、产业结构理论

无论是经济金融化还是城镇化,在一定程度上都是产业结构调整的必然结果,是产业由初级到高级演化过程中的必经阶段。因此,在揭示两者的关系时,产业结构理论是重要的理论借鉴。一般来说，产业结构理论主要有配第—克拉克理论和库兹涅茨法则等。具体来说，配第—克拉克定理是英国经济学家科林·克拉克基于威廉·配第研究的成果、深入分析就业人口在三次产业中的分布及其演变趋势后提炼而来。其主要内容是随着人均国民收入水平的提高，首先，劳动力由第一次产业向第二次产业流动；其次，当人均国民收入水平进一步提高时，劳动力便继续向第三次产业移动。从各产业的劳动力分布情况来看，随着人均国民收入的提高，第一产业就业劳动力将逐步减少，第二、第三产业的就业劳动力将逐步增加。从中可以看出，这样导致的社会结果就是随着人均国民收入的增加，城镇化水平将进一步提升。因此，第二、第三产业是城镇化发展的"蓄水池"。

美国经济学家库兹涅茨，在继承了配第—克拉克研究成果的基础上，从国民收入和劳动力产业间分布两个方面对产业结构演进现象进行分析，提出了"库兹涅茨法则"。随着时间的推移，第一产业的产值在整个国民收入中的比重与该产业中劳动力相对比重一样，呈不断下降趋势；第二产业产值相对比重和劳动力相对比重的基本趋势是不断上升的；第三产业的劳动力相对比重，几乎在所有的样本国家都呈上升趋势，但国民收入的相对比重却未必与之同步，综合地看，国民收入的相对比重在这些样本国家是大体不变或略有上升，这说明服务业的部门劳动生产率不高，但服务业具有吸收大量劳动力就业的优势；工业在国民经济中的比重将经历一个由上升到下降的倒"U"型特征。

总的来讲，各种产业结构演进理论都不同程度地总结了产业结构演进的规律。但它们都基于以下的机理，政府产业政策影响着各产业的供给结构和消费结构，各产业的供给结构和消费结构又会影响资源配置、再配置效率，资源配置、再配置效率又推进产业结构合理化和高度化发展。这其中金融有可能在产业政策的环节上起作用，也有可能在资源配置中起作用，更有可能在两个层面都起作用，但无论在哪条路径，经济金融化过程都会通过产业结构调整路径对城镇化发展产生影响。

第三节　理论框架

在上述部分，本书从总体和结构的双重维度分析了经济金融化对实体经济增长、产业结构调整之间的影响效应和相互关系。事实上，除经济增长层面的影响效应之外，经济金融化还会在结果层面产生影响。虽然城镇化所产生的规模效应和集聚效应起到了促进经济的作用，但总体上可以将城镇化看成是经济增长的结果（彭文生等，2013），两者是同一问题的不同侧面。如果不考虑体制性制约因素，在理论上两者是亦步亦趋、同步前进的。同时，由相关理论可知，城镇化也是现代文明发展的重要体现，是社会进步的重要力量。可以说，城镇化发展是社会发展的重要内容。分析影响效应可以拓展经济金融化的社会效应。因此，本书在揭示经济金融化对城镇化影响机制时确立了金融化→经济增长→城镇化的理论分析框架。以此为基础，引入柯布—道格拉斯生产函数。

$$Y(t) = F[K(t), L(t)] \tag{2-3}$$

在式（2-3）中，t 表示时刻，$Y(t)$ 表示 t 时刻的产值，$K(t)$ 表示 t 时刻资本投入，$L(t)$ 表示 t 时刻的劳动力要素投入，F 表示待定函数类型。为全面揭示经济金融化的影响效应，继续假定社会只存在金融资本或说资金主要源于借贷，这也符合信用经济条件下主要特征。如果将时刻 t 认为是某一特定时期的话，公式（2-3）就可以表示为：

$$Y = F(K, L) \tag{2-4}$$

为更好地揭示函数 F 的类型，将式（2-3）两端分别除以 L，并令 $Y/L = y$，$K/L = z$。其中，y 表示每个劳动力的产值，z 表示每个劳动力的投资。然后继续假定：y 随着 z 的增长而增长，但其增长速度会逐步递减。c 体现的就是技术进步的作用。具体可以表示为式（2-5）。

$$y = cg(z), \quad g(z) = z^{\alpha}, \quad 0 < \alpha < 1 \tag{2-5}$$

将 $Y/L = y$、$K/L = z$ 代入式（2-5）可得：

$$\frac{Y}{L} = c \times z^{\alpha} = c \times \left(\frac{K}{L}\right)^{\alpha} \tag{2-6}$$

将等式（2-6）两边同时乘以 L 并对其进行整理就可以得到函数 F 的具体形式：

$$Y = cK^{\alpha}L^{1-\alpha}, \quad 0 < \alpha < 1 \tag{2-7}$$

由式（2-7），我们很容易得到以下条件：

$$\begin{cases} \dfrac{\partial Y}{\partial K}, \dfrac{\partial Y}{\partial L} > 0 \\ \dfrac{\partial^2 Y}{\partial K^2}, \dfrac{\partial^2 Y}{\partial L^2} < 0 \end{cases} \tag{2-8}$$

从式（2-8）可知，$\dfrac{\partial Y}{\partial K}$ 衡量的就是单位资金所创造产值；$\dfrac{\partial Y}{\partial L}$ 表示的就是单

位劳动力创造的产值。因此，进一步得到：

$$\begin{cases} \dfrac{\partial Y}{\partial K} \times \dfrac{K}{Y} = \alpha \\ \dfrac{\partial Y}{\partial L} \times \dfrac{L}{Y} = 1 - \alpha \\ K \times \dfrac{\partial Y}{\partial K} + L \times \dfrac{\partial Y}{\partial L} = Y \end{cases} \quad (2-9)$$

在式（2-9）中，α 体现的就是资金对于产值的贡献份额。由于按照上述假定，资金源于贷款。因此，α 体现的就是贷款资金、金融机构或说金融业增加值对于产值的贡献份额，而这恰恰是经济金融化的核心内涵和基本特征。因此，作为经济增长的必然结果，经济金融化也会通过加速资金要素流动和分配、提升资源聚合和配置水平和加速资本积累、推进产业结构的高级化和合理化等途径来推进城镇化的发展。另外，$1-\alpha$ 则衡量的就是劳动力对产值的贡献份额。从中可以清晰地看出，两者之间是此消彼长的关系。由发展经济学的经典理论可知，城镇化过程与工业化过程亦步亦趋，体现的是农村劳动力由农村转向城市、由农业向非农产业就业的客观现实。所以，从某种意义上来说，城镇化所引发的农村劳动力流动、转移和就业的"主战场"应该是劳动密集型产业。但由上可知，随着经济金融化的发展，α 对于产值的贡献递增，那么 $1-\alpha$ 对于产值的贡献就会递减，两者实践是此消彼长的关系。这背后暗含的一个客观事实就是，劳动力密集型产业会逐步向资金或资本密集型产业转变。当然，这也符合产业发展和产业结构调整的一般规律。但是对于城镇化确实会形成一定的不良影响和冲击。所以，追其本质，金融化所刻画的实际上就是一个国家或地区金融最大或"最适"容量变化的过程。这实质上反映的就是美国经济学家戈登·史密斯所刻画的经济—金融比率。尽管戈登·史密斯没有使用经济金融化这一概念，但其金融—经济相关比率实质上就是研究这一问题（蔡如海、刘向明，2008）。

鉴于此，我们可以认定经济化必须维持在一定的限度和临界值以下。寻求和揭示"经济金融化"的适度性就是判断其对当前我国城镇化影响效应和政策制定的关键。而按照上述分析，这实质上就是要寻找资金和劳动力分配的最佳分配比例。众所周知，信用是区别现代化经济和传统经济的主要依据。由于上文我们假定所有资金均来自贷款，而获取贷款需要一定的"资金成本"，也就是利率。为此，假定利率水平为 r，劳动力成本或说工资水平为 w。所以，运用资金 K 和劳动力 L 产生产值 Y 时最终得到的效益函数就可以表示为：

$$S = Y - r \times K - w \times L \quad (2-10)$$

在式（2-10）中，S 体现的是最终效益。因此，最终问题就变为如何通过求解资金与劳动力的最佳分配比率 K/L 而使 S 达到最大化。利用微分法就可以求得：

$$\frac{\partial Y}{\partial K} \bigg/ \frac{\partial Y}{\partial L} = \frac{r}{w} \tag{2-11}$$

结合式（2-9），将其代入式（2-11）可得：

$$\frac{\alpha \times Y}{K} \bigg/ \frac{(1-\alpha)Y}{L} = \frac{r}{w} \tag{2-12}$$

最终整理可得：

$$\frac{K}{L} = \frac{\alpha}{1-\alpha} \times \frac{w}{r} \tag{2-13}$$

式（2-13）反映的是最佳的资金与劳动力比率，也就是经济金融化影响城镇化的"门槛值"。当跨越这一"门槛值"时，就意味着当前的金融容量已经超越了经济增长和城镇化所能承受的容量。那么，在新时期如何实现经济金融化与城镇化的协调同步发展呢？式（2-13）也给出了一定的政策建议。例如，在 α 和 w 不变的情况下，r 与 $\frac{K}{L}$ 之前就存在一个反比的关系。如果当前经济金融化程度较高，那么政策的侧重就应通过减低利率来实现。反之，如果当前经济金融化程度不高，那么就应该通过提高利率来实现。所以，在推进经济增长和城镇化的过程中，利率改革是一个非常重要的内容。当然，现实中经济金融化对城镇化究竟产生了怎样的影响？这些都有待于继续建立计量经济模型予以实证和检验。

第三章 国外经济金融化发展一般特征及其启示

经济金融化过程最早诞生于西方国家的体制土壤，后来才蔓延至发展中国家。但和发达国家不同，发展中国家在推进经济金融化的过程中产生了诸多问题，也引发了对经济金融化发展特征及其实质的反思。因此，本章主要从发达国家和新兴市场国家两个层面，刻画国外经济金融化发展历程，提炼形成国外经济金融化发展的一般特征，形成新时期我国经济金融化发展中的经验启示。

第一节 国外经济金融化发展历程

一、发达国家金融化历程

这里所指的发达国家一般是指发达的资本主义国家，所以该部分对于发达国家的金融化历程的描述也可以理解为资本主义经济金融化，以美国和日本作为发达资本主义国家样本，通过对其发展的历史沿途和现实境况进行分析，从而揭示发达经济体经济金融化的一般规律和特点。

1. 美国经济金融化历程

美国经济金融化发展总体经济货币化阶段、经济证券化阶段和经济虚拟化阶段三个阶段。在这三个主导阶段中，货币化是美国经济金融化的最初发展阶段。"二战"以后，美国凭借其强大的国际黄金储备实力，建立起主导世界金融霸权、重构世界金融秩序的布雷顿森林体系，通过美元与黄金、各国货币与美元挂钩的"双钩挂"制度，使美元在国际货币体系中处于中心地位，不仅加速了美元在全球的流通速度、提升了资本的运转效率,而且更加方便了国际资本输入与输出、贸易发展,为美国在战后推行霸权主义奠定了坚实的经济基础。基于此,在这一时期,美国政府顺势扩大对外投资,使金融资本规模在世界范围内迅速扩张,以达到操作国际金融活动、攫取高额垄断利润的目的。这一时期也是美国经济金融化发展速度最快的一个阶段。这一点可以由这一时期的美国金融相关比率探寻到踪迹。1946 年美国的 M2/GDP 为 0.9,这也是前所未有的历史峰值。从此之后,这一比率开始逐渐呈下降趋势,于 1958 年降至最低值 0.58。货币化率不增反降,主要是由于从这个时期开始,美国金融市场与世界金融市场联系日趋紧密,并且依托美元在世界金融体系中的强大话语权,大大降低了市场的投融资成本,致使 M2 比重随之相应地降低,但也无法否认这一阶段是经济货币化阶段,具体表现就是经济活动的重心逐渐从产业部门转向金融部门,从事货币服务的金融业利润占总产业利润比重逐年增长,美国经济金融化雏形初现。也可以看出,在这一阶段,货币化是美国经济金融化的表现特征。

随着实体经济发展、融资需求增大、金融创新力度增加以及金融"去中介化"的发展,间接融资模式逐渐向直接融资模式转变,股票、证券类金融工具进入金融市场,美国经济金融化逐步进入证券化主导阶段。20 世纪 70 年代,随着美国经济陷入"滞胀",凯恩斯经济学说遭到批判、陷入困境,食利阶层普遍主张通过市场化、自由化和私有化以此反对国家干预经济,呼吁施行新的经济政策。新自由主义思想就是在这样的情况下应运而生,并逐渐成为金融资本扩张的工具。新自由主义的兴起为金融资本的迅速发展提供了理论支持和政策依据,反对金融资本的严格监管,主张放松金融管制,开放金融业务,推动金融自由化,是新自由主义金融思想的核心表现。到了里根政府执政期间,为了刺激经济,政府进一步推进一系列税制改革政策、金融自由化改革政策,以此刺激美国经济,并带动了国际资本的高效流动,经济金融化发展进入新时期,从货币化向证券化转变,以股票、债券为代表的金融工具及金融衍生品大量涌现并成为美国民众的主要投资工具,货币市场、资本市场迅猛发展。这一时期,金融行业增加值占 GDP 比重、金融资产在总资产中占的比重以及非金融企业直接融资额占企业总融资额的比重等反映经济金融化的主要指标呈现上涨趋势,经济金融化发展达到了一个全新高度、进入新阶段。

随着经济金融化的发展、金融创新深化,带动的是整个经济发展模式、盈利渠道以及创利空间的转变。在经济金融化的带动以及非货币性金融衍生工具下,美国虚拟经济在一系列量变到质变的发展过程中,也实现了空前发展。进入 20

世纪90年代，以信息技术变革为中心的第三次科技革命爆发，人类开始步入信息化社会，以微软、英特尔、IBM等高科技商业巨擘为主要支撑的高新技术产业迅猛发展，为美国经济增长的又一个"黄金时期"注入强劲动力。与此同时，美国的金融创新与科技进步成果的结合，使美国经济金融化进程迈向了新的"快车道"。在这个过程中，经济运行方式、增长方式发生根本性变化，增长来源越来越倚重金融运作（栾文莲，2017）。随着产业垄断资本向金融领域的转移，金融业创造的产值增速大大超过制造业，在GDP中的比重也不断上升。1998~2007年，美国国内生产总值从87934.95亿美元增加至140286.75亿美元，增长了28.5%。制造业增加值占GDP的比重从15.1%下降至12.1%，而金融业增加值则从6346.98亿美元增加至10800.04亿美元，增长了49.6%（栾文莲，2017）。金融、房地产和高端服务业已成为美国三大支柱产业，由此可以看出，美国经济金融化已达到高度发达的程度。从中可以看出，随着经济金融化的发展，美国实体产业和虚拟性产业的比例关系、力量对比都发生了显著变化。

2. 日本经济金融化历程

"二战"以后，日本经济在经历战后短暂调整、复苏之后，迅速达到战前水平并实现了崛起。在1955~1972年接连形成了神武、岩户和伊奘诺三大经济景气时期，实际年均经济增长率基本维持在10%。一方面，在第一次石油危机到来之前，日本经济达到了一个前所未有的高度，一跃成为世界第二大经济体、跻身发达国家行列。深刻解析这段时间日本经济发展的原因，可以发现，在这段时期，日本经济高速增长主要源于制造业崛起、净出口对经济增长的促进作用，是典型的实体经济推动型发展路径。另一方面，金融部门一直是日本政府强监管部门，银行等金融机构功能受限、盈利模式单一，各类新兴业务无法开展和进行。同时，也因为政府对金融市场干预，金融市场机制作用长期无法释放殆尽、运行效果有待进一步提高，这也在一定程度上抑制了金融对日本经济增长的带动作用。也正因此，受限于封闭、发展缓慢的环境，日本金融业在这一时期与其他已经实现金融自由化国家的差距也越来越大。

从20世纪80年代开始，受迫于国内、国际经济形势变化，尤其是美国对日本的战略调整影响，日本开始大刀阔斧地进行金融制度改革，放松了对利率和汇率的管制，推行利率市场化、金融市场化，走上了金融自由化道路。改革的直接后果就是导致利率水平下降，房地产投资规模膨胀，大量资金涌入房地产行业，形成了房地产泡沫。同时，随着金融自由化改革深化，相关金融机构、产业性实体的营业模式也发生了变革。大量资金涌入房地产和股票市场，在会计账面上增加了较多资产净值。但在全社会投机氛围的催促下,企业忽略生产规模提升、研发创新投入,发展持续性、结构受到挑战,因此,许多企业走上了高杠杆的负债经营模式。从日本的总体经济构成来看,经济重心逐渐由实体经济向虚拟经济转移,大量社会剩余资本流向金融和房地产领域,造成资产价格虚高。由于资产价格上升缺乏相应实业性产业支撑,资产泡沫、金融泡沫、经济泡沫越来越大,并最终在1990年彻底破裂。日本经济陷入长期低迷,由此开始了"失去的十年"。

在经历了长达十余年的经济衰退之后,日本经济于2003年开始复苏。当然,其复苏的原因是多方面的。但坚持对金融制度的改革为复苏奠定了重要基础。这段时期的金融改革主要集中在以下几个方面:一是清理商业银行的资产负债表,化解不良资产、提升金融资产质量;二是进一步改革银行体制,打破银行与企业交叉持股的利益纽带关系;三是严格金融监管,加快金融监管体制改革和灵活调整存款保险制度(项卫星、王达和祝博,2007)。从金融改革实际效果来看,这次改革的确是一次成功的金融制度改革。通过改革不仅降低了银行和企业杠杆率、化解了系统性风险,还减轻了商业银行的经营压力,通过严格的金融监管手段,规范了企业和银行在资本市场的运作,一改以往金融资本的单一逐利过度投机现象,日本经济金融化整体步入了正常化发展阶段。从中可以看出,历经量的扩张,经济化良性发展过程也是金融业高质量发展过程。唯有经济金融化高质量发展,实体经济才能高质量发展。这一切都离不开有效的金融监管。

二、新兴市场国家金融化历程

结合金融发展理论的演进轨迹以及世界经济,经济金融化并不是发达国家的特有现象,一些发展中国家尤其是新兴市场国家也呈现经济金融化发展趋势特征,主要内容是解除本国的金融管制、推进利率自由化、加快本国资本市场的开放,这些措施在一定程度上使新兴市场国家的金融自由化进程取得了一定的进展(郭萍,2015)。为此,在本章,本书以印度这一新兴市场国家为考察样本,观测其经济金融化历程,凝练发展特征。总体来说,印度经济金融化始于20世纪70年代末。随着经济改革,印度历届政府大力完善金融体制改革,主要措施如下:一是放松对银行存贷利率以及汇率的限制。利率和汇率是金融市场机制配置资源的"信号"。因此,印度金融市场化进程也主要是从放松对利率和汇率的限制开始。在具体改革中,印度储备银行解除了银行存款利率上限及贷款利率下限的规定。同时,印度对外汇的管制也开始大大放松,出口企业可保留部分外汇,并利用其进口所需机器设备、原材料。二是设立专门监管机构、强化对金融系统监督。1994年印度储备银行设立了金融监督委员会,其职责是负责监督金融服务公司运营活动。1997年,金融监督委员会又设立了分会,定期检查审计业务、质量及其覆盖面。三是放宽准入条件、鼓励社会资本出资设立金融机构。这里有两个渠道可供选择:一个渠道是从印度储备银行取得执照,以及符合其他限定标准。另一个渠道是通过持有国有银行股份的方式参与。四是有限制地放宽外资直接投资银行。国外银行供给金融服务要符合国内银行相同的利率要求、达到印度储备银行的贷款指标。五是实施国有银行改革。印度国有银行在整个金融体系中居垄断地位。但平均资产回报率、银行资本与风险资本比例却为世界最低。

为此,从1997年开始,印度政府对国有银行进行了改革。在改革内容上包括货币政策、利率和汇率、收益认定和资本充足方面采用国际惯例,引入竞争、加强监督。经过改革,印度形成了一套比较健全的金融制度、健全的金融体系和多样化的金融格局。通过一系列改革,印度各类银行特别是私人银行迅速发展,不良资产率从2003年的9%下降为2009年的3%;资本市场也取得了不俗发展成就。股票、期货等资本市场投资活跃,印度资本市场股票流通市值占GDP的比重已达80%。印度企业上市融资,完全由市场配置,政府不设置任何额度、指标限制(崔青青,2011)。可以看出,与我国改革路径相似,印度金融改革也是渐进式的改革方式,推进印度经济金融化过程。

第二节 国外经济金融化一般特征

经过对发达国家和新兴市场国家经济金融化历程的梳理、比较和提炼,本书发现,国外经济金融化存在四个特征,经济金融化是金融范畴和业态拓展的过程;经济金融化是产业资本和金融资本协调发展过程;经济金融化是金融创新和监管协调发展过程;经济金融化是金融自由化和金融开放协调发展过程。

一、金融范畴和业态拓展的过程

金融是经济体系的核心构成,纵观世界各国经济金融化历程,经济和金融一直以来就是相互交织、密切关联的。经济繁荣发展、经济经融化良性运行;经济金融化良性运行，经济持续健康发展。相反，经济衰退也势必会带来经济金融化偏离轨迹、加重经济衰退程度。正是由于金融对经济发展的举足轻重作用，金融范畴和业态的拓展也就形成了经济金融化的一般趋势。从国外的经济金融化历程来看，金融范畴和业态的拓展主要体现在金融逐渐成为经济活动的主体，社会财富大量流向金融领域等特点。这会进一步致使金融内部和外部分工、分化。在金融内部分工方面，货币、信用、银行成为传统金融框架下的三根支柱。在金融外部分工方面，证券、保险、金融衍生品、金融科技等也成为金融范畴和业态的重要构成。随着金融范畴和业态的拓展，在以金融交易为主体的经济形态中，金融交易占比越来越高，利润中来源于金融的占比越来越高，金融资本逐步控制产业资本。以美国为例，美国金融和保险业增加值占 GDP 比重由 1953 年的 2.8% 升高至 2016 年的 7.3%，同期其他行业增加值占 GDP 比重则从 15.32% 降至 12.65%；美国联邦政府金融资产比重从 1960 年的 18.52% 上升至 2016 年的 41.29%，非金融公司金融资产比重则从 1960 年的 22.86% 上升至 2016 年的 48.5%（陈曦，2019）。在居民层面，体现最为明显的就是各国居民财产性收入的增加。

二、产业资本和金融资本协调发展的过程

根据政治经济学理论，在资本循环运动中，依次采取货币资本、生产资本和商品资本形式（其中，货币资本的职能是购买生产资料和劳动力，为剩余价值生产准备条件；生产资本的职能是使生产资料和劳动力结合，生产剩余价值；商品资本的职能是通过商品的出售，收回预付资本价值和实现剩余价值），接着又放弃这些形式，并在每一种形式中完成相应职能的资本，就是产业资本。因此，产业资本的功能有两个：一是在生产过程中创造剩余价值，二是在流通过程中实现剩余价值。而金融资本又是工业垄断资本和银行垄断资本结合在一起而形成的垄断资本，是由银行资本和产业资本相互渗透、融为一体而形成的最高形态的垄断资本。从国外经济金融化过程演进过程来看，金融资本是资本主义发展到一定阶段，由产业资本脱离出来，为满足产业扩张的资金需求进行相关融资服务而产生的。从这个角度来讲，产业资本和金融资本之间属于包含和被包含、协调发展的关系。一方面，金融资本为服务于产业资本扩张而存在；另一方面，产业资本的壮大也为金融资本的积累起到了"助推剂"作用。结合日本经济金融化演进过程可知，日本历届政府尤为重视产业资本、金融资本的协调发展，并为此颁布实施了一系列金融监管政策。其根本目的就是让产业资本和金融资本能够更好地协

调起来，使金融资本回归初衷，更好地服务于产业资本，防止金融脱离产业资本、过度虚拟化。

三、金融创新和监管协调发展的过程

纵观全球经济金融化发展的历程，随着互联网时代的到来，移动互联、云计算和大数据等信息技术手段与传统金融服务业态相结合、创新金融科技服务会成为当前和今后一段时期的主要金融创新方向。这一趋势在处于经济金融化起步阶段的新兴市场国家，体现得尤为明显。但金融科技服务在满足人们日益增长的金融需求需要的同时，也带来了金融产业发展的新风险、新问题。从新兴市场国家的金融政策导向来看，做好金融风险的防范和化解工作、加大金融创新监管力度，以达到金融创新和金融监管协调发展，成为各国监管部门在把控经济金融化过程中金融风险的有力武器、强劲抓手。例如，为了强化金融监管、化解金融风险，印度储备银行专门下设金融监督委员会及其分会，实现对国有银行进行改革、稳定金融秩序的目的。可以看出，经济金融化是金融创新和金融监管协调发展的过程，协调、平衡金融创新和金融监管关系将成为各国监管部门、金融机构的共同责任。

四、金融自由化和金融开放协调发展的过程

自20世纪70年代以来，金融自由化运动开始席卷全球，其中包括西方发达国家的金融创新以及新兴经济体的金融市场改革（谢跃进，2014）。从国外金融自由化发展历程、演进轨迹可以看出，世界各国决策层、监管部门越来越重视处理金融自由化与金融开放的关系。在国际经济形势趋于复杂的背景之下，金融开放是必由之路。实现金融开放的前提条件首先是要实现金融自由化。一方面，金融自由化是对内实现国内金融市场化，减少政府对于金融业的过度干预，充分发挥金融市场机制对资源配置、风险定价的作用；另一方面，是对外实现贸易自由化、资本流动自由化，使金融资本在实现跨期配置的基础上，更进一步跨越地域、空间限制，充分利用"两种资源""两个市场"，使金融资本效益达到最大化。同时，扩大金融开放是进一步促进金融自由化的有力抓手，通过在国内外施行各种促进金融自由化、金融开放改革的经济政策和货币政策，以达到金融自由化和金融开放协调发展目标。因此，经济金融化的过程也是金融自由化和金融开放协调发展的过程。

第三节 国外经济金融化启示

通过对国外主要发达国家、新兴市场国家的经济金融化发展历程的梳理和一般特征的归纳，可以试图在他们身上汲取一些宝贵经验。要发挥"扬弃"精神，取其精华，去其糟粕。由于各国国情有异、发展阶段不同、禀赋特征千差万别，经济发展阶段和金融化发展水平也会不尽相同。但是不能否认的是其他国家的经济金融化进程、改革举措，对于我国在新形势、新条件、新机遇下的借鉴作用和改革启发。通过国外经济金融化发展历程，本书认为，新时期我国在推进经济金融化中应合理分配实体资本和金融资本，防止过度金融化；创新监管机制，实现金融创新和金融监管平衡；构建现代金融体系，满足经济多样化金融需求；扩大金融开放，实现高质量发展。

一、合理分配实体资本和金融资本

金融资本可以提高实体经济的运转效率从而促进经济增长，但这个过程存在一定的边界范畴，经济金融化的适度发展，不仅可以夯实实体经济基础，而且能为社会带来利润总量的增加，进而促进人类社会和生产力的进步。但如果经济金融化水平越过这个边界，形成金融资本主导实体经济格局，就会对实体经济起到反面作用，阻碍经济长期、持续、健康发展。当我们将经济金融化扩展到国际视野再考察，不难发现，虚拟资本在世界市场层面的扩张推动形成了美国新的金融帝国主义，这反过来又加剧了美国国内经济金融化的程度。我国改革开放40年来的经验以及当代美国经济金融化的历史事实都在警示我们，一国金融业的发展必须回归到服务于实体经济发展的本质上来（王守义，2017）。金融因实体经济需要而存在、因实体经济需要而运行、因实体经济需要而发展。如果经济金融化过度发展、脱离了这一本源，就会出现金融系统内部的资金空转、"脱实向虚"，进而会危及整个经济系统的健康运行（卢文华，2018）。因此，新时期我们必须要做到正确认识并处理好实体经济与金融经济之间的关系，合理分配实体资本和金融资本，防止过度金融化。

二、平衡金融创新和金融监管关系

经济金融化是金融创新和金融监管协调发展的过程，在加快推进金融创新的同时，金融监管也需要紧跟步伐，金融创新探索和监管机制创新两项工作要同步进行，找寻两者最佳结合点，实现金融创新和金融监管平衡。有效的监管机制是在良好、健全的监管体系下形成的。因此，要着力构建一套事前规范、事中完善、事后惩戒的金融创新监管体系，以适应金融创新所带来的金融环境的新形势、新变化和新影响。既不让金融监管过于严格产生"金融抑制"，阻碍经济发展，又不能太过宽松导致金融陷入自我循环、无序发展的困境，从而损害实体经济利益。从国际视角来看，日本无论是在"二战"刚结束时实行严格的金融管制以及对利率和金融业务实行严格的限制，还是20世纪80年代初期开始的金融自由化改革举措，都是为了适应市场需求的新变化。这些措施的推行，在一定程度上对当时经济发展起到了促进作用。但随着经济形势和外部环境发生变化，金融政策也应及时做出相应的调整，这样才能更好地促进经济的发展，否则会对经济发展造成阻碍，甚至引发严重的经济危机（刘静，2017）。我国要缓解、克服经济金融化带来的负面效果，应从宏观上调整未来经济发展战略，优化产业结构，将金融资本控制在合理范围内，以监管引行为、成制度和促发展。

三、构建现代金融体系

现代金融体系作为现代化经济体系的重要组成部分，在优化资源配置、促进经济高质量、高效益发展上具有重要作用。构建现代金融体系助力现代化经济体系，是贯彻新发展理念的当务之急（饶雨平和王建明，2018）。经济社会在向多元化方向发展的同时，也带来了金融的多样化需求，对金融体系改革也提出了新要求。这也是经济发展到一定程度之后，金融的财富管理功能变化的凸显。金融体系有责任为这种多样化的金融需求提供供给、创造需求。对于新时期，中国构建现代金融体系需要从以下四个方面进行：一是完善中长期融资制度，为公益产业、基础设施建设筹集资金；二是建立普惠金融体系，为小微企业、"三农"发展、扶贫事业提供普惠金融服务；三是针对"双创"的现实背景，创新金融产品支持"双创"；四是促进直接融资和间接融资协调发展；形成商业性金融、政策性金融、开发性金融和合作性金融长期并存、协调发展、分工明确、联动互补的金融发展新常态。当前中国经济金融化过程中出现的"脱实向虚"的不良发展态势在很大程度上都与过度强调金融的商业性有关。通过这几方面的改革和发展，逐步构建起以服务实体经济为导向的现代金融体系和普惠金融体系，把更多金融资源配置到经济社会发展的重点领域和薄弱环节，更好地满足人民群众和实体经济多样化的金融需求。

四、扩大金融开放

金融开放是一个持续、缓慢和渐进的过程，需要与经济发展阶段、金融市场成熟度、金融体系的健全程度以及金融监管机制的稳定性密切相关。迈入新时代。中共十九大报告指出，要推动形成全面开放新格局，扩大服务业对外开放。金融是国家重要的核心竞争力，扩大金融业对外开放是我国对外开放的重要方面（吴光豪，2018）。现阶段我国经济已由高速增长阶段转向高质量发展阶段，正处于经济结构转型升级的攻坚时期，这对于金融业开放发展来讲，既是机遇也是挑战。因此，新时期金融业需要在这一轮的发展中做好表率、积极探索、先行先试、积极进行金融服务、体制机制创新，引领金融开放、金融创新前沿，认真贯彻央行对新时期我国金融业扩大对外开放明确的三个原则：一是准入前国民待遇和负面清单原则；二是金融业对外开放将与汇率形成机制改革和资本项目可兑换进程相互配合，共同推进；三是在开放的同时重视防范金融风险，使金融监管能力与金融开放度相匹配。但需要特别注意的是，金融开放只是手段，其最终的目的是营造稳定、持续、健康的经济发展环境，实现我国经济增长的新旧动能转化、激发经济发展新活力，为经济转型提供更加稳定高效的金融支持，助力实现经济高质量发展。

第四章　中国经济金融化发展概况及其发展趋势

中国经济金融化呈现怎样的发展特征？其未来发展趋势如何？以国外经济金融化发展历程及其一般特征为参考，本章对我国经济金融化发展概况及其发展趋势进行分析。具体安排如下，一是以政策演进和金融改革为基本脉络，揭示中国经济金融化发展的演进轨迹、制度框架和制度逻辑；二是基于中国权威统计数据以及经济金融化量化指标，从宏观、中观和微观维度刻画中国经济金融化发展成就及其统计学特征；三是建立计量模型，模拟中国经济金融化发展的阶段特征、明确中国经济金融化发展定位、研判其未来发展趋势；四是对中国经济金融化发展的适度性进行分析，以明确中国经济金融化是否出现过度发展状态。

第一节　中国经济金融化的演进及其制度逻辑

一、中国经济金融化的演进轨迹

本部分主要从金融业改革过程的角度，简单描述中国经济金融化。中国经济金融化过程也是从新中国成立以来就开始的。在阶段特征上，先后经历了初步改造与统一阶段（1948~1953年）、"大一统"阶段（1953~1979年）、改革开放阶段（1979~1994年）、深化改革阶段（1994~2014年）以及新常态阶段（2014年至今）。但无论是学界还是政界，对于金融发展阶段的划分并未形成统一结论和观点。例如，易刚（1996）和谢平（1996）则认为，中国金融发展的转型之年分别在1984年和1982年。但总体来说，金融改革是随着经济体制的改

第四章 中国经济金融化发展概况及其发展趋势

革不断演进的。

改革开放之初,在金融机构方面,中国先后恢复设立中国农业银行、中国银行和中国建设银行。1984 年,从中国人民银行剥离工商信贷业务成立了中国工商银行,从此中国人民银行专门行使中央银行的职能、奠定了其央行地位。1986 年,交通银行恢复设立。1987 年中信银行成立。之后又成立了深圳发展银行等国家商业银行。1994 年,开始了国有专业性银行向商业银行的转变,将政策性业务剥离出来,专门设立中国农业发展银行、中国进出口银行、国家开发银行三大政策性银行,还组建了全国性和区域性的商业银行,证券、保险、信托和租赁等非银行类金融机构也在这时相继成立了起来。同时,也是在此时,许多的外资机构开始在北京、上海等地开设了分支机构。在金融工具和金融市场方面,1981 年恢复国债发行,1984 年上海飞乐音响发行了第一只上市股票,1990 年、1991 年上海和深圳证券交易所先后成立,1993 年上海、北京、大连等多家期货交易所成立。1986 年银行间外汇调剂市场建立。到 1993 年中国的金融市场终于初具雏形。可以看出,随着经济体制变革,会诱发多层次金融需求,金融机构类型开始丰富、金融市场层次开始拓展,金融体制改革也将加速,这和这一时期的特征不谋而合。

1994 年之后,中国做出了发展社会主义市场经济体制的伟大决策,中国整体进入深化改革新阶段。与经济改革相适应,中国金融改革也不断深化,迈上"快车道"。其中,在银行业方面,国有商业银行、政策性银行、全国性商业银行、城市商业银行、农村商业银行、地区性商业银行、农村信用社等共同构成了一个多层次、充分竞争、运行有效的信贷市场,尤其是 2006 年银监会在《关于调整放宽农村地区银行业金融机构准入政策更好支持社会主义新农村建设的若干意见》中,鼓励各类资本设立村镇银行,境内投资人的持股比例将提高。并鼓励农村小企业和农民设立社区性信用合作组织的举措提出后,村镇银行、小贷公司和农村信用社也成为新型金融机构,为普惠金融体系建设奠定坚实基础。此外,信托、担保、典当、租赁等非银行类金融业飞速发展成为多层次信贷市场的重要补充。中国银行间同业市场、外汇市场、票据市场从无到有,而且交易规模不断扩大。证券交易所上市公司迅速增加,国债、基金、企业债券上市交易规模也不断扩大,上海、郑州和大连商品交易所制度体系健全、日趋规范,价格发现功能越发健全;中国金融期货交易所也在 2006 年成立起来。上海黄金交易所、中国外汇交易中心不断壮大。这里还要值得一提的是,在 2014 年 1 月时,银监会召开电视电话会议并部署全年工作,备受关注的民营银行设置也开始试点先行,实行的是"有限牌照"。包括深圳前海微众银行、温州民商银行、天津金城银行、

· 43 ·

上海华瑞银行和浙江网商银行等五家民营银行获准试点。从地域分布来看,第一批民营银行基本集中于资源较为丰富集中的东部地区。而在第二批民营银行中,批准筹建重庆富民银行。按照银监会的政策导向,未来中西部地区将是民营银行重点布局区域。可以说,新常态时期,民营银行的试点为我国金融服务体系注入了新鲜的血液,同时也为农业金融服务体系的改进提供了新思路,我国农业金融服务体系创新理论蓬勃发展。总之,改革深化促进了金融结构和市场走向多元化,逐渐形成与社会主义市场经济体制相适应的有中国特色的金融体系。

自2014年至今,在全球化的背景下,我国经济整体进入新常态阶段,金融业发展也进入新常态阶段。在历经改革开放长达30多年的高速增长后,我国经济已经迈入较低的增长区间的经济新常态阶段。这里包含两层内涵:一是经济增长减速,二是减速是由结构性变化所造成的。当然,这也不是我国的个案,而是世界经济体发展演变的普遍规律与基本特征。因此,这也告知我们要转变发展方式、调整与优化产业结构、进而实现科学发展、包容性发展。针对这一阶段经济形势,我国金融改革的关键词主要有防范化解系统性金融风险、金融科技、绿色金融三个。在防范系统性金融风险方面,组建中国银行保险监督管理委员会,将中国银行业监督管理委员会和中国保险监督管理委员会拟订银行业、保险业重要法律法规草案和审慎监管基本制度的职责划入中国人民银行,不再保留中国银行业监督管理委员会、中国保险监督管理委员会。随着银监保监合并,监管机构职能将进行重大调整,监管理念由分业监管转向了混业监管或综合监管、由机构监管转向了功能监管及原则导向监管。在金融科技方面,自互联网金融元年以来,金融科技发展迅速,业态逐步完善,互联网支付、互联网保险、互联网消费金融、P2P、互联网众筹、互联网股权融资等沟通构筑了中国完善的金融科技体系。可以说,虽然中国起步较晚,但发展速度较快、发展规模较大。也正因此,对于金融科技的监管也是防范系统性金融风险的重要组成部分。在绿色金融方面,自2015年《中共中央国务院关于加快推进生态文明建设的意见》首次提出,要推广绿色信贷、排污权抵押等融资,在开展环境污染责任保险试点后,我国绿色金融获得了快速发展,绿色信贷、绿色债券、绿色基金、绿色股票指数等共同构成了绿色金融体系,中国在2017年成为全球最大的绿色债券发行来源之一。除了这三个关键词之外,2019年6月13日,科创板正式开板,科创板试点注册制,是服务科技创新企业、强化市场功能的一项重大改革举措。

二、中国经济金融化演进的制度框架

按照上述演进轨迹,可知中国经济金融化演进过程中一个非常重要的特征是金融组织类型的多元化、多样化。金融组织也被称为金融中介。金融中介在转换消费支出、降低金融商品的交易费用方面发挥了重要作用,尤其是随着信息经济学的发展,金融中介理论也逐步吸收了其精华,并探寻到了金融中介存在的必要性:那就是化解信息不对称的问题。提供流动性、实施监督服务是金融中介存在的重要原因。由于当时的金融中介理论十分重视金融中介的作用,因而在相当长的时间内,理论界也主要从金融机构的角度来研究金融体系,并形成了所谓的"机构观"。该制度框架认为,金融机构的生产、发展和繁荣是公共政策选择的重要目标。

纵观我国金融业改革以及经济金融化发展历程,虽然每个阶段的外部环境、主要任务以及目标预期不同,但总体来说,我国的金融服务体系改革是"机构观"的制度范式,以中国金融机构的调整和完善为目标,注重的是金融机构组织内部存量的改革以及金融机构组织形态的变迁,是政府主导下的"自上而下"的强制性制度变迁和改革。具体来说,这种"机构观"的改革路径存在以下两个特征:一是中国金融制度的变迁基本上是围绕金融机构的形态展开的;二是政府强制性、干预性的特色表现尤为明显。这两点可以从上述分析中得到印证。在这样的金融改革导向下,我国形成了一个诸多要素构成的复杂的、多层次的金融综合体。例如,在银行机构层面,政策性银行、商业银行、合作银行、民银银行以及互联网银行在我国银行体系中都已经存在并占据重要位置。在资本市场方面,主板市场、创业板、中小板、创业板、新三板以及科创板在我国资本市场体系也均占据一席之地。除此之外,基金、保险等也是同样的情况。新型金融组织的不断出现,打破了长久以来金融业垄断的格局,有利于调动多种类型金融机构协同供给金融服务、在达到竞争均衡的同时,实现金融服务质量的提高。

三、中国经济金融化演进的制度逻辑

从制度框架的角度来看,我国金融改革的制度框架是明显的"机构范式"主导型的,遵从的是"结构—功能—行为绩效"的制度逻辑。也就是说,其是通过金融现有结构赋予其相应的功能,并通过金融机构的行为绩效判断其功能的实现程度。具体来说,在金融结构和功能角度方面,我国金融机构实现了从单一到多元的变迁,金融组织的多样性和丰富程度得以迅速的提高,从上述我国金融的组织机构中我们就可以清晰地看出。截至目前,我国的金融体系中已经基本形成政策性金融与商业性金融并重、传统金融机构与新型金融机构并存、国有资本和民间资本协同、货币市场和资本市场配合、直接融资模式和间接融资模式互补、政策性金融机构和商业性金融机构互促、正规金融机构和非正规金融联动的发展格局。可以说，在我国金融体系中，各类金融组织都有自己的功能定位，各个金融组织分别按照各自的"功能定位"供给金融服务。从某种意义上来说，当原有金融体系中既定的金融组织无法满足经济形势变化所引致的新需求时，就需要调整金融结构，例如，产品结构的优化、组织架构的重构和市场结构的重组都可以产生较大的效率。但总体来说，这种制度设计逻辑更多体现的是顶层设计或金融机构的"简单叠加"，与微观执行层级的实践效果还存在较大的差异。当经营环境发生变化和技术进步的发展时，金融机构也在迅速地变化和发展，但与其相对应的法律、制度建设则滞后于其变化，各类金融组织的运行就变得无效率。这也是为什么当前中国已经建立了覆盖面更广、辐射范围更大的金融体系，但是中小企业、农业、贫困阶层的金融需求仍无法全面满足是一个非常重要的原因。所以，从行为绩效层面来看，其弊端和不足表现尤为明显。

以农业融资为例，对"机构观"制度范式的运行绩效进行说明。从我国发展实际来看，一是在我国的农村地区，"工""农""中""建"四大国有商业金融机构基本上在收缩其在农村的分支机构，尽管农村信用合作社日益成为发放"三农"贷款的主要机构，但是其"合作金融"的属性正逐步丧失，农民的现实金融服务在某种程度上无法通过现有的正规金融服务机构得到满足。从某种意义上来说，农村金融组织本身所固有的问题始终得不到解决。二是农村金融资源"非农化"趋势较为严重。由于当前农村金融市场效率远低于金融中级组织的效率，在商业金融中介"利润最大化"与"三农"自身发展特性的综合考量下，金融资源非农化趋势十分明显，进而使农村发展所需要的资金出现"空心化"，金融对农业经济发展的"造血"功能逐步丧失。三是金融机构的改革是一个系统工程，其运行需要政府和监管部门提供相应的综合配套措施，单纯的金融机构的改革在某种程度上缺乏完善的、系统的制度保障，无法达到农村金融实现服务机制与监管机制间的"平衡"，进而使农村金融服务方式单一，在某种程度也是"影子银行"产生的导火索，农村金融服务供给严重不足，亟待通过一种新的范式重新认识金融经济关系和促进其协调发展。同时，在农业现代化推进和阶段转换，也对金融服务产生了更高的要求，现在的农业金融服务体系已逐渐显露出效率低下、行为绩效不适应新常态时期农村经济发展的迹象。

从改革角度窥探中国经济金融化演进过程及其制度逻辑，本书认为，金融机构的完善与否只是金融体系健全与否的一个表层特征；还有一个非常重要的考核指标是金融功能是否完善。虽然我国金融机构类型多样，但在实践中所从事的业

第四章 中国经济金融化发展概况及其发展趋势

务却均存在"同质化"的困境,金融功能在很大程度上存在重叠。这事实上与经济环境的演化趋势存在一定程度的背离。随着城镇化成为促进经济增长的引擎和促进经济增长的新动力。如果金融功能不能和城镇化的功能相协调、相适应,也就无法为城镇化发展提供坚实的支撑。因此,新时期要促进经济金融化和城镇化的发展进一步修正"机构观"制度改革逻辑下所存在的诸多问题,引导金融改革由"机构观"向"功能观"转变,为服务实体经济、调整产业结构进而推动城镇化发展奠定基础性、要素性条件。

第二节 中国经济金融化发展成就

在上面部分,本书主要从制度演进角度对中国经济金融化的演进过程及其制度逻辑进行了定性分析。但是中国经济化究竟发展如何?这些还需要统计数据的支撑。为此,在下文,本书主要运用权威统计数据,从宏观、中观和微观三个维度对中国经济金融化的发展成就进行描述性统计分析,全面反映中国经济金融化发展现实及其特征。

一、宏观维度

1. 总体层面

按照上述分析,经济金融化往往与金融自由化存在密不可分的关系。自20世纪中后期以来,金融自由化被不少经济体视作经济发展战略的重要组成部分,随着一系列减小金融干预和管制措施的实行,世界各国经济发展都呈现出不同程度的经济金融化(王成进,2016)。经济金融化的内涵与特征,以及对经济发展的效应与影响等方面,都受到不同时空背景、社会经济水平等因素的影响。中国经济金融化的发展也与政府实施体制改革、减少对金融发展的干预存在密切联系。如今,随着中国经济社会的高速发展,金融资本依托实体经济的发展不断壮大,经济金融化已经渗透到我国经济的方方面面。按照发达国家经济金融化演进过程,经济金融化第一阶段的表现特征就是货币化。因此,在宏观层面,本书仍然运用 Mckinnon(1973)所提出的金融相关比率指标 M2/GDP 来衡量经济金融化在宏观维度的表现。1990~2018 年中国经济金融化在宏观层面的演变趋势如图 4-1 所示。总体来看,在样本区间内中国经济金融化水平整体呈不断上涨的趋势、发展迅速,这和上述制度层面金融机构改革、金融体系建立健全、金融组织类型完善都有非常重要联系。

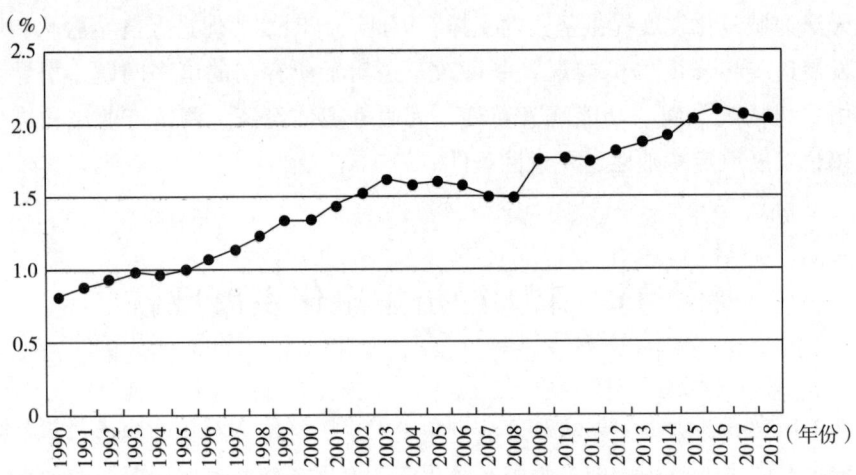

图4-1 中国经济金融化的宏观表现

2. 结构层面

从外部环境来看,中国经济改革开放的序幕于1978年正式拉开,1992年邓小平南方谈话后中国经济改革进程再次加速;1997年东亚金融危机后至2002年,中国通货紧缩问题抬头;2007~2008年发生对全球经济重大影响的国际金融危机;2015年股市暴跌;2016年至今,经济下行压力增大。因此,在分析中国经济金融化的阶段特征方面,将观测样本划分为1990~2002年、2003~2008年、2009~2015年、2016~2018年四个阶段。结合中国经济体制改革的大脉络、宏观大背景对各阶段的经济金融化发展水平及其原因进行解析。具体来说,1990~2002年,中国经济金融化水平一路上扬,与中国市场经济体制改革的总体步调是一致的。在这段时间内,中国通过价格改革、税制改革、汇率改革、国企改革等措施进步激活了要素配置效率、纾困了各类体制机制,刺激了市场经济主体的长久被压抑的金融需求,经济金融化水平获得快速发展。这和科斯等(2013)论证了1992年的价格改革、1994年的税制改革对于扭曲价格的调整、我国公共市场及民营经济的发展都起到积极作用的结论也不谋而合。此外,从国际形势来看,1997年东亚金融危机爆发后,我国为了应对经济增长速度放缓,消费价格指数在低位运行等问题,提出了扩大内需、拉动经济增长、遏制经济下滑的方针。因此,在1990~2002年,居民、企业储蓄的增加及外商直接投资增加也对中国经济金融化发展起到了推波助澜的作用。中国经济金融化在1996年迈进了100%的新阶段,期间增幅高达87.573%,发展水平十分迅速。

2003~2008年,中国经济金融化发展呈现明显的下降趋势,降幅达7.541%,中国经济金融化发展速度减缓。由于这一时期,我国经济走出了通货紧缩的困扰,市场中高储蓄、高投资与高信贷"三高"特征十分明显,经济金融化的短期波动主要和金融市场冲击有关系。2006年我国股票市场牛市开启,引起公众对资本市场的良性预期,公众在资产选择方面偏向股票、债券等资产市场工具,进而致使中国经济金融化从2006年的159.8%下降到2007年的151.7%。此外,受全球金融危机的影响,我国推出大规模的经济刺激计划,在实施财政扩张措施的同时配合信贷支持,政府的基础设施建设投资得以大规模增长,也会致使这一阶段的中国经济金融化水平下降。

2009~2015年,中国经济金融化水平得以恢复,尤其是在2015年中国经济金融化水平达到202.958%的高位、达到世界前列水平,但增速放缓。自金融危机以后,我国推行的政府投资与信贷扩张等措施导致中国经济金融化水平在2008年后再次提高。2012年中共十一届全国人大五次会议首次调低中国经济增长的预期目标,中共十八大做出经济发展进入新常态的重大判断,宏观经济运行由超速发展阶段正式进入中高速增长阶段,储蓄、投资出现下降趋势,国际收支的新格局也使外汇占款未大幅增加,直接融资的发展使潜在货币占比下降。因此,到2015年,M2/GDP比值增幅仅为15.916%,宏观层面的经济金融化水平进一步发展但增速放缓。

2016~2018年,中国经济金融化出现小幅下降趋势。2016年我国GDP实际增长率为6.7%,经济下行压力较大,储蓄、投资规模下降以及国际收支的新格局等内因和外因,都是中国经济金融化发展水平出现回落的主要原因。与此同时,这期间金融资产规模(不含衍生品)已经达到近380万亿元,是GDP的5倍多,而且近年来以每年新增30万亿~40万亿元的速度在增长。从中也可以看出,经济金融化如果陷入金融体系的内部循环、偏离实体经济,对其自身的增速也会有一定影响。

综合而言,从宏观层面来看,中国经济金融化水平不断攀升,体现更多的是我国货币化进程和金融发展程度,这一比值的高地也并不意味着中国经济金融化水平已经超越美国、日本等发达国家。结合分析结果,目前我国经济金融化陷入了一个特殊的发展阶段,需要引起决策层的特别关注。一方面,宏观经济发展减速、工业企业利润下降;另一方面,金融投机活跃、金融资产收益率高涨,导致社会总体杠杆率进一步加大,经济金融系统越发脆弱。金融资产规模的急剧扩张与宏观经济发展速度下降,直接导致了我国总体杠杆率的进一步加大,企业杠杆率已超过了国际警戒线。经济增长过度依赖于债务杠杆,加剧了经济金融系统的脆弱性、投机性和风险性,存在债务危机的隐患。尤其是近年来,我国宽松的货币政策提供的流动性并没有改善实体经济的发展状况,央行释放的资金发生了"空转",并没有全部进入实体部门,出现了资金脱实入虚、资产泡沫化的现象。这些宏观层面的结构性问题,需要我们特别予以关注,进而促进经济金融化持续健康发展。

二、中观维度

1. 总体情况

宏观维度对于经济金融化的测度仅限于货币化维度,事实上随着金融产业间分工深化,各类产业业态不断涌现。保险业、资本市场服务业业态在金融体系中的占比会逐步提升。而且随着信息的对称水平的提升,银行所主导的间接融资模式也会向金融市场主导的直接融资模式转变。因此,货币化可能无法涵盖金融产业的所有业态。为此,在中观层面,本书主要从产业维度,运用金融业增加值占GDP比重来表达中观层面的经济金融化水平。其中,金融业增加值衡量的是银行、保险公司、证券公司以及其他金融中介在一定时期内创造价值的总和,反映了一个经济体金融业价值创造能力和经济结构,其可以兼顾产业和微观市场主体的双重信息,可以较好衡量中观经济金融化水平且获取数据也较为便捷可行。因此,本部分从中观维度入手,结合1995~2017年的金融业增加值占比对我国经济金融化水平进行分析。结果见图4-2。总体来看,中观层面的中国经济金融化演进过程类似于"S"型曲线成长特征。

2. 阶段特征

从阶段特征来看,不难发现,在中观维度,中国经济金融化水平变化趋势拐点出现在不同的时点。如果对每个阶段特征进行解构,可以总结为平稳阶段(1994~1997年)、下降阶段(1998~2004年)、上升阶段(2005~2015年)、小幅回落阶段(2016~2017年)四个阶段。在平稳阶段,自邓小平南方谈话后,改革进一步深化,中国经济金融化水平虽然出现小幅波动,但增速基本维持在5%的稳定状态。1998~2004年,我国金融业增速一直低于同时期的GDP增速和

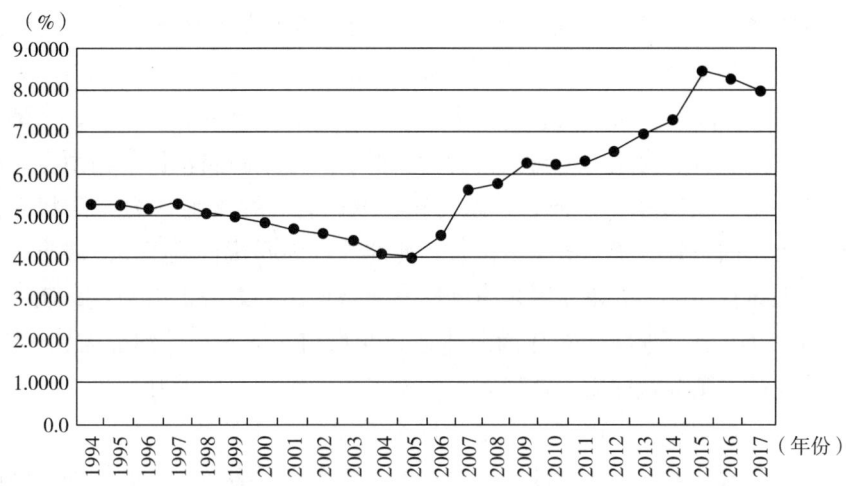

图4-2 中国经济金融化中观表现

工业增速,且低于10%,因此,在这一段期间,中国经济金融化一直处于下降状态,跌幅为19.6299%。

从2004年开始,中国实施了新一轮金融改革,国有商业银行股份制改革陆续开展,金融业开始大规模扩张,中观层面的经济金融化开始大幅上升。2007年国际金融危机发生后至2011年,我国金融业增加值增速下滑,中央为了应对危机推出"四万亿"刺激计划,使整个金融业产能的快速扩大和积累。但在这一阶段,金融业增加值走势与经济增长却背道而驰,因此,经济金融化程度也大幅提升,并在2015年达到8.44%,超过了同期的美国和英国。2016~2017年,我国经济增速不断下行,进入了经济发展新常态,我国金融业产业保持稳健增长,金融业增加值占比从高位小幅下滑,经济金融化水平下降。

3. 区域特征

随着我国金融产业的不断发展健全,由于部分地区拥有全国性金融市场、制度优势、金融创新优势等使我国金融业发展出现明显的地区差异。因此,为了进一步刻画、了解我国中观层面经济金融化发展水平,本节将全国按三大地带、八大经济区域和热点地区进行划分和分析。按照国家统计局的划分标准,"三大地带"的划分标准如下:东部地带为北京市、天津市、河北省、辽宁省、上海市、江苏省、浙江省、福建省、山东省、广东省、海南省;中部地带为山西省、吉林省、黑龙江省、安徽省、江西省、河南省、湖北省、湖南省;西部地带为内蒙古自治区、广西壮族自治区、重庆市、四川省、贵州省、云南省、西藏自治区、陕西省、甘肃省、青海省、宁夏回族自治区、新疆维吾尔自治区。"八大经济区域"的划分标准如下：东北地区为辽宁省、吉林省、黑龙江省；北部沿海为北京市、天津市、河北省、山东省；东部沿海为上海市、江苏省、浙江省；南部沿海为福建省、广东省、海南省；黄河中游为山西省、内蒙古自治区、河南省、陕西省；长江中游为安徽省、江西省、湖北省、湖南省；西南地区为广西壮族自治区、重庆市、四川省、贵州省、云南省；西北地区为西藏自治区、甘肃省、青海省、宁夏回族自治区、新疆维吾尔自治区。热点地区的划分标准为：长江珠三角为上海市、江苏省、浙江省；环渤海地区为北京市、天津市、河北省、辽宁省、山东省；泛珠三角为福建省、江西省、湖南省、广东省、广西壮族自治区、海南省、四川省、贵州省、云南省；东部地区为北京市、天津市、河北省、辽宁省、上海市、江苏省、浙江省、福建省、山东省、广东省、海南省；西部地区为内蒙古自治区、广西壮族自治区、重庆市、四川省、贵州省、云南省、西藏自治区、陕西省、甘肃省、青海省、宁夏回族自治区、新疆维吾尔自治区。

(1) 三大地带经济金融化水平。将"三大地位"经济金融化水平绘制形成图4-3。由图4-3可以看出，东部地区的经济金融化发展水平一直处于领先地位，且与其他两大地带的领先幅度逐渐拉大，处于绝对优势；除1995年、1996年，中部地区经济金融化水平略高于西部地带以外，其后1997~2017年，西部地带的经济金融化发展却实现反超，领先于中部地区。由此可以看出，中国经济金融化发展存在明显的地域分布特征，发展差距十分明显。从发展原因来看，2012年发布的《金融业发展和改革"十二五"规划》提出："金融业增加值占GDP比重保持在5%，社会融资规模保持适度增长，金融业将成长为国民经济的支柱产业"的发展目标。实际上，我国金融业增加值占比早在2007年就已经突破了5%，达到7.968%。随着金融改革的深入推进，金融业已经成为部分经济发达省市的支柱产业，良好的发展基础也进一步拉大了区域经济金融化发展水平。

至2017年，东部地区经济金融化水平为8.31%。东部地区是我国经济持续快速增长的核心区和增长极。范围内拥有深圳、珠海、汕头、厦门和海南5个经济特区，大连、秦皇岛等14个经济技术开发区，以及上海浦东新区和天津滨海新区等全国综合配套改革试验区，先行试验一些重大的改革开放措施，金融产业就在这些改革开放措施之列。以我国的政治中心北京为例，中关村正成为链接全球创新网络的关键枢纽。2017年北京市金融业增加值4655亿元，占地区生产总值的比重为16.6175%，成为北京的第一支柱产业。上海作为我国的金融中心，已经成为全球金融市场最齐全的城市之一，2017年更是实现金融业增加值5330亿元，比2016年增长11.8491%。金融大省广东在2017年的金融业增加值高达6853亿元，位居全国榜首；同处东部地带的江苏省以金融业增加值6784亿元高居第二位。从东部地区内部来看，广东、江苏和上海金融业发展成就已包揽全国前三名。

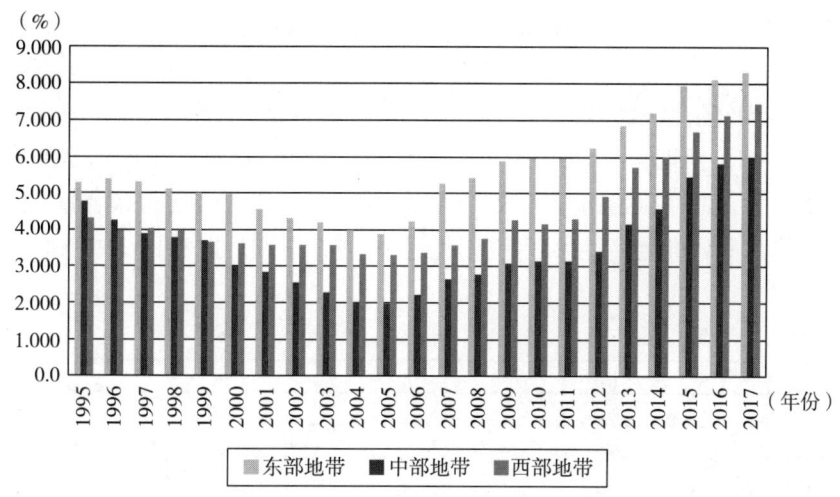

图4-3 三大地带经济金融化水平

相比较东部地区。我国中部地区的经济金融化水平处于劣势，2017年的金融业增加值占比仅为6.0256%。尽管1995年、1996年其比值略高于西部地区。但以成都市、重庆市等西部重镇"火车头"拉动的西部地带实现反超，差距逐渐缩小。也就是说，中部地区一直处于尴尬境地。为此，在国家层面，中共十六届三中全会提出了"中部崛起"的发展战略。在"中部崛起"提出之前，是"中部塌陷"的焦灼。作为中国经济版图中的"腰板"，中部地区论发展质量，比不上东部；论发展速度，又不如西部。但安徽、湖北等多个省会城市不甘示弱，均提出希望打造区域金融中心的金融发展目标。湖北省2017年金融业增加值达2641亿元，占GDP的比例为7.4436%，经济金融化速度还是比较理想；此外，安徽省的经济金融化水平也和湖北省有一定的可比性和相似性。但结构性矛盾也比较突出。例如，河南省的金融业增加值占比在1995年为4.9850%，到2017年仅增长至5.6319%，增速十分缓慢。

从西部地区来看，西部经济金融化水平同东部地区的差距在缩小。2017年，西部金融业增加值占比为7.4451%。这其中，重庆作为西部唯一直辖市，1995年金融业增加值占GDP比例达到8.7057%，2017年已经增长至9.3372%。西部老大四川省是目前西部唯一一个GDP进入全国4万亿元俱乐部的省份，金融业增加值占比从1995年的2.9187%增加到2017年的8.6621%，增长迅速，经济金融化水平得到较大提升。尽管西部地带的金融业增加值占比增长较为迅速，但西藏、青海、宁夏等省市的金融业增加值体量仍居全国末尾。2019年正值西部大开发20周年，这些落后区域将是西部地区经济金融化水平提升、转型的结构性矛盾。

（2）八大经济区域经济金融化水平。将八大经济区域的经济金融化水平绘制形成图4-4。由图4-4可以看出，在我国八大经济区域的金融业增加值占比中，以上海为首的东部沿海地区依然表现优秀；第二梯队的是北部沿海、西南地区、南部沿海和西北地区，第三梯队是黄河中游、东北地区和长江中游地区。

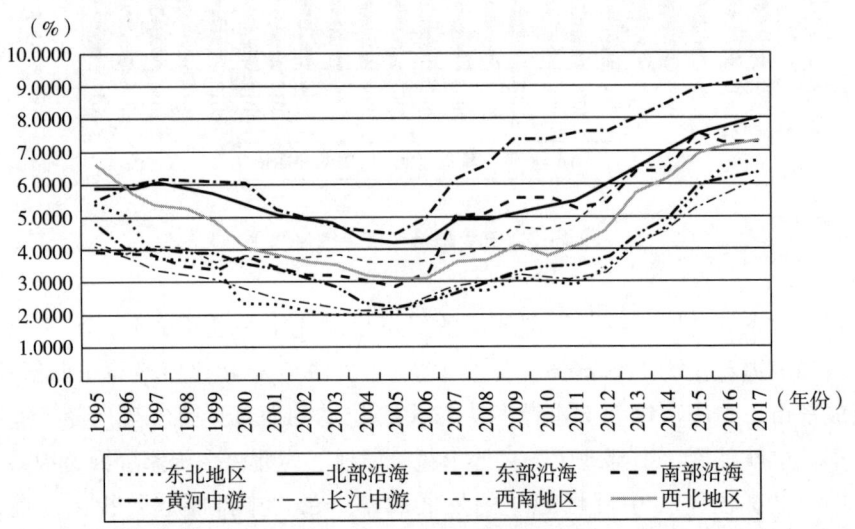

图4-4 八大经济区域经济金融化水平

东部沿海地区在对外开放中占据区位优势，从而形成地域性资源集聚效应，获得的外部增量资源不断增加，地区资源配置规模与经济总量不断增长，1995年东部沿海地区的金融业增加值占比只比处于末位南部沿海地区仅高出1.59个百分点。但到2017年，东部沿海地区的金融业增加值占比达到9.299%，比末位的长江中游地区仅高出3.27个百分点。从中可以看出，区际之间的差距还是十分明显。

在第二梯队中，北部沿海金融业增加值占比一直位于我国前列。南部沿海地区发展速度较为迅速，在1999年金融增加值占比仅为3.948%，处于最末端；到2009年就位于全国第二，到2017年南部沿海地区金融业增加占比就攀升至7.3%。值得注意的是，1995年，西北地区的金融业增加值占比6.5812%，位列八大经济区域之首，结果到2017年，其金融业增加值占比为7.2960%，虽然经济金融化水平上升，但排序却退至第四位。可喜的是，1995年西南地区金融业增加值占比倒数第三，但到2017年上升至八大经济区域第三位，实现华丽逆转。

在第三梯队中，黄河中游、东北地区和长江中游均表现欠佳。在1995年金融业增加值占比位列后三位的地区中，除南部沿海地区成功晋升以外，长江中游和黄河中游地区仍处于下游，到2017年三个地区均尚未突破7%。在1995年的长江中游金融业增加值占比东部地区，相差1.448个百分点，而到了2017年，这一差异上升至3.27个百分点，区域间差异逐渐拉大。

（3）热点地区经济金融化水平。将热点地区经济金融化水平绘制形成图4-5。不难看出，首先，长江三角洲地区的金融业增加值占比遥遥领先于其他四个地区。然后，依次是东部地区、环渤海地区。西部地区和泛珠三角难分伯仲，前者以微弱优势领先。具体来看，作为长期以来的中国经济发展龙头之一的长三角，2018年习近平总书记提出将支持长江三角洲区域一体化发展并上升为国家战略，到2020年，长三角地区要基本形成世界级城市群框架。区位优势、禀赋条件以及国家在定位，使长江三角洲的金融业增加值占比在2017年为9.3%，跃居全国首位。

其次，是东部地区和环渤海地区。1995~2006年，两者的金融业增加值占比相差甚微。东部地区的金融业增加值占比在2007年开始，较大幅度领先环渤海地区，但差距逐渐缩小。环渤海地区作为继长三角、珠三角这两个经济圈之后我国第三个经济隆起带，区域间的经济合作、横向联合、优势互补是其经济发展的优势。经济金融化发展水平也是如此。环渤海地区的金融业增加值占比从1995年的5.866%上升到2007年的8.083%，与东部地区的8.3060%相差无几。

最后，是泛珠三角和西部地区。西部地区以微弱优势领先泛珠三角地区。泛珠三角区域是我国经济最具活力和发展潜力的地区之一，在国家区域发展总体格局中具有重要地位。泛珠三角地区的金融业增加值占比，在1995年仅为3.7805%，到2017年已发展到6.9234%，增幅达83.1357%。值得注意的是，在2007~2011年，泛珠三角的金融业增加值占比一度超过西部地区，最高差值达到 0.48 个百分点。

综合来看，通过对我国三大经济地带、八大经济区域和热点地区的经济金融化进行比较分析，可以看出我国经济金融化发展水平在中观维度呈现明显的空间差异特征。这种结构性差异在很大程度上与地区的金融市场、制度优势和整体金融创新情况密不可分。这种区域之间的发展差距在实践中给予我们两方面的政策启示，一方面，对于经济金融化发展水平较低的地区，我们应继续深化金融体制机制改革、壮大金融部门，让其发挥在实体经济中的跨时间、跨空间的资源配置作用。当然，我们也要辩证地看待这一趋势，经济金融化水平低也不见得就是坏事，需要基于当地经济发展阶段、市场化程度等综合因素予以判断。另一方面，对于经济金融化发展水平高的地方，我们应该对其进行客观性认知、综合判断，找出经济金融化快速发展的深层次原因，逐步健全、完善市场制度、提高投资者保护水平、将促进实体经济能力、夯实产业基础、支撑城镇化发展作为金融发展的基础性任务。

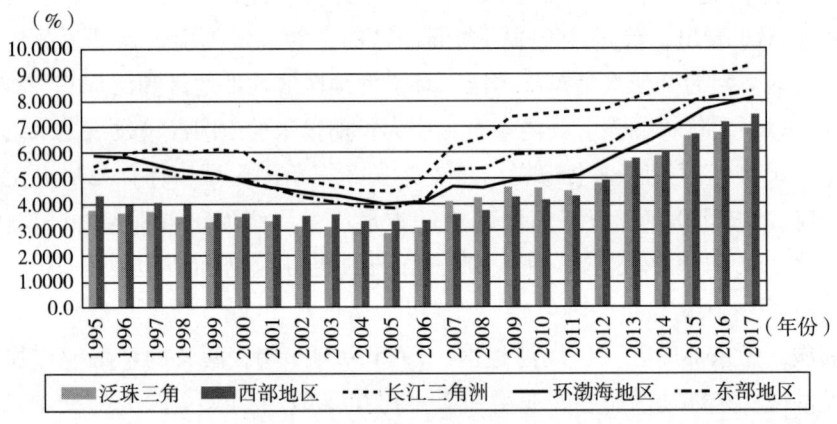

图 4-5　热点地区经济金融化水平

三、微观维度

1. 总体水平

前面部分，本书分别从宏观、中观两个维度对经济金融化发展水平进行了分析。那么，在微观层面经济金融化发展又会有怎样的表现呢？在这方面，居民财产性收入占居民总收入的比重是一个很好的衡量指标。财产性收入来源主要是家庭拥有的动产（如银行存款、有价证券等）和不动产（如房屋、车辆、收藏品等),通过交易、出租财产权或进行财产营运所获得的利息、股息、红利、租金、专利收入、财产增值收益、出让纯收益等,是居民的非劳动性生产要素参与收入分配获得的收益,是衡量一个国家市场化、国民富裕程度以及金融市场发育程度的重要标志。也正因如此,增加财产性收入一直被决策层高度重视。例如,在中共十八大报告中就提出要"多渠道增加居民财产性收入"的政策表达。在微观层面,用这一指标来衡量经济金融化水平是十分恰当的。将其绘制形成图4-6。从中可以看出,近几年我国居民财产性收入比重增速较快,特别是从2016年的7.93%上升到2018年的8.4278%。可以判断,在微观层面我国经济金融化的影响也在不断深化。但同发达国家相比,我国居民的财产性收入规模有限、比重仍偏低。以美国为例,其居民财产性收入占可支配收入比重已经高达20%~40%。这可能是因为我国目前仍存在理财风险大、渠道仍然偏少的困境。从微观角度来看,微观维度推进经济金融化应该逐步完善资本市场、普及金融知识、强化对金融消费者的权益保护力度,为微观层面助力经济金融化深化。

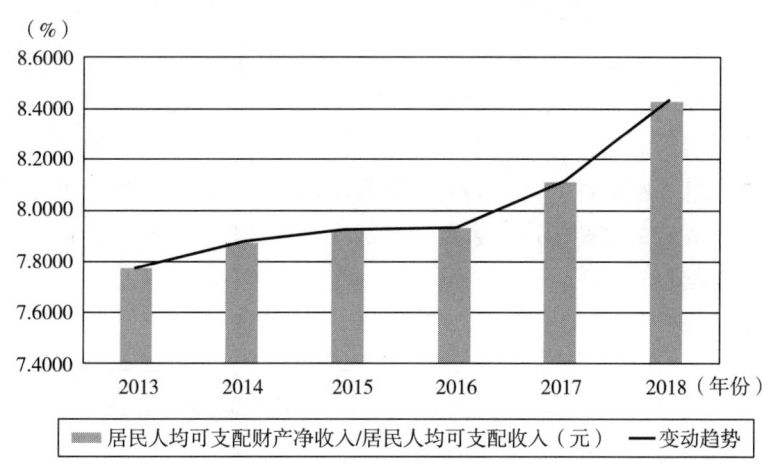

图4-6 中国经济金融化的微观表现

2. 城乡比较

综观整体样本区间,1997~2001年,我国城镇居民人均财产性收入占比呈现下滑趋势。自2002年以来,我国城镇居民财产性收入比重增长明显。2002年全国城镇居民人均财产净收入占总收入的比重为1.334%,到2014年,这一占比提高到3.029%。同期,我国农村居民家庭人均财产性收入自1997年呈一路上扬态势,到2011年出现小幅回落,并与城镇居民财产性收入占比接近一致。从发展规模来看,尽管我国居民财产性收入占比显示增长幅度,但从财产性收入的绝对规模来看,仍处于很低的水平。1997年城镇居民和农村居民的财产性收入水平分别是124.4元和23.6元;即使在发展述评最高的2010年,城镇居民和农村居民财产性收入也只有431.8元和167.2元。这也反映了当前微观层面我国经济金融化水平整体水平有待进一步提升的发展现实。这一点从发展水平上也可以得到进一步佐证。

图4-7给出了财产性收入的地域分布和城乡比较结果。由结果可以看出,我国居民财产性收入呈现分布不均的态势,居民的财产性收入主要集中在城镇居民家庭。与城镇居民相比较,农村居民财产性收入总量较低、增速较慢的问题依然突出。从两者之间的差异来看,1997年城镇居民的人均财产性收入绝对规模是农村居民的人均财产性收入的5.3倍,此后一直保持在2倍以上。2012年,城镇居民人均财产性收入为707元,农村居民的人均财产性收入只有249.1元,远低于全国平均水平,两者差额达到457.9元。调查表明,我国农村住户的财产性收入主要依靠租金、土地征用补偿收入、土地承包经营流转费用等,对于股票、基金、银行理财产品等投资理财产品,以及不动产"全面理财"的投资意识薄弱。因此,在微观维度,经济金融化的结构性矛盾主要是集中于农村居民。因此,金融部门还应加强对农村理财投资知识宣传力度,增强农村居民投资意识,合理引导农村居民通过债券、股票、基金、保险和不动产进行投资,合法增加红利、租金和利息等财产性收入。同时,政府则加大社会保障力度,强化对农村困难家庭及贫困人口的支持力度,多渠道增加农村居民财产性收入,助力中国经济金融化的微观演化。

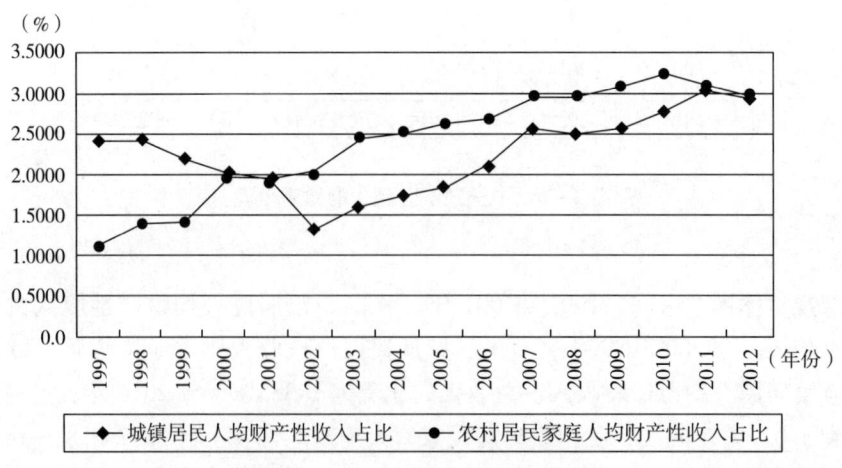

图4-7 城乡经济金融化微观比较

第四章　中国经济金融化发展概况及其发展趋势

第三节　中国经济金融化发展过程特征模拟

在上文中，我们从宏观、中观和微观维度对我国经济金融化进行了描述性分析，对我国经济金融化的总体水平及其结构性特征有全局性把握、动态掌控。但我国经济金融化当前已经发展到了一个怎样的阶段呢？未来又将何去何从？发展趋势如何？这些问题我们无法从静态的描述性寻求到答案。所以，在下文我们进一步运用计量手段模拟中国经济金融化发展过程，定位其发展阶段，研判其未来发展趋势，形成对我国经济金融化的全方位、系统性认知。

一、模拟方法

现阶段学术界关于经济金融化阶段的划分往往具有浓重的主观色彩。一方面，各阶段"参考值"确定标准基本上采用"人工赋值"方法，无法客观、科学认知经济金融化发展客观规律和准确刻画经济金融化演进的"生命周期"。同时，按照这种方法划分的阶段，仍然滞留于现实"发展"层面，只能解释"短期"阶段内涵，无法揭示"长期"内经济金融化演进动态性以及各自具体时间"拐点"，也无法基于生命周期"全过程"准确定位当下现实发展所处具体阶段。另一方面，在参考对象选择方面，一般以西方发达国家或地区为参考，并不考虑发展环境、禀赋条件以及外部因素等具体国情不同，这种"拿来主义"忽略时空因素和自身土壤，将其发展实际值作为经济金融化发展阶段"标准值"，显然是不科学的、研究结论是站不住脚的。基于现有研究不足，运用更为可信方法开展经济金融化演进阶段识别与判断的研究。

1. 经济金融化演进阶段划分原则

（1）客观性。任何事物演进都遵循一定的总体性和阶段性规律。经济金融化亦是如此。因此，在对经济金融化演进阶段进行划分时也应从我国国情以及具体实际发展出发。我国经济金融化发展是在西方发达国家基础之上的"扬弃"，是"取其精华、去其糟粕"的战略优化，直接决定了我国经济金融化发展的"特殊性"。且我国地域辽阔、各地发展差异大，经济金融化的发展差异性也十分显著，是特殊中的"特殊"，我国经济金融化演进阶段的划分只能基于中国的发展实际、客观进行，不能运用其他国家或发达地区的"标准值"来简单进行。

(2) 科学性。这里所说的科学性主要是经济金融化演进阶段划分方法的科学性。科学有效的研究方法是解释事物变化发展规律的工具，只有科学的研究方法才能得到令人信服的研究结论。但现阶段在对经济金融化演进阶段进行划分时基本上运用的都是"主观"的划分方法，这种方法对描述简单的现象具有一定的参考意义。但将其用于生命周期内经济金融化演进阶段划分的科学性、效力性有待提高。以这种方式确定的阶段"临界值"是静态的，但经济金融化演进阶段明显是一个"动态性"过程，这样无疑会降低研究结论的科学性、可信性。同时，在已有研究中各阶段"临界值"的确定也非常随意，而不是通过科学模拟得到。正因如此，现阶段的关于经济金融化阶段划分方面的研究结论则并不统一，甚至同一学者在研究同一问题时采用的标准都不一样。可想而知，在这样"土壤"下所生成的经济金融化演进阶段划分结论的质量如何。本书期望运用更为可信的、科学的研究方法对其进行进一步验证，从而尽可能减少人为主观操作的可能性，全面认识农业现代化演进的阶段规律。

(3) 前瞻性。经济金融化演进阶段划分的意义在于从"动态"变迁中掌握和刻画我国经济金融化演进的阶段规律。这就要求经济金融化演进阶段的划分要同时兼顾回顾过去、定位现实与展望未来的"三重"功能。通过我国经济金融化演进阶段的划分，我们不仅可以回顾过去我国经济金融化发展成就，而且也可以定位现阶段我国经济金融化所处的演进阶段以及展望未来的发展走向，及时发现经济金融化演进过程中所存在的问题，从而未雨绸缪，采取相应的措施进行应对。既做到了遵循客观规律，又可以发挥政府、金融机构以及社会各方的主观能动性，在防范经济金融化风险和保障经济金融化平稳发展成为可能性。但已有研究成果只能进行样本内的阶段划分，无法兼顾"三重"功能，研究存在深入推进和拓展的空间。

2. 经济金融化演进过程 Logistic 模型

Logistic 模型本是生态学中对单种群成长过程进行描述的工具，最早由荷兰生物学家韦赫斯特在1839年预测人口增长时提出。因此，该模型有时也被学者称为韦赫斯特模型。该模型既可以利用一国历史人口资料进行检验，又能反映人口数量不可能无限增加的现实发展规律。因此，该模型具有极广的用途，除了预测人口之外，也可以类似地用于生物、医学、系统科学以及管理学等诸多领域。事实上，除了 Logistic 模型之外，还有其他学者对人口进行分析和预测，例如，马尔萨斯人口模型。但相比较其他模型，该模型更加贴近实际。因为，在马尔萨斯的模型中,他假设人口是可以按照指数规律无限增长的。然而这并不可能。事实上,任何生物种群的数量都是不可能无限增加的。一般来说,受环境中食物、空间或其他可供资源的限制种群数量将趋于一个有限值。也就是说,每一种群个体的繁殖率、死亡率将受到种群分布密度的影响。这种限制由特定环境条件下的资源条件来决定,也称为载容量。种群数量较少,当时间间隔较短时,纯增长率还可以看作常数。但当种群数量增加到一定的数量后,增长率就会随着种群数量的增加而减少。种群数量的增加呈现"S"型变化的结果(见图4-8)。Logistic模型就是拟合这种变化趋势的一种好方法。

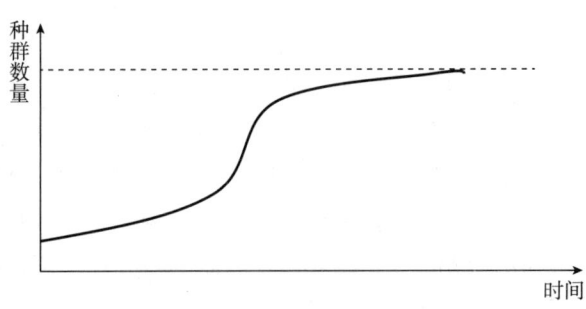

图4-8 Logistic模型"S"型曲线

本书认为,中国经济金融化过程和生态学中单种群生物成长与发展有类似的规律。经济金融化也会经历在一个有限的空间内,增长从稳定到不稳定的过程。稳定期内空间资源的有限量大于增长过程中生态位的增长量,这种增长速度也在加大。对于经济金融化形成的初期,由于金融部门规模有限,其增长速度比较缓慢,而到发展后期,由于环境和资源有限量的制约,增长速度也会开始降低,只有在发展的稳定期,经济金融化增长速度处于峰值。这种增长速度由慢到快然后又转慢的规律,使中国经济金融化速度也是随时间变化的一条"S"型曲线(见图4-8)。因此,Logistic模型比较能够反映中国经济金融化的演进轨迹,这为分析中国经济金融化发展阶段提供了一个良好的工具。因此,可以在如下两个假设下使用Logistic模型来分析中国金融成长的阶段划分问题。一是假设中国经济金融化水平存在一个饱和值(或称为最大值),这一点在概念界定部分已经揭示;二是在未来的演变轨迹中,中国经济金融化发展规律也符合Logistic模型所刻画的一般特征。

二、模拟过程

1. 我国经济金融化演进过程的阶段

首先记时刻 t 的经济金融化发展水平为 $FIN(t)$，当考察中国整体区域或域内经济金融化发展水平时，$FIN(t)$ 是一个很大的数值。为了利用微分这一数学工具，将 $FIN(t)$ 视为连续、可微分的函数。记初始时刻 $t=0$ 的经济金融化发展水平为 $FIN(0)$。假定经济金融化的自然增长率为 g，则单位时间内 $FIN(t)$ 的增量 $dFIN/dt = g \times FIN(t)$，于是有：

$$\begin{cases} dFIN/dt = g \times FIN(t) \\ FIN(0) = FIN_0 \end{cases} \qquad (4-1)$$

并继续假定 $g(FIN)$ 是 FIN 的线性函数，即 $g(FIN) = g - r \times FIN$ (g, $r > 0$)。进一步，确定系数 r 的意义。由于受经济、政治、环境、制度等一系列条件下的因素交织影响，中国经济金融化发展的最大水平 FIN_{max}，当 $FIN = FIN_{max}$，当经济金融化增长率 $g(FIN_{max}) = 0$ 时，$r = g/FIN_{max}$，于是有：$g(FIN) = g \times (1 - FIN/FIN_{max})$，并将其代入式（4-1）则可得：

$$\begin{cases} dFIN/dt = g \times (1 - FIN/FIN_{max}) \\ FIN(0) = FIN_0 \end{cases} \qquad (4-2)$$

在式（4-2）中，$g \times FIN$ 体现了经济金融化自身规律的演进趋势，($1 - FIN/FIN_{max}$) 则体现了经济、政治、环境、制度等一系列因素对经济金融化演进的影响效应。很显然 FIN 越大，前一因子越大，后一因子越小，经济金融化演进是两个因子共同作用的结果。式（4-2）为典型的微分方程，且属于微分方程中的变量分离方程，将其进行分离变量，并同时取积分可以得到：

$$FIN(t) = \frac{FIN_{max}}{1 + (FIN_{max}/FIN_0 - 1)e^{-gt}} = \frac{FIN_{max}}{1 + c \times e^{-gt}} \qquad (4-3)$$

在式（4-3）中，$c = FIN_{max}/FIN_0 - 1$，若画出其图形其应该是一条 S 曲线，当 $t \to \infty$ 时，$FIN \sim FIN_{max}$。接下来，继续对等式（3-3）求导可得，$FIN = FIN_{max}/2$，并将其代入（4-3）就可以求出时间 t_2，并按照相同的方法继续求导即可得到 t_1 和 t_3。具体结果见式（4-4）。由此可将中国经济金融化的演进过程可以划分为四个阶段：$(0, t_1)$ (t_1, t_2) (t_2, t_3) $(t_3, +\infty)$ 分别对应着我国经济金融化演进的形成期、成长初期、成长后期以及成熟期。在经济金融化形成期，经济金融化发展水平较低、演进速度较为缓慢。在经济金融化成长初期，经济金融化水平显著提高，发展速度非常迅速。在经济金融化成长后期，经济金融化发展水平已经达到高水平，演进速度开始放缓。在经济金融化成熟阶段，经济金融化发展水平和发展速度均趋于恒定，发展成熟。从经济金融化演进的速度来看：我国经济金融化整体演进过程基本上表现为"慢—快—慢"的阶段性特征。

$$\begin{cases} t_1 = (\ln c - 1.317)/g \\ t_2 = \ln c/g \\ t_3 = (\ln c + 1.317)/g \end{cases} \qquad (4-4)$$

2. FIN_{max} 的确定

关于 FIN_{max} 确定的方法很多，可以通过理论或经验来确定或推算。但由于可操作性的问题，在研究中运用并不广泛。从运用及操作层面来讲，FIN_{max} 的确定方法大概有三点法、四点法、拐点法以及非线性拟合等方法（殷祚云，2002；李全喜，2012）。在本书中，经过反复比较，最终选择"三点法"来估计中国经济金融化水平的最大值。其中，起始点（t_1, FIN_1）、中间点（t_2, FIN_2）以及终点（t_3, FIN_3）三个数据观测点来估计 FIN_{max}，其计算公式为：

$$FIN_{max} = \frac{2FIN_1 \times FIN_2 \times FIN_3 - FIN_2^2 \times (FIN_1 + FIN_3)}{FIN_1 \times FIN_3 - FIN_2^2}, \quad 2t_2 = t_1 + t_3 \qquad (4-5)$$

3. Logistic 模型估计方法的选择

由于 Logistic 模型是非线性模型，但可将其转化为线性回归模型。但为了提高估计结果的精度和准确性，本书在对 Logistic 模型进行回归时选择了非线性回归方法。首先，利用式（4-5）估计出 FIN_{max}，并对等式（3-3）进行线性变换，就可以估计出 c 和 g。首先，对其进行变形可得：

$$\frac{FIN_{max} - FIN}{FIN} = c \cdot e^{-gt} \qquad (4-6)$$

将式（3-6）两边同时取对数可得：

$$\ln\left(\frac{FIN_{max} - FIN}{FIN}\right) = \ln c - g \cdot t \qquad (4-7)$$

令 $Y = \ln[(FIN_{max} - FIN)/FIN]$，$b = \ln c$，则上式就可以转化为线性计量模型：

$$Y = b - gt \qquad (4-8)$$

其次，运用线性最小二乘法对式（4-8）进行估计并将结果进行变换，就可以求解出 c 和 g。并将其作为初始值进一步进行采用非线性估计以提高估计效率和精准性。目前关于非线性估计的迭代法主要有麦夸尔特法（Levenberg-Marquardt）和序列二次规划法。本书选择 Levenberg-Marquardt 法对我国经济金融化发展阶段的 Logistic 曲线进行非线性估计。

三、模拟结果

首先，中国经济金融化发展的线性拟合结果运用"三点法"估计 FIN_{max}。由于中国在 1978 年实施了改革开放，制度环境发生了显著变化。因此，本部分在估计的过程中，重新对样本进行分割。选取 1978~2018 年的数据作为估计的数据基础。按照三点法的基本思想，t 选取 1978 年、1998 年和 2018 年的数据序列，运用公式（4-5），就可以算出我国经济金融化发展的最大水平值 FIN_{max} 为 9.14%，这个也是经济金融化发展的临界值，这一比值有一定的政策参考价值。然后根据：$Y = \ln[(FIN_{max} - FIN)/FIN]$ 的等式以及我国经济金融化发展量化指标序列 Y 对应的值。并设置相应的时间 t 虚拟变量序列，假设 1978 年为 1，1979 年为 2，2018 年为 41，对式(4-8)进行估计，就可以求出 b 和 g 所对应的参数值。估计结果见表 4-1。从中可以看出，虚拟变量 t 在 1% 的显著性水平下均通过检验，拟合效果比较理想。

表 4-1 Logistic 曲线的线性估计结果

变量	估计值
b	1.102（6.86）***
g	-0.064（-9.574）***
R^2	0.702
Adjusted R^2	0.694
S. E. of regression	0.505
Sum squared resid	9.947
Log likelihood	-29.143
F-statistic	91.667
Prob（F-statistic）	0.000
Mean dependent var	-0.238
S. D. dependent var	0.9128
Akaike info criterion	1.519
Schwarz criterion	1.603
Hannan-Quinn criter	1.55
Durbin-Watson stat	0.305

从拟合的结果来看，效果十分理想。根据前面的分析，现在可以求出 $c = 3.01$，$g = 0.06$。接下来，将得到的 c、g 和 FIN_{max} 值作为初始值，继续利用 SPSS 软件进行非线性回归。一般来说，非线性回归主要是通过迭代的方式求得估计结果的最优值。具体的迭代过程见表 4-2。由结果可知，在历经 50 次迭代后，迭代过程停止运行，非线性估计已找到最优解。

表 4-2 迭代历史记录

迭代数	残差平方和	参数		
		FIN_{max}	c	g
0.1	0.004	0.090	3.010	0.060
1.1	0.004	0.092	3.010	0.061
2.1	0.004	0.099	3.010	0.052
3.1	0.004	0.104	3.009	0.048
4.1	0.004	0.106	3.009	0.047
5.1	0.004	0.108	3.009	0.046
6.1	0.004	0.108	3.009	0.046
7.1	0.004	0.108	3.009	0.046
8.1	0.004	0.108	3.010	0.046
9.1	0.004	0.108	3.011	0.045
10.1	0.004	0.108	3.015	0.045
11.1	0.004	0.109	3.027	0.045
12.1	0.004	0.111	3.060	0.044
13.1	0.004	0.114	3.142	0.043
14.1	0.004	0.120	3.324	0.041
15.1	0.004	0.127	3.568	0.039
16.1	0.004	0.137	3.962	0.039
17.1	0.004	0.146	4.312	0.037
18.1	0.004	0.149	4.437	0.037
19.1	0.004	0.154	4.626	0.037
20.1	0.004	0.158	4.784	0.036
21.1	0.004	0.160	4.858	0.036
22.1	0.004	0.171	5.235	0.035
23.1	0.004	0.184	5.639	0.034

续表

迭代数	残差平方和	参数		
		FIN_{max}	c	g
24.1	0.004	0.191	5.821	0.033
25.1	0.004	0.201	6.146	0.032
26.1	0.004	0.203	6.206	0.032
27.1	0.004	0.218	6.779	0.032
28.1	0.004	0.219	6.843	0.032
29.1	0.004	0.231	7.245	0.031
30.1	0.004	0.242	7.623	0.031
31.1	0.004	0.251	7.899	0.030
32.1	0.004	0.263	8.303	0.030
33.1	0.004	0.276	8.732	0.030
34.1	0.004	0.287	9.112	0.029
35.1	0.004	0.300	9.576	0.029
36.1	0.004	0.316	10.143	0.029
37.1	0.004	0.334	10.763	0.029
38.1	0.004	0.346	11.179	0.028
39.1	0.004	0.365	11.821	0.028
40.1	0.004	0.385	12.539	0.028
41.1	0.004	0.399	13.002	0.028
42.1	0.004	0.421	13.747	0.028
43.1	0.004	0.444	14.553	0.027
44.1	0.004	0.459	15.033	0.027
45.1	0.004	0.481	15.807	0.027
46.1	0.004	0.507	16.698	0.027
47.1	0.004	0.524	17.268	0.027
48.1	0.004	0.557	18.416	0.027
49.1	0.004	0.590	19.533	0.026
50.1	0.004	0.614	20.389	0.026

历经迭代，Logistic 模型的非线性估计结果分别见表 4-3、表 4-4、表 4-5。其中，表 4-3 给出的是参数估计结果（在具体分析中以自引导分析结果为准）；

表4-4给出的是估计参数之间的相关性矩阵;表4-5为方差。由表4-3可以看出,运用非线性回归方法,测算出来的FIN_{max}、c和g的值分别是0.614、20.389、0.026,三者的置信区间分别为[0.516, 0.713]、[20.387, 20.392]、[0.021, 0.032],从中可以看出,各参数估计值的置信区间均不包括"0"。表明参数FIN_{max}、c和g均在5%的显著性水平下通过检验,具有统计学上的显著意义。

表4-3 参数估计值

参数		估计	标准误	95%置信区间		95%切尾极差	
				下限	上限	下限	上限
渐进	FIN_{max}	0.614	5.350	-10.216	11.445		
	c	20.389	184.183	-352.469	393.248		
	g	0.026	0.022	-0.018	0.070		
自引导	FIN_{max}	0.614	0.049	0.516	0.713	0.527	0.727
	c	20.389	0.001	20.387	20.392	20.386	20.392
	g	0.026	0.003	0.021	0.032	0.020	0.032

从参数的相关性来看(见表4-4),FIN_{max}、b和g的相关系数为1.000、-0.991;b和g的相关系数为-0.990;参数之间的相关性总体上都大于0.90,相关程度较高。

表4-4 参数估计值的相关性

参数		FIN_{max}	b	g
渐进	FIN_{max}	1.000	1.000	-0.991
	b	1.000	1.000	-0.990
	g	-0.991	-0.990	1.000
自引导	FIN_{max}	1.000	-1.000	-0.958
	b	-1.000	1.000	0.957
	g	-0.958	0.957	1.000

表4-5给出了非线性回归模型的回归项、残差项、没有校正和校正后的自由度、平方和和均方的大小。模型的拟合优度为0.730。比较发现,在运用最小二乘法进行线性估计中,模型的拟合优度为0.702。因此,可以看出,在非线性回归方法,模型估计解释能力更强,运用非线性回归方法来估计Logistic成长曲

线更具科学性、可信度。这也说明，自改革开放以来，中国经济金融化发展过程符合 Logistic 成长曲线所刻画的阶段性特征和成长规律。可以用 Logistic 成长曲线来揭示中国经济金融化的成长特征和发展规律。

表 4-5　ANOVA

源	平方和	df	均方
回归	0.111	3	0.037
残差	0.004	38	0.000
未更正的总计	0.115	41	
已更正的总计	0.012	40	

第四节　中国经济金融化发展定位与趋势分析

根据非线性方法估计的 Logistic 的估计结果。我们就可以求出中国经济金融化水平的拐点增长值为 0.307，为中国经济金融化发展的峰值拐点水平，拐点时间为 2094 年，此时中国经济金融化的发展速度最快。运用前述公式，我们就可以分别求出中国经济金融化的第一个拐点时间和第三个拐点时间，分别为 2043 年和 2145 年。因此，综合判断，当前中国经济金融化还处于准备期阶段，未来中国经济金融化程度还会进一步提升。

尽管现实中，有学者质疑当前我国经济金融化程度已经"过度"。该研究结论对这种质疑进行了很好的回应和澄清。新时期中国经济金融化程度还会进一步深化。当前现实中出现的各类问题可能是因为我国金融制度设计、监管边界、政策支持、金融市场化程度以及金融体系等方面出现了某些结构性问题有关。当然，需要指出的是，模型中所揭示的时间拐点仅仅用于判断当前我国经济金融化所处的阶段所刻画的统计性预测，并不是准确时间拐点，仅用于认知深化、不能作为政策制定的决策标准。同时，由于样本的原因，虽然模型拟合效果较好、解释能力较强，但也仅能表明样本区间内，中国经济金融化符合 Logistic 成长曲线规律，未来则可能并不和预期相一致。一言以蔽之，中国经济金融化发展还有很大的成长空间和发展潜力。

第五节　中国经济金融化发展的适度性判断

Logistic 成长曲线揭示总体上中国经济金融化并未出现"过度"发展的问题。那么，是否存在结构性矛盾呢？这就是本部分所要揭示的科学问题。本书主要从时间维度层面对我国经济金融化发展的适度性进行判断，力争全面反映当前我国经济金融化的发展程度，为政策制定提供坚实的支撑。

一、适度性界定

任何事物发展都有其发展的"度"。经济金融化也不例外。另外，按照经济金融化的概念特征认定，其发展还存在"双刃剑"效应。经济金融化发展超越其边界后所产生的不良影响对一个国家实体经济发展、产业结构调整优化以及金融体系的稳定性都是无法估量的。尤其是在"金融科技"的加持下，经济金融化更是呈现指数型上升、膨胀发展的态势。因此，光从 Logistic 成长曲线所刻画的经济金融化成长阶段认知是远远不够的。必须从结构层面对中国经济金融化发展的"适度性"进行全面体检、系统解构。那么，要确定中国经济金融化发展的适度性的关键就是要找到其潜在的发展水平或称为均衡值或理想值。

一般来讲，位于潜在发展之下的状态都可以看成是适度发展状态，在这样的状态下，经济金融化的冲击效应都在可控范围内，即使产生不良影响也可以通过体制机制创新得以消除。相反，如果经济金融化发展水平长期大于其潜在的发展水平，可能会出现各种各样的问题，风险也可能无法得以有效控制，各种不利影响可能就无法消除。从金融部门自身发展来看，在这样的情况下，也就是系统性金融风险爆发的时刻。所以，如若找到中国经济金融化发展的潜在值，首先，通过实际水平和潜在水平的对比就可以明确在当前经济金融化是否出现过度发展的问题。其次，通过在整个样本区间内的实际值和潜在值的缺口变迁，就可以确定整个样本区间内中国经济金融化适度性演变的总体趋势。总体来讲，本书中所指的经济金融化适度性发展就是实际发展水平和潜在发展水平之间的力量对比。如果，实体发展水平大于潜在发展水平，或者说两者的差值大于 0，我们就认定当前年份经济金融化出现了"过度"发展的情况；如果实际发展水平小于潜在发展水平，或者说两者的差值小于 0，我们就认定当前年份中国经济金融化发展是"适度"的。还需要说明的是，后面在对城镇化发展水平进行"适度性"判断时，也按照此处的界定方法。后面部分就不再赘述了。

二、判断方法

基于本书中对于经济金融化"适度性"的界定。本部分选取的方法是 H－P 滤波法。运用该方法对我国经济金融化的"适度性"进行评估。选取的数据样本是 1952～2018 年。H－P 滤波法的基本原理和思想如下：如果假设时间序列 $\{Y_t^{TC}\}$ 是经过调整后，仅包含长期趋势成分和经济周期循环变动成分的经济时间序列；序列 $\{Y_t^T\}$ 和 $\{Y_t^C\}$ 分别表示仅含有长期趋势成分和循环波动成分的时间序列。为了更直观反映，可以将这种关系表达为式（4－9）。

$$Y_t^{TC} = Y_t^T + Y_t^C (t = 1, 2, \cdots, n) \tag{4－9}$$

对时间序列进行 H－P 滤波的本质就是要从复合序列 Y_t^{TC} 中，将 Y_t^T 从 Y_t^{TC} 中分离出来，进而令式（4－10）中的损失函数达到最小。同时，由式（4－10）也可以看到，H－P 滤波法依赖于参数 λ。该参数一般需要事先基于经验指定。一般的对于年度数据 $\lambda = 100$；对于季度数据 $\lambda = 1600$；对于月度数据 $\lambda = 14400$。

$$\min \left\{ \sum_{t=1}^{1} (Y_t^{TC} - Y_t^T)^2 - Y_t^T + \lambda \sum_{t=1}^{n} [(Y_{t+1}^T - Y_t^T) - (Y_t^T - Y_{t-1}^T)]^2 \right\} \tag{4－10}$$

对于式（4－10）的最小化问题，我们需要在趋势要素对实际时间序列的拟合程度和趋势光滑程度之间进行权衡选择。从中可以看出，在 $\lambda = 0$ 的情况下，满足最小化问题的长期趋势序列是 $\{Y_t^{TC}\}$ 本身；随着 λ 值的增加，所估计的序列趋势也就越光滑。当 λ 值趋于正无穷时，所估计的趋势接近线性函数。从经济学内涵的角度来讲，分离出来的 $\{Y_t^T\}$ 实际代表的是"潜在水平"，是经济体运行的理想值或所能承受的最大值，在本书中代表的就是经济金融化的潜在水平。$\{Y_t^C\}$ 代表的就是原始序列对于潜在水平的偏离程度，在本书中代表的就是差值。因此，通过运用 H－P 滤波法进行分离就可以在一定程度上反映和揭示我国经济金融化发展的"适度性"，进而评估我国经济金融化发展质量并挖掘其中存在的新矛盾、新问题。从这个角度来说，这部分内容实际上对 Logistic 成长曲线中所拟合的经济金融化所处发展阶段结论的结构性拓展，有利于进一步丰富研究结论。

三、判断结果与分析

由于本书中运用的是时间序列数据,将 λ 的值设定为100。然后,在 E-views 软件中调动 H-P 滤波法的程序就可以得到分解结果。估计结果见表4-6。由图4-9可知,分解后的趋势向(Cycle)存在较大的波动性,且存在大于0的情况。这充分说明,在某些年份中国经济金融化确实存在过度发展的情况。

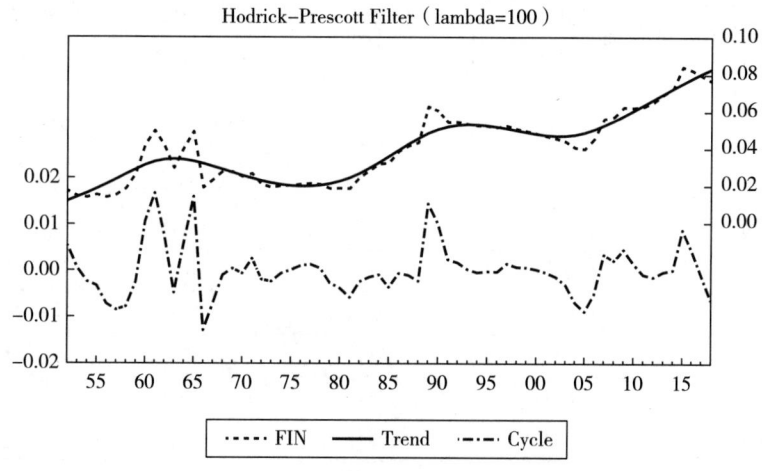

图4-9 中国经济金融化的 H-P 分解结果

为了更好地对经济金融化出现的年份进行分析,接下来,我们将分解结果整理形成表4-6。从中可以看出,在改革开放前,中国经济金融化发展过度的年份分别是1952~1953年、1960~1962年、1964~1965年、1969年、1971年、1975~1978年。改革开放后,经济金融化发展过度的年份是1989~1993年、1997~2000年、2014~2016年。凝练会发现,中国经济金融化"过度"发展存在显著的路径依赖特征,经济金融化过度出现的年份大多间隔时间并不久,周期性特质十分明显。尤其是改革开放后,中国经济金融化过度发展的阶段性更为明显。但通过比较我们会发现一些共性的特征,就是经济金融化过度发展的年份,经济增长形势都并不乐观,甚至有些年份经济增长态势还是疲软的。从制度特征来看,出现经济金融化过度发展的年份也大多处于结构转型升级、经济体制变革的关键节点。因此,可以得到的结论是经济金融化程度与经济增长状态密切相关,经济形势不好时更易出现经济金融化过度发展的情况。要保持经济金融化的适度性必须有强有力、稳定的经济做后盾。

表4-6 经济金融化适度性评估结果

年份\类别	实际值	理想值	差值	适度性
1952	0.0172	0.0118	0.0054	过度
1953	0.0144	0.0139	0.0005	过度
1954	0.0137	0.0161	-0.0024	适度
1955	0.0151	0.0185	-0.0033	适度
1956	0.0137	0.0209	-0.0073	适度
1957	0.0150	0.0236	-0.0085	适度
1958	0.0184	0.0263	-0.0078	适度
1959	0.0263	0.0289	-0.0026	适度
1960	0.0419	0.0312	0.0107	过度
1961	0.0497	0.0330	0.0167	过度
1962	0.0416	0.0340	0.0076	过度
1963	0.0295	0.0343	-0.0049	适度
1964	0.0402	0.0341	0.0061	过度
1965	0.0491	0.0332	0.0159	过度
1966	0.0190	0.0319	-0.0129	适度
1967	0.0231	0.0303	-0.0072	适度
1968	0.0277	0.0287	-0.0010	适度
1969	0.0275	0.0271	0.0004	过度
1970	0.0249	0.0255	-0.0007	适度
1971	0.0266	0.0240	0.0026	过度
1972	0.0207	0.0227	-0.0020	适度
1973	0.0191	0.0215	-0.0024	适度
1974	0.0200	0.0206	-0.0007	适度
1975	0.0201	0.0201	0.0001	过度
1976	0.0208	0.0198	0.0010	过度
1977	0.0212	0.0199	0.0013	过度
1978	0.0208	0.0203	0.0005	过度
1979	0.0185	0.0212	-0.0027	适度

续表

年份\类别	实际值	理想值	差值	适度性
1980	0.0187	0.0225	-0.0038	适度
1981	0.0186	0.0244	-0.0058	适度
1982	0.0243	0.0268	-0.0024	适度
1983	0.0281	0.0295	-0.0015	适度
1984	0.0317	0.0326	-0.0009	适度
1985	0.0323	0.0359	-0.0036	适度
1986	0.0386	0.0393	-0.0006	适度
1987	0.0416	0.0426	-0.0011	适度
1988	0.0434	0.0457	-0.0023	适度
1989	0.0628	0.0484	0.0144	过度
1990	0.0606	0.0505	0.0101	过度
1991	0.0543	0.0520	0.0023	过度
1992	0.0545	0.0528	0.0017	过度
1993	0.0533	0.0531	0.0002	过度
1994	0.0526	0.0530	-0.0005	适度
1995	0.0523	0.0526	-0.0002	适度
1996	0.0515	0.0518	-0.0003	适度
1997	0.0524	0.0509	0.0015	过度
1998	0.0506	0.0499	0.0007	过度
1999	0.0495	0.0489	0.0006	过度
2000	0.0482	0.0480	0.0002	过度
2001	0.0469	0.0473	-0.0005	适度
2002	0.0456	0.0470	-0.0014	适度
2003	0.0439	0.0470	-0.0031	适度
2004	0.0407	0.0476	-0.0069	适度
2005	0.0399	0.0488	-0.0089	适度
2006	0.0454	0.0505	-0.0051	适度
2007	0.0562	0.0527	0.0035	过度
2008	0.0574	0.0552	0.0021	过度
2009	0.0625	0.0580	0.0046	过度

续表

类别＼年份	实际值	理想值	差值	适度性
2010	0.0623	0.0608	0.0015	过度
2011	0.0629	0.0638	-0.0009	适度
2012	0.0653	0.0668	-0.0014	适度
2013	0.0695	0.0698	-0.0003	适度
2014	0.0728	0.0727	0.0001	过度
2015	0.0844	0.0755	0.0088	过度
2016	0.0826	0.0782	0.0044	过度
2017	0.0797	0.0807	-0.0010	适度
2018	0.0768	0.0832	-0.0064	适度

第五章　中国城镇化发展现状及其发展趋势分析

在上述部分，本书已经对关键词"经济金融化"进行了分析。在本章对另一个关键词"城镇化"进行进一步分析。首先，本部分描述中国城镇化发展现状及其特征；其次，揭示中国城镇化发展的空间布局，比较不同空间范围内中国经济金融化的发展水平差异；再次，建立计量模型，模拟中国城镇化发展过程、定位其发展阶段、研判其未来演进趋势；最后，评估中国城镇化发展的适度性，揭示城镇化发展中存在的问题及其表现形式。

第一节　中国城镇化发展现状与特征

从工业革命开始，城市化和工业化呈并驾齐驱之势，成为人类文明进步的重要标志。以世界最早推行城镇化的英国为例，从19世纪开始英国就已经有30%的人口居住在城市了，到19世纪末期，其城市人口的比重已超过70%，基本实现了城镇化进程，其实践经验也成为诸多国家学习与效仿的典范。从一般意义上来说，城镇化是人类社会发展到一定阶段的必然产物。随着中国改革开放深入推进以及经济社会全面发展，城镇化成为不可逆转的潮流与趋势，推动城镇化发展成为新时期政府战略选择与政策操作的"主轴"。中共十八大提出，"推动信息化和工业化深度融合、工业化和城镇化良性互动、城镇化和农业现代化相互协调，促进工业化、信息化、城镇化、农业现代化同步发展"；中共十八届三中全会亦明确提出"推进新型城镇化，是新的时代条件下全面建成小康社会，加快社会主义现代化建设的重大战略"。《国家新型城镇化规划（2014~2020年）》的制定与颁布更体现了政府对城镇化速度提升、质量保障与阶段跨越的深刻认知与战略决断;中共十九大报告中提出,"以城市群为主体构建大中小城市和小城镇协调发展的城镇格局",指引了新时期我国城镇化发展的新方向、新路径。城镇化也被视为经济增长的"新引擎"。

按照概念界定中的衡量指标,本章主要以城镇人口占总人口的比重来衡量我国城镇化率,将其绘制形成图5-1。从现实表现来看,在样本区间内,我国城镇化发展迅速,城镇化率由1978年的17.92%上升到2018年的59.58%。这基本上完成了中共十二届全国人民代表大会第四次会议提出的"到2020年,常住人口城镇化率达到60%、户籍人口城镇化率达到45%"的发展目标。按照世界城镇化规律"诺瑟姆""S"型曲线的划分标准,中国城镇化已步入"加速阶段"。从阶段特征来看,我国城镇化率在1952~1980年保持缓慢上涨幅度。在这段时间内,城镇化率最高的年份为1960年,为19.746%。在1981年,我国的城镇化率突破20%,达到20.156%。此后,我国城镇化率进入快速上升阶段。1982年中国城镇化率为21.13%,然后每年以1个百分点的速度增至2018年的59.58%。结合发达国家的经验来看,我国的城镇化进程还远远没有结束,当城市化率达到75%~80%,城市化进程才进入尾声。因此,新时期中国城镇化发展还有很大的成长空间、发展潜力巨大。

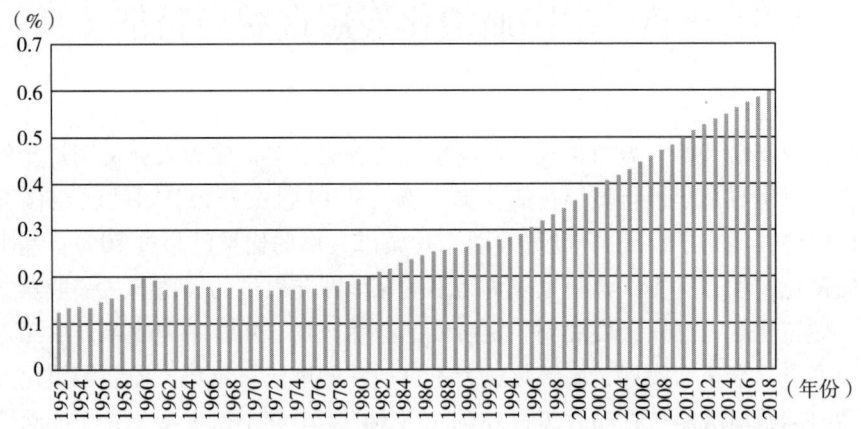

图5-1 1952~2018年中国城镇化率变化趋势

综观样本整体,我们可以发现,中国城镇化发展的转折点发生在2000年,中国城镇结构逐渐向均衡方向转变。为什么会出现这样的情况呢?一是中国进入

第五章 中国城镇化发展现状及其发展趋势分析

WTO 后，经济发展较快，工业比重提高，支撑了越来越多的中小城市发展，进而成长为大城市，致使大城市数量增多，由原先的"一枝独秀"逐渐转向"百花齐放"的局面，新的大城市（如特大城市、超大城市）的出现降低了原先最大城市的份额，致使城市集中度趋于下降；二是中小城市的发展速度超过了大城市及以上城市，大城市及以上城市对中小城市的辐射作用发挥了积极效果。

第二节　中国城镇化发展空间布局与比较

尽管我国城镇化发展日新月异，但各地发展基础、经济条件、拉动机制不同，城镇化发展水平及其运行模式也存在较大差异，城镇化发展可能存在空间不均衡的问题。为此，基于总体水平认知，进一步从空间层面揭示中国城镇化发展的空间布局。在空间划分上，仍然按照上述分析经济金融化的操作方式，按照三大地带、八大经济区域和热点地区进行空间维度的分析。

一、三大地带城镇化发展水平比较

将三大地带城镇化发展水平绘制形成图 5-2。从中可以看出，总体上，在样本观察期间，三大地带均呈现稳步上升的态势，东部地带的城镇化率最高，中部地带次之，西部地带最末，在发展水平上东部地带城镇化发展要远远高于中部地带和西部地带。在 2017 年，东部地区的城镇化发展水平已经高达 66.11%，同期中部、西部地区的城镇化水平分别为 54.89%、51.65%，这仅仅相当于东部地区 2005 年的发展水平。从这个角度来说，东部地带的城镇化要领先中部地带、西部地带 10 年以上。为什么会出现这样的发展差距呢？本书认为，由于东部地带地理优势和国家政策倾斜，其特点是对经济的快速发展，使产业水平比其他区域发展速度更快，支撑了中小城市成长为大城市，并且对邻近城市形成辐射作用。此外，东部地带一线和超一线城市的生活成本、企业用工成本高昂等问题，加上交通便利，劳动要素流动便利，使东部地区的人口重心趋于偏离超大和特大城市，两类城市人口集聚的向心力被分散（倪鹏飞等，2014）。

从中部城镇化发展水平来看，中部地带位于我国承东启西的重要位置，在国家城镇化发展进程中举足轻重。在 2014 年，中部地带城镇化率已经突破 50%，到 2017 年城镇化率上升为 54.886%。相比较东部地区而言，这一水平要比东部地带低11个百分点。作为传统的农业大区，中部地带长期以来城镇化发展相对滞后，但随着中部崛起战略等政策的实施，中部地带凭借地理优势、生产生活成本相对较低等优势，承接了东部地区城市的产业转移，使部分与东部地带毗邻的中小城市受到的辐射作用迅速发展，使中部地区中小城市的人口集聚向心力增加。

至于西部地带，作为我国城镇化发展最滞后的地区，样本观察期内的城镇化水平一直处于末位。尽管西部地带的城镇化率从2005年的34.521%增长到2017年的51.646%，年均增幅1.4个百分点。西部大开发战略的实施使许多省会城市得到大力发展，还由于战略实施的深度和广度，以及较为落后的交通条件和基础设施等问题，对劳动力和企业迁移的吸引力不足（李晓阳和黄毅祥，2014），还由于城镇体系不健全、城乡差距显著等问题，西部地区的城镇化发展水平是牵制我国整体水平的结构性矛盾。

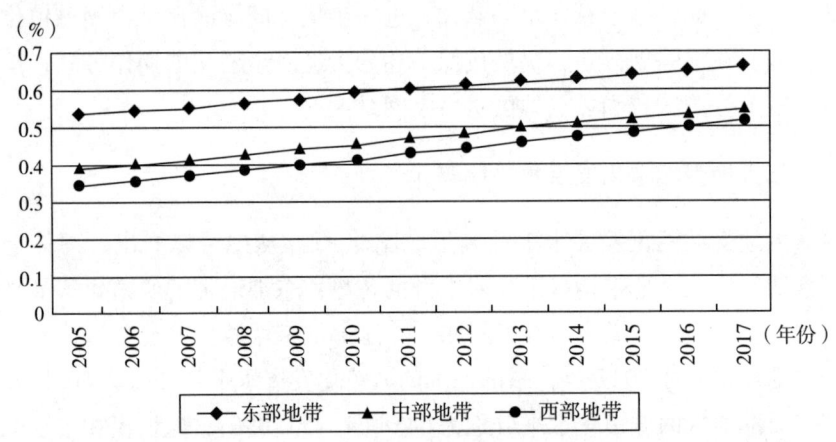

图5-2　2005~2017年中国三大地带城镇化率

二、八大经济区域城镇化水平比较

首先，为了便于比较，将八大经济区域城镇化发展水平绘制形成Kernel分布图，见图5-3。通过我国的八大经济区域2005年以及2017年的城镇化率和密度图对比可以看出，尽管我国的城镇化发展水平得到较为快速的提升，但发展不均衡的问题仍然突出。1995年，首先是东部沿海地区以57.45%的城镇化率高居八大经济区域榜首；其次是南部沿海和东北地区，这两个区域的城镇化发展水平要比末位的西南地区高24个百分点。到2017年，首先是东部沿海仍以71.34%的城镇化率延续领先优势;其次是南部沿海和北部沿海,其城镇化水平要比处于末位的大西北地区高22个百分点。进一步地,据各省份2018年统计公报显示,目前东部沿海的上海、北部沿海的北京、天津等三大直辖市的城镇化率已经高达80%;东部沿海江苏省的城镇化率也接近70%。南部沿海广东省的城镇化率也已超过了70%。江苏和广东也成为除直辖市体制以外,城镇化率突破70%的省份。

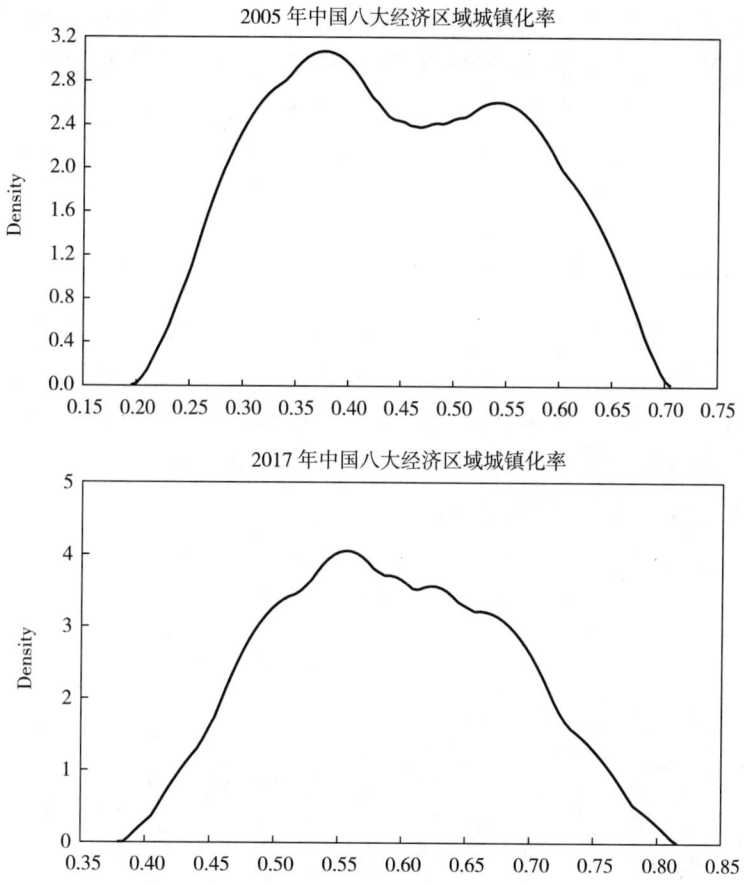

图5-3 2005年和2007年八大经济区域城镇化率和密度

其次,依次是东北地区、长江中游和黄河中游。2005年东北地区的城镇化率已达55.15%,但随后其城镇化速度明显趋缓,到2017年,东部的城镇化上升为61.96%,十二年内增长了6个百分点,明显落后于东南沿海以及中部地区。长江中游和黄河中游2005年的城镇化率分别为38.17%和36.10%,到2017

年分别增长为55.49%和54.34%，年平均增速分别为1.4个百分点和1.5个百分点。

最后，与八大经济区域中西南地区和大西北地区，经济金融化水平处于第二梯队不同，西南地区和大西北地区城镇化发展水平则处于最后梯队。实际上，虽然两者都处于最后梯队，但西南地区内部发展差距较大，也存在城镇化发展水平较快的区域。例如，唯一直辖市重庆2017年的城镇化率也达到了64%，超过了全国平均水平。广西2017年的城镇化率也达到49.21%，未来城镇化发展水平还会进一步提升。而大西北地区2017年的城镇化率为48.46%，是我国八大经济区域中城镇化率唯一尚未突破50%的地区。由于地理特性和经济发展水平的原因，使大西北地区城镇化水平滞后于经济发展水平并由此影响产业结构和就业结构的变动，反过来进一步影响城镇化率的上升空间。

三、热点区域城镇化发展水平比较

将热点区域城镇化发展水平绘制形成图5-4。从图5-4可知，总体来看，我国五大热点地区的城镇化率相差甚大。首先，城镇化发展水平最高的是长江三角洲，其城镇化率在2017年已经突破70%；然后依次是东部地区、环渤海地区、泛珠江三角洲地区，城镇化率分别为66.99%、63.68%和56.37%；发展水平最低的是西部地区，城镇化率刚达到50%。

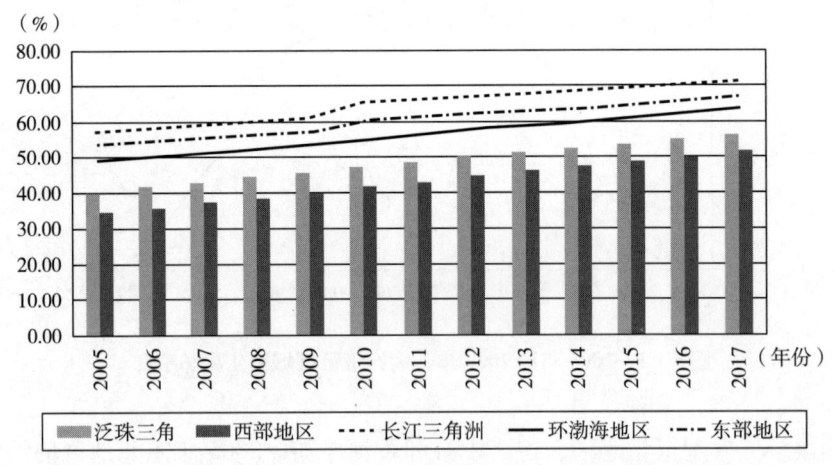

图5-4 2005~2017年中国热点地区城镇化率

其次，长三角地区作为中国经济中心上海腹地富庶的长三角地区，历史上就是中国最为发达的地区之一,也是我国率先实现城镇化的地区之一。在2005年,其城镇化率就达到了57.45%。就东部地区内部而言,京津冀城市群是继长三角、珠三角之后,中国区域经济发展的第三极,在推动中国区域经济增长尤其是带动中国北方区域发展过程中发挥着重要作用。因此,东部地区的城镇化率在2005年就已达到53.61%,成为仅次于长江珠三角的第二位,率先实现国家层面所制定的预期目标。此后,继续保持快速增长。

再次,环渤海地区城镇化建设已成为决定该区域经济增长的关键因素、新动力,对于农村经济的现代化、乡村振兴以及产业兴旺有更为重要的拉动意义。由于天津、沈阳等一些中心城市在发展初期城镇人口密度就高,因此,2005年,环渤海地区的城镇化水平就已经接近50%,到2017年,环渤海地区的城镇化率增长到63.68%,年均增长1.2个百分点。

最后,泛珠三角地区和西部地区。泛珠三角地区在2005年的城镇化率为40.29%。近年来,随着融入"一带一路"建设、长江经济带发展,到2017年,其城镇化率已经增长至56.37%,年均增幅为1.3个百分点。该区域成为我国经济最具发展潜力的地区之一,在国家区域发展总体格局中具有重要地位。西部地区2005年的城镇化率仅为34.52%,仅相当于长江三角洲地区的一半。但厚积薄发,2017年城镇化率达到51.65%,增长了约18个百分点。这与西部大开发纵深推进、东西部联动机制构建、城乡统筹发展持续开展有密切关系。新时期西部地区城镇化发展潜力巨大,仍有较大的成长空间。

第三节　中国城镇化发展过程模拟结果与定位

在本部分依然运用Logistic成长曲线对中国城镇化发展过程进行模拟,进而刻画中国城镇化发展的阶段特征,揭示其未来发展趋势,通过对中国城镇化发展阶段的定位,并结合经济金融化的发展阶段定位,分析经济金融化与城镇化发展阶段存在的动态均衡特征,明确两者在动态发展是否存在同步前行、协同发展的一般规律。通过模拟结果与一般理论发展特征的比较,明确新时期中国经济金融化和城镇化协调发展面临的新矛盾、新问题,为后续促进中国经济金融化和城镇化协调发展提出新观点、新要求。

一、模型运用及其估计结果

1. 模型运用

为了模拟中国城镇化发展的阶段特征,将 Logistic 成长曲线写成式(5-1)。其中,$URB(t)$ 表示 t 时刻的城镇化发展水平,URB_{max} 表示中国城镇化发展水平的最大值,URB_0 表示初始时刻的中国城镇化发展水平,g' 表示中国城镇化的自然增长率,$c' = URB_{max}/URB_0 - 1$。

$$URB(t) = \frac{URB_{max}}{1 + (URB_{max}/URB_0 - 1)e^{-g't}} = \frac{URB_{max}}{1 + c' \times e^{-g't}} \qquad (5-1)$$

在式(5-1)中,经过反复推演,URB_{max} 的初始值依然采用"四点法"来确定。具体的计算公式如下:

$$URB_{max} = \frac{URB_1 \times URB_4 + (URB_2 \times URB_3) - URB_2 \times URB_3 \times (URB_1 + URB_4)}{URB_1 \times URB_4 - URB_2 \times URB_3},$$

$$t_1 + t_4 = t_2 + t_3 \qquad (5-2)$$

依然,按照上述方法,对式(5-1)两边进行变形和取自然对数可得:

$$\ln\left(\frac{URB_{max} - URB}{URB}\right) = \ln c' - g' \cdot t \qquad (5-3)$$

令 $Y' = \ln[(URB_{max} - URB)/URB]$,$b' = \ln c'$,则上式就可以转化为线性模式,则可得:

$$Y' = b' - g't' \qquad (5-4)$$

2. URB_{max} 计算与模型的线性估计结果

为了消除体制机制变革对模型稳健的影响和进行有效比较。本部分在模拟城镇化演进过程时选取的样本区间仍是 1978~2018 年数据。按照"四点法"的基本要求、经过反复推演,选取的四个时间节点分别是 1978 年、1979 年、2017 年和 2018 年。将选取的相应年份的城镇化发展水平值代入式(5-1)就可以求出最大值应该是 0.78。根据 $Y' = \ln[(URB_{max} - URB)/URB]$ 等式就可以求出式(5-4)中 Y' 的序列值。同时,对年份进行虚拟化处理,将 1978 年设置为 1,1979 年设置为 2,其他以此类推,2018 年就设置为 41。因此,以此为基础,运用最小二乘法就可以估计出式(5-4)中的参数 b' 和 g' 的估计值。估计结果见表 5-1。从中可以看出,参数 b' 和 g' 都在 1% 的显著性水平下通过显著性检验。R^2 的值为 0.994,模型的整体解释能力较好。因此,就可以求出 $c' = 17.89$,$g' = 0.034$。结合前面求得的 URB_{max} 的值,我们就确定了 Logistic 成长曲线的三个主要变量的初始值。

表 5-1 城镇化 Logistic 成长曲线的线性估计结果

变量	估计值
b′	2.884（289.345）***
g′	-0.034（-81.891）***
R²	0.994
Adjusted R²	0.994
S. E. of regression	0.031
Sum squared resid	0.038
Log likelihood	84.839
F-statistic	6706.274
Prob（F-statistic）	0.000
Mean dependent var	2.173
S. D. dependent var	0.407
Akaike info criterion	-4.041
Schwarz criterion	-3.957
Hannan-Quinn criter	-4.01
Durbin-Watson stat	0.165

注：*** 表示在1%的显著性水平上显著。

以初始值为基础，继续对中国城镇化发展的 Logistic 非线性回归。这里也是通过迭代方式求得最优值。具体迭代过程见表 5-2。由结果可知，迭代过程在迭代 50 次后求得最优值，非线性估计方法已经找到最优解。

表 5-2 迭代历史记录

迭代数	残差平方和	参数		
		URB_{max}	c′	g′
0.1	3.538	0.780	17.890	0.034
1.1	2.838	0.791	17.890	0.241
2.1	1.205	0.630	17.890	0.283
3.1	0.385	0.443	17.885	0.352
4.1	0.383	0.431	17.882	0.355
5.1	0.382	0.433	17.880	0.353
6.1	0.375	0.446	17.849	0.336

续表

迭代数	残差平方和	参数		
		URB_{max}	c'	g'
7.1	0.262	0.537	17.540	0.177
8.1	0.262	0.536	17.541	0.177
9.1	0.261	0.541	17.469	0.175
10.1	0.256	0.566	15.801	0.171
11.1	0.182	0.672	10.297	0.102
12.1	0.174	0.685	9.369	0.094
13.1	0.024	0.748	3.394	0.053
14.1	0.023	0.745	3.592	0.055
15.1	0.016	0.721	3.923	0.065
16.1	0.015	0.728	3.834	0.063
17.1	0.015	0.731	3.817	0.062
18.1	0.015	0.736	3.819	0.061
19.1	0.014	0.754	3.869	0.059
20.1	0.013	0.777	3.981	0.057
21.1	0.011	0.822	4.280	0.055
22.1	0.008	0.869	4.629	0.055
23.1	0.007	0.932	4.950	0.051
24.1	0.006	0.977	5.179	0.050
25.1	0.006	1.035	5.436	0.048
26.1	0.005	1.095	5.700	0.047
27.1	0.005	1.141	5.911	0.045
28.1	0.004	1.181	6.117	0.044
29.1	0.004	1.248	6.479	0.044
30.1	0.004	1.307	6.794	0.043
31.1	0.004	1.393	7.283	0.042
32.1	0.004	1.449	7.590	0.041
33.1	0.004	1.544	8.102	0.040
34.1	0.003	1.670	8.789	0.039
35.1	0.003	1.755	9.240	0.039
36.1	0.003	1.775	9.342	0.038

续表

迭代数	残差平方和	参数		
		URB_{max}	c'	g'
37.1	0.003	1.842	9.674	0.038
38.1	0.003	1.879	9.867	0.038
39.1	0.003	1.908	10.017	0.038
40.1	0.003	1.957	10.280	0.037
41.1	0.003	2.032	10.690	0.037
42.1	0.003	2.091	11.024	0.037
43.1	0.003	2.128	11.233	0.037
44.1	0.003	2.143	11.317	0.037
45.1	0.003	2.154	11.382	0.037
46.1	0.003	2.163	11.429	0.037
47.1	0.003	2.172	11.477	0.037
48.1	0.003	2.177	11.506	0.037
49.1	0.003	2.176	11.498	0.037
50.1	0.003	2.176	11.495	0.037

中国城镇化发展的 Logistic 模型的参数估计结果见表 5-3。此处也以渐进分析结果为基础。从中可以看出，URB_{max}、c' 和 g' 的值分别是 2.176、11.495、0.037，置信区间分别是 [0.852, 3.499]、[4.252, 18.738]、[0.032, 0.041]，从中可以看出，各参数估计值的置信区间均不包括"0"。表明参数 URB_{max}、c' 和 g' 均在 5% 的显著性水平下通过检验，具有统计学上的显著意义。

表 5-3 参数估计值

参数		估计	标准误	95% 置信区间		95% 切尾极差	
				下限	上限	下限	上限
渐进	URB_{max}	2.176	0.654	0.852	3.499		
	c'	11.495	3.578	4.252	18.738		
	g'	0.037	0.002	0.032	0.041		
自引导	URB_{max}	2.176	0.925	0.325	4.027	1.602	5.086
	c'	11.495	5.145	1.201	21.790	8.412	27.691
	g'	0.037	0.002	0.033	0.040	0.032	0.040

从参数的相关性来看（此处也以渐进结果为准）（见表5-4），URB_{max}和c'、g'的相关系数为0.999，-0.983；c'和g'的相关系数为-0.975；参数之间的相关性总体上都大于0.97，相关程度较高。

表5-4 参数估计值的相关性

变量		URB_{max}	c'	g'
渐进	URB_{max}	1.000	0.999	-0.983
	c'	0.999	1.000	-0.975
	g'	-0.983	-0.975	1.000
自引导	URB_{max}	1.000	0.999	-0.890
	c'	0.999	1.000	-0.884
	g'	-0.890	-0.884	1.000

表5-5给出了非线性回归模型的回归项、残差项、没有校正和校正后的自由度、平方和和均方的大小。模型的拟合优度为0.995。因此，可以看出，在非线性回归方法，模型估计解释能力更强，运用非线性回归方法来估计城镇化Logistic成长曲线更具科学性、可信度。这也说明，改革开放以来，中国经济城镇化发展过程符合Logistic成长曲线所刻画的阶段性特征和成长规律。可以用Logistic成长曲线来揭示中国城镇化的成长特征和发展规律。

表5-5 ANOVA

源	平方和	df	均方
回归	6.021	3	2.007
残差	0.003	38	0.000
未更正的总计	6.024	41	
已更正的总计	0.665	40	

二、发展定位与趋势分析

根据非线性方法估计的Logistic的估计结果。我们就可以求出中国城镇化水平的拐点增长值为1.0，在这样的条件下，说明中国已经没有农村人口，实现了100%的城镇化，为中国城镇化发展的峰值拐点水平，拐点时间为2044年，此时中国经济金融化的发展速度最快。运用前述公式,我们就可以分别求出中国经济金融化的第一个拐点时间和第三个拐点时间,分别为 2008 年和 2080 年。因此,综合判断,当前中国城镇化发展已经处于成长初期阶段。在这一阶段,中国城镇化发展水平显著提高,发展速度非常迅速。

从上述分析可知,当前我国经济金融化还处于准备期阶段。比较发现,在发展阶段上,城镇化发展明显超前、经济金融化发展明显滞后,两者存在发展阶段上的不匹配性和动态失衡性,并未出现协同共进的理论预期状态。这也说明在未来中国经济金融化和城镇化协调发展中,应在稳定城镇化发展的前提条件下,继续推动经济金融化深化程度。当然,这也是通过两者的 Logistic 成长曲线所揭示的定性判断,各种矛盾还需要后续的实证检验的进一步支撑。这里也需要说明的是,关于城镇化发展阶段的判断,也存在和经济金融化阶段判断结果一样的现实局限性。因此,也仅为后续的深入研究提供一定的基础性、预判性参考。当然,总体来说,新时期中国城镇化发展还会进一步加速,也存在较大的发展空间、成长潜力。

第四节 中国城镇化发展的适度性评估

中国城镇化发展是否也出现了"过度"发展状态呢?仍以评估经济金融化适度性的方法,继续运用 H-P 滤波法实施评估。同时,此部分也运用的是时间序列数据,也将损失函数中的关键参数 λ 设置为 100。城镇化发展适度性的评估结果见图 5-5。由图 5-5 可知,分解后的趋势向(Cycle)存在较大波动性,存在大于 0 的情况。这充分说明,在某些年份城镇化确实存在过度发展的情况,需要重点予以关注。

为了准确地找准中国城镇化过度发展的出现年份,在接下来的部分继续将分解结果整理形成表 5-6。判断的标准如下:如果城镇化水平的实际值大于潜在值,或说两者差值大于零,就说明城镇化存在过度发展的情况;相反,入托城镇化的实际值小于潜在值,或者说二者差值小于零,就说明城镇化不存在过度发展的情况。由表 5-6 可知,1953 年、1959~1961 年、1964~1967 年、1984~1990 年、1999~2007 年、2013 年等年份都出现了过度发展的情况。从中可以看出,中国城镇化过度发展出现的年份大多出现于改革开放以后。结合经济金融化过度

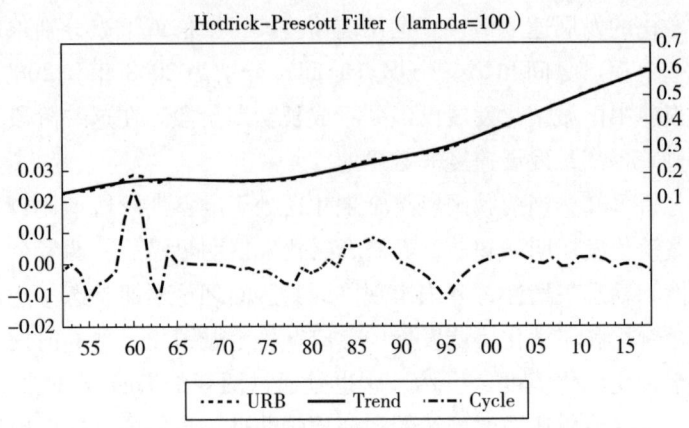

图 5-5 中国城镇化发展的 H-P 滤波分解结果

发展出现的年份,我们发现,经济金融化和城镇化同时出现的年份是1953年、1961年、1964年、1965年、1989年、1990年、1999年、2000年等九个年份。在这九个年份中,经济金融化和城镇化同时出现了过度发展的问题。除此之外,其他年份两者各自都是适度发展状态,找准过度发展的原因、提出新时期应对之策就需要研究的进一步深化。当然,这部分只是从经济金融化和城镇化自身发展适度性的角度所进行的演绎推算,两者之间的相互适应、相互协调的水平还需要进一步印证。

表 5-6 中国城镇化发展适度性的评估结果

年份	实际值	理想值	差值	是否过度
1952	0.1246	0.1264	-0.0018	否
1953	0.1331	0.1330	0.0001	是
1954	0.1369	0.1396	-0.0027	否
1955	0.1348	0.1462	-0.0114	否
1956	0.1462	0.1526	-0.0065	否
1957	0.1539	0.1589	-0.0050	否
1958	0.1625	0.1647	-0.0022	否
1959	0.1841	0.1697	0.0144	是
1960	0.1975	0.1737	0.0237	是
1961	0.1929	0.1766	0.0164	是

续表

年份	实际值	理想值	差值	是否过度
1962	0.1732	0.1783	-0.0051	否
1963	0.1684	0.1792	-0.0108	否
1964	0.1837	0.1795	0.0042	是
1965	0.1798	0.1792	0.0007	是
1966	0.1786	0.1784	0.0002	是
1967	0.1774	0.1774	0.0000	是
1968	0.1762	0.1763	-0.0001	否
1969	0.1750	0.1751	-0.0001	否
1970	0.1738	0.1741	-0.0003	否
1971	0.1726	0.1734	-0.0008	否
1972	0.1713	0.1730	-0.0017	否
1973	0.1720	0.1733	-0.0013	否
1974	0.1716	0.1742	-0.0025	否
1975	0.1734	0.1758	-0.0024	否
1976	0.1744	0.1783	-0.0039	否
1977	0.1755	0.1817	-0.0061	否
1978	0.1792	0.1859	-0.0068	否
1979	0.1896	0.1910	-0.0014	否
1980	0.1939	0.1968	-0.0029	否
1981	0.2016	0.2032	-0.0017	否
1982	0.2113	0.2101	0.0012	是
1983	0.2162	0.2172	-0.0009	否
1984	0.2301	0.2243	0.0058	是
1985	0.2371	0.2314	0.0056	是
1986	0.2452	0.2383	0.0069	是
1987	0.2532	0.2449	0.0083	是
1988	0.2581	0.2513	0.0069	是
1989	0.2621	0.2575	0.0046	是
1990	0.2641	0.2636	0.0005	是
1991	0.2694	0.2700	-0.0006	否
1992	0.2746	0.2768	-0.0022	否

续表

年份	实际值	理想值	差值	是否过度
1993	0.2799	0.2842	-0.0043	否
1994	0.2851	0.2924	-0.0073	否
1995	0.2904	0.3016	-0.0111	否
1996	0.3048	0.3117	-0.0069	否
1997	0.3191	0.3228	-0.0037	否
1998	0.3335	0.3347	-0.0012	否
1999	0.3478	0.3474	0.0004	是
2000	0.3622	0.3606	0.0016	是
2001	0.3766	0.3741	0.0025	是
2002	0.3909	0.3879	0.0030	是
2003	0.4053	0.4018	0.0035	是
2004	0.4176	0.4157	0.0019	是
2005	0.4299	0.4296	0.0003	是
2006	0.4434	0.4434	0.0000	是
2007	0.4589	0.4571	0.0017	是
2008	0.4699	0.4707	-0.0009	否
2009	0.4834	0.4842	-0.0008	否
2010	0.4995	0.4975	0.0020	是
2011	0.5127	0.5106	0.0021	是
2012	0.5257	0.5235	0.0022	是
2013	0.5373	0.5362	0.0011	是
2014	0.5477	0.5488	-0.0011	否
2015	0.5610	0.5612	-0.0002	否
2016	0.5735	0.5736	-0.0001	否
2017	0.5852	0.5859	-0.0007	否
2018	0.5958	0.5981	-0.0023	否

第六章　中国经济金融化与城镇化关系的实证检验

截至目前，本书已经对研究中所涉及的经济金融化和城镇化两个关键词分别进行了分析。但这两者究竟有什么关系呢？是本书要解决的关键问题。为了对这一问题进行解答，本书主要从时间序列和面板数据两个维度，综合运用传统格兰杰因果检验方法及其最新发展成果——面板格兰杰因果关系检验两种方法进行，力争全面刻画中国经济金融化与城镇化之间的关系。

第一节　时间序列的证据

一、方法选择

一般来说，在不确定性环境下检验变量之间关系最常用的方法就是格兰杰因果关系检验。该方法最早由格兰杰（Granger，1969）提出，并用揭示时间序列的表征及其机理。格兰杰因果关系检验可以用来确定经济变量之间是否存在因果关系及其影响的方向？其检验的思想为，如果 X 的变化引起了 Y 的变化，则 X 的变化应当发生在 Y 的变化之前。假设要检验变量 X 和 Y 的因果关系，需要构建如下检验方程：

$$Y_t = \sum_{i=1}^{m} \alpha_i X_{t-i} + \sum_{j=1}^{m} \beta_j Y_{t-j} + \mu_t \qquad (6-1)$$

$$X_t = \sum_{i=1}^{m} \lambda_i X_{t-i} + \sum_{j=1}^{m} \delta_j Y_{t-j} + \nu_t \qquad (6-2)$$

在式（6-2）中，随机误差项 μ_t 和 ν_t 之间是不相关的。格兰杰因果关系检验的原假设是"X 不是引起 Y 变化的格兰杰原因（X↛Y）"和"Y 不是引起 X 变化的格兰杰原因（Y↛X）"。对于上述方程有以下四种情况：一是如果滞后的 X 的系数估计值整体显著不为零且式（6-2）中 Y 的滞后项整体显著为零，则说明存在从 X 到 Y 的单向因果关系，即 X→Y；二是如果式（6-1）中 X 的系数估计值不是整体显著异于零，并且式（6-2）中 Y 的滞后项整体显著异于零，则说明存在从 Y 到 X 的单向因果关系，即 Y→X；三是如果式（6-1）和式（6-2）的 X 滞后项的系数和 Y 的滞后项的系数都显著异于零，则说明存在从 X 到 Y 的双向因果关系，即 X↔Y；四是如果式（6-1）和式（6-2）的 X 滞后项的系数和 Y 的滞后项的系数都不显著异于零，则说明 X 和 Y 是各自独立的，两者之间不存在任何因果关系。

虽然该方法在现实运用中也被学者质疑，但因为其操作原理的质朴性、高效性，仍然是检验变量关系的主流方法。为此，在时间序列层面，本书运用格兰杰因果关系检验方法来印证经济金融化和城镇化之间的相互关系。

二、检验结果与分析

为了对经济金融化和城镇化之间的关系进行印证，本章主要基于结构化思路，从短期因果关系检验和长期因果关系检验两个维度进行。其中，短期因果关系检验主要针对的是经济金融化和城镇化差分序列的检验；长期关系检验主要针对的是经济金融化和城镇化的原始序列进行。

1. 短期检验结果

短期因果关系检验见表 6-1。由结果可知，当滞后 1~5 期后，拒绝"经济金融化不是城镇化格兰杰原因（$\Delta FIN \nrightarrow \Delta URB$）"的原假设，说明短期内经济金融化是城镇化发展的格兰杰原因。这一点本书在理论层面已经揭示，经济金融化意味着金融部门的成长壮大、金融体系的完善、金融业态的丰富，能够为城镇化发展提供强有力的资金支持。例如，中国农业银行推出的"农村城镇化"贷款系列就属于这一作用渠道的有力证明。该贷款包括城镇基础设施建设贷款、城镇公共服务设施建设贷款、土地整理贷款、棚户区改造贷款、安置房建设贷款、园区基础设施建设贷款、城镇综合开发建设贷款等，基本上满足了城镇化建设不同"场景"的融资需求。同时，随着经济金融化的不断推进，业态也会不断完善，例如，供应链金融、互联网金融、小微金融也为解决城镇化过程中"长尾人群"的金融服务需求提供了新路径。以小微金融为例，姜松、黄庆华和周虹（2016）通过实证研究发现，小微金融对城镇化发展的边际影响显著为正，并从以下两个方面予以解释：一是小微金融市场定位准确，拥有其他金融中介组织无法比拟的优势，其目标群体和服务对象主要为"经济活跃"的穷人和经济上脆弱的经济组织，例如，微型企业、个体工商户和"三农"经济实体，尽管这是新型城镇化发展中的主体对象、劳动力转移的"蓄水池"和产业的支撑，但也是"银行主导型"的金融体系"排除"的主要对象。而小微金融发展实现了服务对象与城镇化主体的高度一致，填补了市场"盲区"。二是小微金融设置的初衷就是引导民间资本服务实体经济，因而从某种意义上来说，小微金融是现有金融服务体系重要组成部分和有效补充，有利于形成推动城镇化发展的合力。此外，小微金融服务效率便捷、高效，缩减了金融服务的交易成本，全面提高了金融资源配置效率，也会对城镇化发展产生积极影响。

同时，当滞后 1~5 期后，也拒绝"城镇化不是经济金融化格兰杰原因（$\Delta URB \nrightarrow \Delta FIN$）"的原假设。这说明城镇化发展也是经济金融化的格兰杰原因。城镇化发展也是促进经济金融化演进的重要原因。城镇化是经济社会发展的必然结果，也是城乡融合发展、产业"接二连三"的直接推动力、重要引擎，会在"需求端"形成经济金融化的内生驱动力。因此，综合而言，在滞后 1~5 期后，经济金融化和城镇化存在双向因果关系。换言之，两者之间存在互促机制。

表 6-1　短期格兰杰因果关系检验结果

滞后阶数	$\Delta FIN \nrightarrow \Delta URB$	$\Delta URB \nrightarrow \Delta FIN$
1	6.726 (0.012)**	10.980 (0.002)***
2	3.593 (0.034)**	9.559 (0.0003)***
3	2.246 (0.093)*	7.280 (0.0003)***
4	1.854 (0.132)*	5.387 (0.001)***
5	1.859 (0.118)*	5.08528 (0.0008)***

注：*、**、*** 分别表示 10%、5% 和 1% 的显著性水平上显著。

2. 长期检验结果

长期检验结果以经济金融化和城镇化的原始序列为基础进行。检验结果见表6-2。从表6-2中可以看出，当滞后1~3期后，拒绝"经济金融化不是城镇化发展的格兰杰原因（FIN ≠>URB）"的原假设，长期内经济金融化也是城镇化发展的格兰杰原因。同时，当滞后1~3期后，也拒绝"经济金融化是城镇化发展的格兰杰原因（URB ≠>FIN）"的原假设，城镇化也是经济金融化发展的格兰杰原因。各种原因在前文已经予以揭示，此处不再展开。综合而言，在长期，经济金融化和城镇化之间也是双向格兰杰因果关系，两者之间存在互动机制。

表6-2 长期因果关系检验结果

滞后阶数	FIN ≠>URB	URB ≠>FIN
1	8.349 (0.005)***	10.905 (0.002)***
2	8.779 (0.001)***	4.619 (0.014)**
3	8.065 (0.0001)***	2.530 (0.066)*

注：*、**、***分别表示10%、5%和1%的显著性水平上显著。

第二节 面板数据的证据

上述检验中用的是我国宏观层面的时间序列数据，反映的是总体层面经济金融化和城镇化的关系状况。由于我国各地经济发展情况、资源禀赋特征、要素结构千差万别。总体层面的检验结果是否在区域层面继续成立呢？这就是有待考究和深入挖掘的重要问题。为此，本章继续运用中国省际层面的面板数据予以进一步印证。当数据类型发生变化后，基于时间序列数据的格兰杰因果关系检验方法就面临失效的问题。为解决这一问题，学者提出了很多解决方案。这其中比较有代表性的就是Dumitrescu和Hurlin（2012）所提出的基于面板数据的HNC格兰杰因果检验方法。为此，本书首先对面板格兰杰因果检验的基本原理进行介绍；

其次，运用该方法检验中国省际层面经济金融化和城镇化之间的格兰杰因果关系。

一、面板格兰杰方法说明

假定序列 x 和序列 y，是 T 周期内观察到的 N 个个体的两个平稳变量。建立如下模型：

$$y_{i,t} = \alpha_i + \sum_{K=1}^{K} \gamma_i^{(K)} y_{i,t-k} + \sum_{K=1}^{K} \beta_i^{(K)} x_{i,t-k} + \varepsilon_{i,t} \qquad (6-3)$$

在式（6-3）中，$K \in N$，$\beta_i = (\beta_i^{(1)}, \cdots, \beta_i^{(K)})'$，$\alpha_i$ 为个体固定效应。假定当滞后 K 阶后，面板数据所有横截面单元是相同的，初始条件均为（y_i，$-K$，$\cdots$，x_i，0）、允许自回归系数 $\gamma_i^{(K)}$ 和回归系数 $\beta_i^{(K)}$ 不同；更为重要的是面板数据类型为平衡面板数据。在 Dumitrescu 和 Hurlin（2012）的检验方法中，其一般建议通过考虑回归模型的异质性和因果关系异质性来进行面板数据的因果关系检验。HNC 的零假设（H_0）和备择假设（H_1）分别定义为：

$$H_0: \beta_i = 0 \quad \forall i = 1, \cdots, N \qquad (6-4)$$

$$H_1: \beta_i = 0, \quad \forall i = 1, \cdots, N_1$$
$$\beta_i \neq 0, \quad \forall i = N_1 + 1, N_1 + 2, \cdots, N \qquad (6-5)$$

其中，N_1 未知，但满足条件 $0 \leq N_1 < N < 1$。N_1/N 的比值必然低于 1，因为如果 $N_1 = N$，则该面板中的任何一个个体都不存在因果关系，这相当于 HNC 检验的零假设。相反，当 $N_1 = 0$ 时，样本中的所有个体都有因果关系。在我们的上下文中，如果接受零值，变量 X 的变动并不会导致面板中所有单元的变量 Y 的变动。相反，如果我们假设 HNC 检验结果被拒绝，我们将得到一个关于因果关系的齐次结果。实际上，所考虑的回归模型可能不是同质的，即参数的估计结果在组间是不同的。但对所有个体来说，因果关系都是可能被观察到的。相反，如果 $N_1 > 0$ 时，因果关系则是异质的。Dumitrescu 和 Hurlin（2012）建议使用 Wald 统计的平均值来进行判断。为此，与零齐次非因果关系（HNC）假设相关的平均统计量 $W_{N,T}^{Hnc}$ 可以定义为：

$$W_{N,T}^{Hnc} = \frac{1}{N} \sum_{i=1}^{N} W_{i,T} \qquad (6-6)$$

其中，$W_{i,T}$ 表示与个体 $H_0: \beta_i = 0$ 假设下对应的横截面单元的 Wald 统计量。为了获得该统计量的一般形式，我们将与第一个体特征相对应的 T 周期的观测值叠加成向量形式，如下所示：

$$y_{i(T,1)}^{(k)} = \begin{bmatrix} y_{i,1-k} \\ \cdots \\ \cdots \\ y_{i,T-K} \end{bmatrix}, \quad x_{i(T,1)}^{(k)} = \begin{bmatrix} x_{i,1-k} \\ \cdots \\ \cdots \\ x_{i,T-K} \end{bmatrix}, \quad \varepsilon_{i(T,1)} = \begin{bmatrix} \varepsilon_{i,1} \\ \cdots \\ \cdots \\ \varepsilon_{i,T} \end{bmatrix} \quad (6-7)$$

定义两个 (T, K) 矩阵：

$$Y_i = [y_i^{(1)} : y_i^{(2)} : \cdots : y_i^{(K)}] \text{ 和 } X_i = [x_i^{(1)} : x_i^{(2)} : \cdots : x_i^{(k)}] \quad (6-8)$$

用 Z_i 表示 (T, $2K+1$), 矩阵 $Z_i = [e : Y_i : X_i]$。其中, e 表示一个 (T, 1) 单位向量, 用 $\theta_i = (\alpha_i \gamma_i' \beta_i')$ 表示模型参数矢量。HNC 假设的检验现在可以表示为 $R\theta_i = 0$, 其中 R 是一个 (K, $2K+1$) 矩阵, $R = [0 : I_K]$。针对每个 $i = 1, \cdots, N$ 个体, $H_0: \beta_i = 0$ 假设下相对应的 Wald 统计 $W_{i,T}$ 就可以写成式(6-9):

$$W_{i,T} = \hat{\theta}_i' R' [\hat{\delta}_i^2 R(Z_i'Z_i)^{-1} R']^{-1} R \hat{\theta}_i = \frac{\hat{\theta}_i' R' [R(Z_i'Z_i)^{-1} R']^{-1} R \hat{\theta}_i}{\hat{\varepsilon}_i' \hat{\varepsilon}_i / (T-2K-1)} \quad (6-9)$$

在式 (6-9) 中, $\hat{\theta}_i$ 是参数 θ_i 的估计结果, $\hat{\theta}_i^2$ 是残差的估计。在小 T 样本条件下, $\hat{\delta}_i^2 = \hat{\varepsilon}_i' \hat{\varepsilon}_i / (T-2K-1)$ 的形式。为此, 该 Wald 统计量也可以表示为以下形式:

$$W_{i,T} = (T-2K-1) \left(\frac{\tilde{\varepsilon}_i' \varphi_i \tilde{\varepsilon}_i}{\tilde{\varepsilon}_i' M_i \tilde{\varepsilon}_i} \right) (i=1, \cdots, N) \quad (6-10)$$

其中, (T, 1) 矢量 $\tilde{\varepsilon}_i = \varepsilon_i / \delta_{\varepsilon,i}$ 在假设 A_1 下服从 N (0, I_T) 正态分布。(T, T) 矩阵 φ_i 和 M_i 是半正定的对称幂等矩阵。$\varphi_i = Z_i (Z_i'Z_i)^{-1} R' [R (Z_i'Z_i)^{-1} R']^{-1} R (Z_i'Z_i)^{-1} Z_i'$, $M_i = I_T - Z_i (Z_i'Z_i)^{-1} Z_i'$。

二、检验结果与分析

1. 数据平稳性检验

在实证检验方法介绍部分, 我们已经揭示面板格兰杰检验是建立在严格平稳序列的基础上的。如果数据是非平稳的, 容易使面板格兰杰检验存在"虚假回归"问题。因此, 在实施面板格兰杰因果检验之前需要对数据平稳性进行检验, 这也是保证检验结果可靠的步骤。在本书中, 综合运用 LLC (Levin, Lin and Chu)、IPS (Im, Pesaran and Shin)、Breitung 和 Hadri 单位根方法验证各变量的平稳性。但上述四种方法的原假设是不同的, LLC、IPS、Breitung 三种方法的零假设是各样本单位存在共同的单位根, 而 Hadri 单位根检验方法的零假设则是各样本单位不存在共同的单位根。以此为基础给出各方法下的单位检验结果如

第六章 中国经济金融化与城镇化关系的实证检验

表6-3所示。由检验结果可知,在样本区间内变量URB、FIN原始序列均为非平稳序列①。为此,对非平稳序列进行差分处理,并分别将其标记为ΔURB、ΔFIN,然后继续运用LLC、IPS、Breitung和Hadri进行检验。由表6-1内容可知,差分处理后的数据均已经变成平稳序列。也就是说,URB~I(1)、FIN~I(1)。

表6-3 城镇化和经济金融化序列平稳性检验

变量	LLC	IPS	Breitung	Hadri
URB	7.057 (1.00)	9.797 (1.00)	1.108 (0.87)	8.606 (0.00)
ΔURB	-21.001 (0.00)	-19.509 (0.00)	-11.702 (0.00)	-1.207 (0.89)
FIN	-1.992 (0.02)	-0.538 (0.3)	4.204 (1.00)	12.078 (0.00)
ΔFIN	-21.95 (0.00)	-19.57 (0.00)	-7.601 (0.00)	-2.972 (0.99)

注:( )内为P值。

2. 面板格兰杰检验结果

经济金融化和城镇化的差分序列经过检验时平稳序列。为此,本书继续对两者的差分序列进行面板格兰杰因果关系检验。检验结果见表6-4。除了Hurlin给出的检验方法之外,在Eviews中还给出了Pairwise的检验结果。为了体现研究的完整性,同时给出了这两种方法的检验结果。由结果可知,无论是在Pairwise检验方法还是在Hurlin的检验方法下,当滞后1~3期时,差分序列都拒绝"经济金融化不是城镇化发展的格兰杰原因(ΔFIN ↛ ΔURB)",说明运用面板数据后,经济金融化依然是促进城镇化发展的格兰杰原因。另外,无论滞后多少期后,差分序列都接受"城镇化不是经济金融化的格兰杰原因(ΔURB ↛ ΔFIN)",这说明在省际层面城镇化并不是导致经济金融化发展的格兰杰原因,经济金融化和城镇化之间是单向因果关系,两者之间不存在互动机制。这和宏观层面的检验结果是不一致的。宏观层面的检验结果表明两者存在互动协调机制。因此,微观层面的检验结果只能表明是当前我国省际层面经济金融化和城镇化协调发展所面临的区域差异和结构性矛盾。不过,从实证角度来看,两者之间存在单向因果关系,

---

① 本书中对于变量的平稳性检验标准严格,唯有在各种方法下均平稳才被认定是平稳性序列。

后续建模评估经济金融化对城镇化影响效应时候可以有效地避免内生性问题。

表6-4 面板格兰杰因果关系检验结果

滞后阶数	Pairwise		Hurlin					
	$\Delta FIN \nrightarrow \Delta URB$	$\Delta URB \nrightarrow \Delta FIN$	$\Delta FIN \nrightarrow \Delta URB$			$\Delta URB \nrightarrow \Delta FIN$		
			W-Stat	Zbar	P	W-Stat	Zbar	P
1	15.104 (0.0001)***	0.556 (0.456)	1.847**	2.513**	0.012	1.527	1.444	0.149
2	7.855 (0.0004)***	0.967 (0.381)	3.376***	2.586***	0.0097	2.259	0.083	0.934
3	6.328 (0.0003)***	0.838 (0.473)	4.431***	1.757**	0.079	3.167	-0.398	0.691

注：**、***分别表示5%和1%显著性水平上显著。

第三节 综合结论

本部分分别从时间序列层面和面板数据层面，检验经济金融化和城镇化之间的关系。研究发现，在宏观的时间序列层面，经济金融化和城镇化存在双向格兰杰因果关系。或者说，经济金融化和城镇化之间存在互动机制。这也是理论预期结果。但省际层面的估计结果却和宏观层面的检验结果不一致。中国省际层面的面板格兰杰检验表明，经济金融化是促进城镇化发展的格兰杰原因，但是城镇化却不是经济金融化的格兰杰原因，两者只是单向的促进关系。省际层面的检验结果，在一定程度上也揭示了前文所提出的经济金融化和城镇化发展所面临的结构性矛盾。不过，对于两者之间现实协调水平还需要运用其他手段予以重新揭示。

第七章 中国经济金融化与城镇化协调性测度

尽管宏观层面检验结果所揭示的经济金融化与城镇化是双向格兰杰因果关系,但省际面板数据检验结果反映的是经济金融化和城镇化是单向因果关系。那么是否就意味着当前中国经济金融户和城镇化之间已经出现事实性背离?两者的协调性如何?在这部分,本书继续对此进行解答。研究运用的主要方法是协调适应度模型,从动态的角度对经济金融化和城镇化协调性的动态变迁进行解答。

第一节 测度方法:协调适应度模型

协调一般是指搭配得当、配合恰当,是正确处理组织内外各种关系,为组织正常运转创造的条件和环境,促进组织目标的实现。协调性有时也被称为相容性、无矛盾性。从这个角度来说,经济金融化和城镇化协调的过程是两者相互作用、相互适应的"动态"过程。因此,在对中国经济金融化与城镇化协调性测度时必须坚持动态性、演进性原则,唯有此揭示的研究结论才具有科学性和可靠性。

在方法层面,揭示两个变量之间相互适应、相互作用的动态关系可以采用"协调适应度"模型进行刻画。从这个角度来说,经济金融化和城镇化协调性就包含两个维度:一是经济金融化对城镇化的适应度;二是城镇化对经济金融化的适应度。其中,将经济金融化和城镇化的适应度表示为 $\theta(FIN/URB)$,其表达式见式(7-1)。其中,FIN 表示经济金融化的实际值,FIN' 表示经济金融化的协调值，可以通过回归方程求得；s^2 表示经济金融化实际值的序列方差。当经济金融化实际值和协调值不断逼近时，$\theta(FIN/URB)$ 就会无限趋于1，这时说明经济金融化和城镇化的适应度非常高。若经济金融化实际值和协调值差距较大时，$\theta(FIN/URB)$ 就会无限趋于0，这时就说明经济金融化对城镇化的适应度非常低，也说明经济金融化和城镇化的失衡程度较大。

$$\theta(FIN/URB) = \exp\{-(FIN-FIN')^2/s^2\} \quad (7-1)$$

将城镇化对经济金融化的适应度表示为 $\theta(URB/FIN)$，其表达式为式（7-2）。其中，URB 表示城镇化的实际值，URB' 表示城镇化的协调值，也可以通过回归方程求得。s'^2 表示城镇化实际值的时间序列方差。从中可以看出，当城镇化的实际水平和协调值不断逼近时，$\theta(URB/FIN)$ 值也就越接近1；相反，若两者之间的差距不断拉大，则说明 $\theta(URB/FIN)$ 值越接近于0，就说明城镇化和经济金融化失衡程度也就越大。

$$\theta(URB/FIN) = \exp\{-(URB-URB')^2/s'^2\} \quad (7-2)$$

基于上述两式，将经济金融化和城镇化的静态协调度 $C(FIN, URB)$，就可以表示为：

$$C(FIN, URB) = \frac{\min[\theta(FIN/URB), \theta(URB/FIN)]}{\max[\theta(FIN/IRB), \theta(URB/FIN)]} \quad (7-3)$$

由上式可知，当 $\theta(FIN/URB)$ 和 $\theta(FIN/URB)$ 的值不断靠近时，$C(FIN, URB)$ 的值也就会越大，说明经济金融化和城镇化协调发展水平越高；相反，如果 $\theta(FIN/URB)$ 和 $\theta(FIN/URB)$ 两者的值差距悬殊，$C(FIN, URB)$ 的值会越小，此时经济金融化和城镇化的协调水平也就越低。换言之，两者的失衡程度越大。

式（7-3）揭示的是经济金融化和城镇化之间的静态协调水平。按照协调性测度的原则，我们会更加关心两者的协调性的动态演变，也就是两者的动态协调水平。为此，协调适应度模型也给出动态协调性的判断方法。本书中将经济金融化和城镇化的动态协调水平表示为 $C_d(t)$。其计算方法如式（7-4）所示。其中，$C_{s(t-i)}$ 表示经济金融化和城镇化在各个时刻的静态协调度。给出两个时间点 t_1 和 t_2，如果 $C_d(t_2) > C_d(t_1)$，就说明中国经济金融化和城镇化处于协调发展的轨迹之上。

$$C_d(t) = \frac{1}{t}\sum_{i=0}^{t-1} C_{s(t-i)}, \quad 0 < C_d(t) \leq 1 \quad (7-4)$$

第七章 中国经济金融化与城镇化协调性测度

第二节 测度过程

一、样本方差计算

首先，计算经济金融化和城镇化动态适应度的关键就是要计算出经济金融化对城镇化，以及城镇化对经济金融化的协调适应度。按照上述公式，计算协调适应度就需要首先确定经济金融化以及城镇化原始序列的方差、经济金融化以及城镇化的协调值。其次，计算经济金融化和城镇化序列的方差。为此，本书给出样本区间内，两个序列的描述性统计信息。计算结果见表7-1。从表7-1中可以看出，经济金融化序列和城镇化序列的方法分别为0.025和1.271。

表7-1 经济金融化和城镇化的描述性统计信息

变量	FIN	URB
Mean	0.04	0.286
Median	0.042	0.237
Maximum	0.084	0.596
Minimum	0.014	0.125
Std. Dev.	0.019	0.139
Skewness	0.386	0.86
Kurtosis	2.19	2.40
Jarque-Bera	3.496	9.257
Probability	0.174	0.01
Sum	2.7104	19.186
Sum Sq. Dev.	0.025	1.271
Observations	67	67

二、协调值估计

计算经济金融化对城镇化适应协调适应度、城镇化对经济金融化的协调适应度时，还需要确定经济金融化的协调值以及城镇化的协调值。为此，分别建立式（7-5）和式（7-6）的回归方程。其中，α_0、α_1、β_0、β_1 分别表示待估参数。

$$FIN_t = \beta_0 + \beta_1 URB_t + \nu_t \quad (7-5)$$
$$URB_t = \alpha_0 + \alpha_1 FIN_t + \mu_t \quad (7-6)$$

运用最小二乘法对式（7-5）进行估计。估计结果见表7-2。从中可以看出，截距项和 URB 分别在5%和1%的显著性水平上通过显著性检验。为此，可以写出式（7-5）的回归方程为：$FIN_t = 0.006 + 0.12 URB_t$。

表7-2 经济金融化的适应度协调值的估计结果

变量	估计值
截距项	0.006 (2.163)**
URB	0.12 (13.804)***
R^2	0.746
Adjusted R^2	0.742
S. E. of regression	0.01
Sum squared resid	0.006
Log likelihood	215.647
F-statistic	190.539
Prob (F-statistic)	0.000
Mean dependent var	0.04
S. D. dependent var	0.019
Akaike info criterion	-6.378
Schwarz criterion	-6.312
Hannan-Quinn criter	-6.351
Durbin-Watson stat	0.401

注：**、***分别表示5%和1%的显著性水平上显著。

将城镇化的原始值代入这一回归方程，就可以求出每一年度的中国经济金融化的协调值。经济金融化协调值的计算结果如表7-3所示。

表7-3 经济金融化协调值计算结果

年份\类别	城镇化实际值	经济金融化协调值
1952	0.1246	0.021
1953	0.1331	0.022
1954	0.1369	0.022
1955	0.1348	0.022
1956	0.1462	0.024
1957	0.1539	0.024
1958	0.1625	0.026
1959	0.1841	0.028
1960	0.1975	0.030
1961	0.1929	0.029
1962	0.1732	0.027
1963	0.1684	0.026
1964	0.1837	0.028
1965	0.1798	0.028
1966	0.1786	0.027
1967	0.1774	0.027
1968	0.1762	0.027
1969	0.1750	0.027
1970	0.1738	0.027
1971	0.1726	0.027
1972	0.1713	0.027
1973	0.1720	0.027
1974	0.1716	0.027
1975	0.1734	0.027
1976	0.1744	0.027
1977	0.1755	0.027
1978	0.1792	0.028
1979	0.1896	0.029
1980	0.1939	0.029
1981	0.2016	0.030

续表

年份\类别	城镇化实际值	经济金融化协调值
1982	0.2113	0.031
1983	0.2162	0.032
1984	0.2301	0.034
1985	0.2371	0.034
1986	0.2452	0.035
1987	0.2532	0.036
1988	0.2581	0.037
1989	0.2621	0.037
1990	0.2641	0.038
1991	0.2694	0.038
1992	0.2746	0.039
1993	0.2799	0.040
1994	0.2851	0.040
1995	0.2904	0.041
1996	0.3048	0.043
1997	0.3191	0.044
1998	0.3335	0.046
1999	0.3478	0.048
2000	0.3622	0.049
2001	0.3766	0.051
2002	0.3909	0.053
2003	0.4053	0.055
2004	0.4176	0.056
2005	0.4299	0.058
2006	0.4434	0.059
2007	0.4589	0.061
2008	0.4699	0.062
2009	0.4834	0.064
2010	0.4995	0.066
2011	0.5127	0.068

续表

年份 \ 类别	城镇化实际值	经济金融化协调值
2012	0.5257	0.069
2013	0.5373	0.070
2014	0.5477	0.072
2015	0.5610	0.073
2016	0.5735	0.075
2017	0.5852	0.076
2018	0.5958	0.077

继续运用最小二乘法对式（7-6）进行估计。估计结果见表7-4。从中可以看出，截距项和FIN分别在10%和1%的显著性水平上通过显著性检验。为此，可以写出式（7-6）的回归方程为：$URB_t = 0.036 + 6.196 FIN_t$。

表7-4 城镇化的协调值估计结果

变量	估计值
截距项	0.036 (0.08)*
Fin	6.196 (0.000)***
R^2	0.746
Adjusted R^2	0.742
S. E. of regression	0.071
Sum squared resid	0.323
Log likelihood	83.614
F-statistic	190.539
Prob (F-statistic)	0.000
Mean dependent var	0.286
S. D. dependent var	0.139
Akaike info criterion	-2.436
Schwarz criterion	-2.37

续表

变量	估计值
Hannan-Quinn criter	-2.41
Durbin-Watson stat	0.296

注：*、***分别表示10%和1%的显著性水平上显著。

将经济金融化的原始值代入这一回归方程，就可以求出每一年度的中国城镇化的协调值。城镇化的协调值的计算结果如表7-5所示。

表7-5 城镇化的协调值计算结果

年份 类别	经济金融化实际值	城镇化协调值
1952	0.0172	0.143
1953	0.0144	0.125
1954	0.0137	0.121
1955	0.0151	0.130
1956	0.0137	0.121
1957	0.0150	0.129
1958	0.0184	0.150
1959	0.0263	0.199
1960	0.0419	0.296
1961	0.0497	0.344
1962	0.0416	0.294
1963	0.0295	0.219
1964	0.0402	0.285
1965	0.0491	0.340
1966	0.0190	0.154
1967	0.0231	0.179
1968	0.0277	0.208
1969	0.0275	0.206
1970	0.0249	0.190
1971	0.0266	0.201
1972	0.0207	0.164

续表

年份 \ 类别	经济金融化实际值	城镇化协调值
1973	0.0191	0.154
1974	0.0200	0.160
1975	0.0201	0.161
1976	0.0208	0.165
1977	0.0212	0.167
1978	0.0208	0.165
1979	0.0185	0.151
1980	0.0187	0.152
1981	0.0186	0.151
1982	0.0243	0.187
1983	0.0281	0.210
1984	0.0317	0.232
1985	0.0323	0.236
1986	0.0386	0.275
1987	0.0416	0.294
1988	0.0434	0.305
1989	0.0628	0.425
1990	0.0606	0.411
1991	0.0543	0.372
1992	0.0545	0.374
1993	0.0533	0.366
1994	0.0526	0.362
1995	0.0523	0.360
1996	0.0515	0.355
1997	0.0524	0.361
1998	0.0506	0.350
1999	0.0495	0.343
2000	0.0482	0.335
2001	0.0469	0.327
2002	0.0456	0.319

续表

年份 \ 类别	经济金融化实际值	城镇化协调值
2003	0.0439	0.308
2004	0.0407	0.288
2005	0.0399	0.283
2006	0.0454	0.317
2007	0.0562	0.384
2008	0.0574	0.392
2009	0.0625	0.423
2010	0.0623	0.422
2011	0.0629	0.426
2012	0.0653	0.441
2013	0.0695	0.467
2014	0.0728	0.487
2015	0.0844	0.559
2016	0.0826	0.548
2017	0.0797	0.530
2018	0.0768	0.512

三、静态协调度计算

基于上述计算结果，将经济金融化和城镇化的原始值、样本方差、经济金融化协调值、城镇化协调值分别代入式（7-1）和式（7-2），我们就可以计算经济金融化和城镇化的静态协调适应度结果。计算结果见表 7-6。由表 7-6 中可以看出，从 1952～2018 年中国经济金融化和城镇化的静态协调度都大于 99%，尤其是在 1952 年、1959 年、1970 年、1984～1988 年、1999 年，经济金融化和城镇化的协调适应度都达到了最大值 1。结合前面的分析结论，我们可知，虽然经济金融化和城镇化自身发展在有些年份超越了其最大发展水平，存在过度发展的情况，但是从两者的协调适应度来看，经济金融化和城镇化之间并未出现失衡的状况。相反，两者之间的协调适应水平还是比较高的。当其演进趋势会怎样呢？这还需要动态协调度测度结果的进一步支撑。

表7-6 经济金融化和城镇化的静态协调度

年份\类别	经济金融化对城镇化的适应度	城镇化对经济金融化的适应度	静态协调度
1952	1.001	1.000	1.000
1953	1.002	1.000	0.998
1954	1.003	1.000	0.997
1955	1.002	1.000	0.998
1956	1.004	1.001	0.997
1957	1.004	1.000	0.997
1958	1.002	1.000	0.998
1959	1.000	1.000	1.000
1960	1.006	1.008	0.998
1961	1.017	1.018	0.999
1962	1.009	1.012	0.997
1963	1.000	1.002	0.998
1964	1.006	1.008	0.998
1965	1.019	1.020	0.998
1966	1.003	1.000	0.998
1967	1.001	1.000	0.999
1968	1.000	1.001	0.999
1969	1.000	1.001	0.999
1970	1.000	1.000	1.000
1971	1.000	1.001	0.999
1972	1.001	1.000	0.999
1973	1.002	1.000	0.998
1974	1.002	1.000	0.998
1975	1.002	1.000	0.998
1976	1.002	1.000	0.999
1977	1.001	1.000	0.999
1978	1.002	1.000	0.998
1979	1.004	1.001	0.997

续表

类别 年份	经济金融化对城镇化的适应度	城镇化对经济金融化的适应度	静态协调度
1980	1.004	1.001	0.997
1981	1.005	1.002	0.997
1982	1.002	1.000	0.998
1983	1.001	1.000	0.999
1984	1.000	1.000	1.000
1985	1.000	1.000	1.000
1986	1.000	1.001	1.000
1987	1.001	1.001	1.000
1988	1.002	1.002	1.000
1989	1.026	1.021	0.995
1990	1.021	1.017	0.996
1991	1.010	1.008	0.998
1992	1.010	1.008	0.998
1993	1.008	1.006	0.998
1994	1.006	1.005	0.999
1995	1.005	1.004	0.999
1996	1.003	1.002	0.999
1997	1.003	1.001	0.999
1998	1.001	1.000	0.999
1999	1.000	1.000	1.000
2000	1.000	1.001	0.999
2001	1.001	1.002	0.999
2002	1.002	1.004	0.998
2003	1.005	1.007	0.997
2004	1.010	1.013	0.996
2005	1.013	1.017	0.996
2006	1.008	1.013	0.995
2007	1.001	1.004	0.997

续表

年份 类别	经济金融化对城镇化的适应度	城镇化对经济金融化的适应度	静态协调度
2008	1.001	1.005	0.996
2009	1.000	1.003	0.997
2010	1.001	1.005	0.996
2011	1.001	1.006	0.995
2012	1.001	1.006	0.995
2013	1.000	1.004	0.996
2014	1.000	1.003	0.997
2015	1.005	1.000	0.995
2016	1.002	1.001	0.998
2017	1.000	1.002	0.998
2018	1.000	1.006	0.994

第三节 测度结果及分析

基于静态协调适应度结果，进一步测算出经济金融化和城镇化动态协调度。为了更好地反映其发展趋势，我们将测度结果绘制形成趋势图，见图7-1。从图7-1中可以看到，中国经济金融化和城镇化协调发展水平虽然较高，但波动性较大，阶段性特征十分明显，但总体上呈现下降态势。从1953~1983年中国经济金融化和城镇化协调发展类似于倒"S"型的成长曲线模式，总体呈现下降趋势，并呈现"降—升—降"的波动式、阶段性演进特征。从1984年开始，一直到1999年，中国经济金融化和城镇化的动态协调度变化趋势类似于倒"U"型抛物线特征，呈现"升—降"的演变特征。虽然在历经2000~2003年的上升态势后，自2004年开始，中国经济金融化和城镇化动态协调度水平呈现连续下降态势。总体来说，中国经济金融化和城镇化协调发展水平比较好，但波动性、反复性、间断性特征十分明显。这些特点需要在新时期予以重点关注。若任凭这种趋势蔓延而无动于衷，两者之间的协调关系将逐步恶化乃至失衡，届时将对于实体经济发展、产业结构转型升级和新旧动能转换产生诸多不利影响。

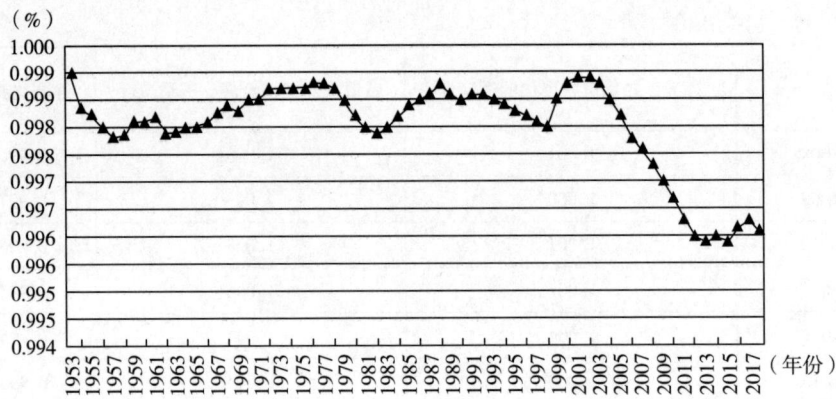

图7-1 中国经济金融化和城镇化动态协调度

第八章 中国经济金融化对城镇化的总体影响与阶段特征实证

既然中国经济金融化和城镇化的动态协调度呈现下降趋势,那么是否意味着中国经济金融化深化已经产生了不良影响?回答这个问题,单纯靠经济金融和城镇化的协调度的测度结果显然无法精确地判断经济金融化对城镇化的影响效应。也就无法反映两者之间相互作用中存在的主要问题、主要矛盾。要解决这一问题必须建立计量经济学模型,进行进一步的评估和分析。为此,本部分基于理论分析框架中所揭示的基本内涵、继续基于中国省际层面的面板数据的面板计量、门槛计量模型,从总体、分区域、分阶段等不同维度,全面反映中国经济金融化对城镇化影响的总体影响效应和阶段特征。

第一节 模型设计与变量说明

一、实证模型设计

从工业革命开始,城镇化和工业化并驾齐驱,已成为经济社会发展的"两股"趋势和经济增长的动力因子。城镇化是经济增长的潜力。这一点可由McCoskey 和 Kao(1998)构建的模型已经揭示:其通过将城镇化融入生产函数框架,揭示了城镇化与经济增长的影响效应。因此,综上可知,金融化和城镇化之间通过经济增长建立起内在有机联系。因此,要揭示经济金融化对城镇化的影响就可引入如下函数实证分析。

$$URB = f(FIN, Control) \tag{8-1}$$

在式（8-1）中，URB 表示城镇化水平，FIN 表示经济金融化水平，$Control$ 表示一系列控制变量。由于本书中运用的是面板数据进行实证，为此，基于面板模型的特点，引入个体效应和时间效应并将其改写成线性形式：

$$URB_{it} = \alpha + \beta \times FIN_{it} + \varphi \times \sum_{i=1}^{n} Control_{it} + c_i(Optional) + \alpha_t(Optional) + \varepsilon_{it}$$

(8-2)

在式（8-2）中，i 表示省份，t 表示时间，c_i 表示个体效应，α_t 表示时间效应，ε_{it} 表示随机误差项，α、β、φ 分别表示待估计的参数。其中，β 表示经济金融化对城镇化的边际影响系数。这里就有两种情况：如果 $\beta > 0$ 就说明中国经济金融化对城镇化的边际影响效应为正，其对城镇化发展产生推动作用。反之，如果 $\beta < 0$ 则说明中国经济金融化对城镇化的边际影响效应为负，其会对城镇化发展产生不良影响。

当然，式（8-2）只能反映经济金融化对城镇化的静态影响。经济金融化作为一个过程，不同阶段其对城镇化的影响也不同，这就需要进一步揭示经济金融化不同阶段对城镇化影响的阶段特征。要想反映不同经济金融化阶段对城镇化影响的动态变化，一个关键步骤就是要对经济金融化过程进行阶段划分。门槛面板模型为研究开辟了新的思路。为此，引入 Hansen（2000）的门槛回归模型并对其进行改造。一般来说，经济金融化过程同事物的"成长"过程一样，具有生命周期的特征，且一般的成长曲线都表现为"S"型，而且在上述分析中，本书在对经济金融化和城镇化发展进行刻画时，也均发现我国经济金融化过程和城镇化过程都符合 Logistic 成长曲线所刻画的阶段性规律。为此，按照成长曲线所揭示的阶段规律特征，将经济金融化划分为四个阶段，并假定其阶段分割的临界值分别为 FIN_1、FIN_2 和 FIN_3，则可以将我国经济金融化阶段划分为四个阶段，分别记为 $(-\infty, FIN_1]$、$(FIN_1, FIN_2]$、$(FIN_2, FIN_3]$、$(FIN_3, +\infty)$，则模型（8-2）就可以转化为面板门槛模型并以此来揭示经济金融化对城镇化影响的阶段特征：

$$URB_{it} = \alpha + \beta_1 \times FIN_{it} I(FIN_{it} \leq FIN_1) + \beta_2 \times FIN_{it} I(FIN_1 < FIN_{it} \leq FIN_2)$$
$$+ \beta_3 \times FIN_{it} I(FIN_2 < FIN_{it} \leq FIN_3) + \beta_4 \times FIN_{it} I(FIN_{it} > FIN_3)$$
$$+ \varphi \times \sum_{i=1}^{n} Control_{it} + c_i(Optional) + \alpha_t(Optional) + \varepsilon_{it} \quad (8-3)$$

在式（8-3）中，$I(\cdot)$ 表示指示函数。如何确定和估计经济金融化不同阶段划分的临界值个数就显得十分重要。对于其值域的确定可以采用"自助法"，其是一种对原始数据进行"再抽样"的方法。其原理是假定从总体抽样本

容量为 n 的样本,则这个样本就带有总体信息。如果进行多次"有放回"的抽样,且每次样本容量都为 n,就可以获得"自助样本"(姜松、黄庆华等,2013)。在门槛面板回归模型中,临界值的确定应是回归残差平方和最小时所对应的值(Hansen,2000)。也就是说,当搜寻第一个临界值后,还需进一步确定临界值个数。检验通过后就可以构造临界值的置信区间,如式(8-4)所示。其中,S'' 表示不同临界值下的残差平方和,S' 为第一个临界值所对应的残差平方和,σ^2 为其残差的方差。确定好临界值个数后就需要进一步估计不同临界值下经济金融化对城镇化的阶段差异特征。在式(8-3)中,如果经济金融化不同阶段其对城镇化影响效应相同,则边际影响系数 $\beta_1 = \beta_2 = \beta_3 = \beta_4$。相反,若在不同阶段对城镇化的影响效应不同,则边际影响系数 $\beta_1 \neq \beta_2 \neq \beta_3 \neq \beta_4$。要对此进行判断,需要运用 LM 统计量对其进行验证与检验,如式(8-5)所示,其中,S 为原假设所对应的残差平方和,S' 为门槛效应下的残差平方和。

$$LR_n = \frac{S'' - S'}{\sigma^2} < R_n(\text{FIN}) = n \frac{S - S'}{S'} \qquad (8-4)$$

$$< m = n \frac{S - S'}{S'} \qquad (8-5)$$

城镇化作为经济社会发展的子系统,其发展除了受到经济金融化影响之外,还受其他诸多因素影响,需要引入控制变量以增强模型科学性。在式(8-3)中,$Control_{it}$ 为影响城镇化的一系列控制变量,在遴选时候主要以科学性、可行性为标准,基于国际经验和发展经济学中的"二元结构"理论框架展开。遴选的主要控制变量包括工业化(IND)、人力资本(HUM)、农业结构(STR)和制度安排(SYS)。据此,得到最终分析模型:

$$\begin{aligned} URB_{it} &= \alpha + \beta_1 \times FIN_{it} I(FIN_{it} \leq FIN_1) + \beta_2 \times FIN_{it} I(FIN_1 < FIN_{it} \leq FIN_2) \\ &+ \beta_3 \times FIN_{it} I(FIN_2 < FIN_{it} \leq FIN_3) + \beta_4 \times FIN_{it} I(FIN_{it} > FIN_3) \\ &+ \varphi_1 \times IND_{it} + \varphi_2 \times HUM_{it} + \varphi_3 \times STR_{it} + \varphi_4 \times SYS_{it} + c_i(Optional) \\ &+ \alpha_t(Optional) + \varepsilon_{it} \end{aligned} \qquad (8-6)$$

二、变量说明与指标量化

城镇化指标的量化方法在概念界定部分已经进行了说明,此处不再赘述。需要注意的是,中国经济金融化指标在上述部分主要从宏观、中观和微观三个维度进行描述性统计分析。但也有学者认为,基于麦金农的"金融深化"理论,从货币化角度出发,用 M_2 代表一国金融活动总量,计算金融相关率来衡量宏观层面的经济金融化(Demetriades 和 Hussein,1996;温涛、冉光和等,2005;吴晓求,2010)。但货币化反映的只是金融化初级阶段。当金融内涵或金融资产拓展至非货币性金融资产时,经济金融化比率一般要高于货币化率,其无法在更广的空间范围内代表和衡量经济金融化。微观层面的数据更多反映的是经济金融化所带来的微观主体行为的变化,属于结果范畴。因此,结合经济金融化的概念、经过仔细比对,本部分对于经济金融化的衡量主要采用的是中观维度的衡量方式。用金融业增加值占 GDP 的比重来衡量。金融业增加值衡量的是银行、保险公司、证券公司以及其他金融中介在一定时期内创造价值的总和,其可以兼顾产业和微观市场主体的双重信息,可以较好衡量经济金融化水平且数据获取也较为便捷可行。鉴于此,本部分在介绍变量衡量方式时,就不再对城镇化和经济金融化两个指标进行详细介绍。重点介绍控制变量的衡量方式。

1. 工业化(IND)

工业化是衡量一个国家经济发展、现代化发展水平的重要标志。工业革命发生后,工业化与经济增长同义(Hobsbawm,1969)。国外前车之鉴与实践映照均表明工业化和城镇化间存在相互促进、相互联系的互动关系。工业化是城镇化发展的空间表现形式。其主要通过改进农业物质装备条件、推进农业科技进步、拓展市场空间以及"以工补农"机制作用下的工业利润再分配等形式作用于城镇化的发展。同城镇化的衡量标准一样,工业化的量化指标也较多,也体现在指标体系测度和单一指标两个层面。如谢康(2012)就从经济发展水平、产业结构、工业结构和空间结构等层面对工业化水平进行测度,但在衡量工业化空间结构方面其选用的是城镇化指标。若沿用指标体系方法,其会陷入"四化"同步背景下,无法单独刻画城镇化影响效应的困境。为此,参照周业安、冯兴元等(2004)和姜松、王钊(2013)的方法,用工业增加值 GDP 的比重来衡量工业化水平,如式(8-7)所示,其中 IVA 表示工业增加值。

$$IND_{it} = \frac{IVA_{it}}{GDP_{it}} \times 100\% \qquad (8-7)$$

2. 人力资本(HUM)

新型城镇化是"人"的城镇化。在城镇化发展过程中,人力资本发挥着无可替代的作用。通过迁移投资、教育投资和健康投资所形成的人力资本可以为城镇化发展提供基础性作用与内生动力,尤其是当一国经济迈入工业化后期,推动城镇化的动力更多地来自经济系统内部。可以预期人力资本对城镇化的推动作用会更大。但整体而言,目前关于人力资本的衡量问题学者也并未形成统一意见。但在众多衡量指标中,用人均受教育年限衡量的人力资本水平较其他指标来说更为接近和更能反映人力资本的核心内涵(陈钊、陆铭等,2004;姜松,2014)。

为此,本书沿用人均受教育年限这一替代衡量指标。首先,按照统计年鉴统计口径将人口受教育程度划分为文盲或半文盲、小学、初中、高中及中专、大专及以上,并分别将其赋值为 0 年、6 年、9 年、12 年、16 年;其次,再乘以相应受教育人口在总人口占比,如式(8-8)所示。其中,ILL、ELE、JUN、HIG、COL 分别表示各受教育层次农民占比。

$$HUM_{it} = ILL_{it} \times 0 + ELE_{it} \times 6 + JUN_{it} \times 9 + HIG_{it} \times 12 + COL_{it} \times 16 \quad (8-8)$$

3. 农业结构(STR)

发达国家城镇化发展总体表现为单一的脱离农业的结构转型过程(辜胜阻等,2009),是由于农业内部专业分工和生产效率提高产生的"推力"作用推动的。从这个角度来讲,农业结构对城镇化的影响是不言而喻的。一般来说,农业结构涵盖的内容十分宽泛。广义上的农业结构主要指农、林、牧、渔等产业部门的结构特性,而狭义的农业结构主要指粮食作物与经济作物等种植业的结构特性。因此,衡量农业结构的指标也基本上分为广义和狭义两种方法。由于前文在衡量工业化时已用金融增加值和工业增加值占 GDP 比重来衡量。所以在此处,为避免指标间的多重共线性使回归结果失真问题,使用狭义的农业结构衡量指标,用粮食作物播种面积占农作物总播种面积的占比来表示。选用此指标也符合农业结构调整的优先序,具有典型的代表性。科学性也比广义农业结构的衡量指标更强,如式(8-9)所示。其中,GSA 表示粮食作物播种面积,APA 表示农作物播种总面积。

$$STR_{it} = \frac{GSA_{it}}{APA_{it}} \times 100\% \quad (8-9)$$

4. 制度安排(SYS)

随着凯恩斯经济学对经济现象解释能力逐渐丧失。新制度经济学由于放宽了更多假设,其对经济活动的揭示能力也较传统经济学更强。按照新制度经济学派的观点,经济转型的必要条件之一就是制度变革,其直接决定着经济运行方式、社会结构变迁(康芒斯,1934;殷晓岚,2004)。城镇化作为经济转型的重要内容,其必定受制度安排及其变迁的影响。从我国经济发展实践来看,当前制度安排所呈现的最大特点就是城乡二元分割性。换言之,我国经济制度安排一直是双轨制。结合我国发展实际,用"二元"反差系数来刻画制度安排的城乡二元分割性,如式(8-10)所示。其中,AOV 和 NON 分别表示农业和非农业产值占比,AEM 和 NEM 分别表示农业就业和非农业就业人数占比。

$$SYS_{it} = \frac{|AOV_{it} - AEM_{it}| + |NON_{it} - NEM_{it}|}{2} \quad (8-10)$$

第二节 数据来源与面板数据的检验

一、数据来源与处理

本书中所涉及数据类型为中国 31 个省（区、市）级 1990~2013 年面板数据。所有数据均来自《中国统计年鉴》（历年）、《中国人口与就业统计年鉴》（历年）、《新中国六十年统计资料汇编》、《中国农村统计年鉴》（历年）、《全国各省、自治区、直辖市历史统计资料汇编》（1949~1989）、《中国农村统计年鉴》（历年）、《中国金融统计年鉴》（历年）以及各省、自治区、直辖市统计年鉴。同时，国泰安 CSMAR 数据库、中宏教研支持系统 MCDB 数据库、中国经济社会发展统计平台也为研究开展提供了坚实的数据基础。此外，由于统计原因，相关年份数据仍存在缺失情况，对于缺失数据本书采用年均增长率进行折算。自变量与因变量的散点图矩阵如图 8-1 所示。

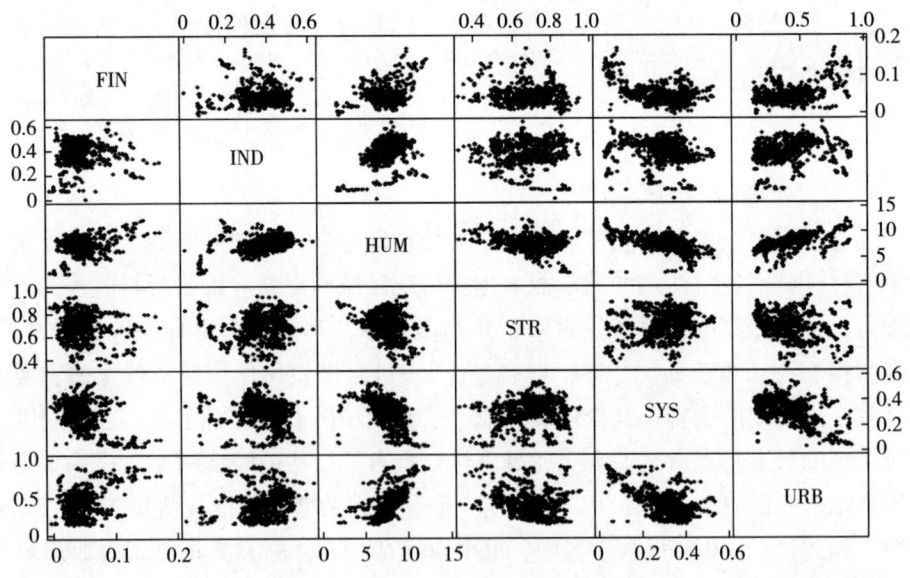

图 8-1 研究涉及变量的散点图矩阵

二、面板数据平稳性与协整检验

在对模型进行回归之前,首先对数据的平稳性进行检验,以保障回归结果的可靠性。在本书中,综合运用 LLC(Levin, Lin and Chu)、IPS(Im, Pesaran and Shin)、Breitung 和 Hadri 单位根方法验证各变量的平稳性。由于经济金融化和城镇化两个变量在进行面板格兰杰检验部分已经进行了平稳性检验,本部分就不再涉及。主要检验除这两个变量之外的控制变量的平稳性。检验结果如表 8–1 所示。由检验结果可知,在样本区间内变量 IND、HUM、STR、SYS 均为非平稳序列[①]。为此,首先对非平稳序列进行差分处理,并分别将其标记为 ΔIND、ΔHUM、ΔSTR、ΔSYS;然后继续运用 LLC、IPS、Breitung 和 Hadri 进行检验。由表 8–1 内容可知,差分处理后的数据均已经变成平稳序列。也就是说,$IND \sim I(1)$、$HUM \sim I(1)$、$STR \sim I(1)$、$SYS \sim I(1)$,结合上述的经济金融化和城镇化两个指标检验结果,我们可知,所有变量都是一阶单整。

表 8–1 各变量平稳性检验

变量	LLC	IPS	Breitung	Hadri
IND	-1.25	-2.019	-0.06	7.844
	(0.11)	(0.02)	(0.48)	(0.00)
ΔIND	-20.218	-19.463	-8.076	0.198
	(0.00)	(0.00)	(0.00)	(0.42)
HUM	3.879	9.796	0.483	6.202
	(0.99)	(1.00)	(0.69)	(0.00)
ΔHUM	-25.85	-25.129	-8.623	-1.004
	(0.00)	(0.00)	(0.00)	(0.84)
STR	-1.742	2.134	-0.607	11.146
	(0.04)	(0.98)	(0.272)	(0.00)
ΔSTR	-16.458	-14.97	-9.064	-0.023
	(0.00)	(0.00)	(0.00)	(0.51)
SYS	0.622	0.652	-4.044	8.898
	(0.73)	(0.74)	(0.00)	(0.00)
ΔSYS	-13.6421	-15.5143	-7.560	-0.313
	(0.00)	(0.00)	(0.00)	(0.623)

注:( ) 内为 P 值。

[①] 本书中对于变量的平稳性检验标准严格,唯有在各种方法下均平稳才被认定是平稳性序列。

基于单位根检验的结果我们可知，研究中所涉及的所有变量之间是同阶单整的。基于此，我们可以对其进行协整检验。协整检验考察的是变量之间存在的长期关系或者说非平稳序列某个线性组合的序列是平稳的。如果通过了协整检验，其方程回归残差是平稳的。就可以在此基础之上直接对原方程进行回归，此时的回归结果就是无偏的、一致的和精确的。相反，如果单位根检验表明各变量是非同阶单整的，或者说有些序列平稳而有些序列不平稳，此时就不能进行协整检验和直接对原序列进行回归，但可以在保证经济意义的基础上对模型进行修正，以消除数据不平稳对回归造成的不良影响。基于此认知，继续对各变量进行协整检验。关于协整检验的方法很多，但归纳起来主要有以下两类方式：一类是假定零假设不存在协整关系，从面板数据回归得到残差构造统计量进行检验，如 Pedroni（1999）就属于这一类，其以协整方程的回归残差为基础构造七个统计量，四个用联合组内维度（Within-dimension）描述，分别是 Panel v、Panel rho、Panel PP 和 Panel ADF 统计量，三个用组间维度（Between-dimension）描述，分别是 Group rho、Group PP 和 Group ADF 统计量。按照 Pedroni（1999）的基本经验，当样本容量较大时（$T>100$），七个统计量的检验效力均较好且比较稳定。而对于小样本（$T<20$）时，Group ADF 则是最有效力的。另一类是建立在 Johansen 协整检验基础上的 Fisher 检验，通过联合单个截面的 Johansen 协整检验结果获得面板数据的检验统计量（Maddala and Wu，1999）。为此，综合利用 Pedroni 面板协整检验和 Johansen Fisher 面板协整检验对其进行综合检验。结果如表 8-2 所示。由结果可以看出，Pedroni（1999）所构造的七个协整统计量均较为显著且效力较高，各变量存在协整关系。当然，Johansen Fisher 面板协整检验结果也对此进行了进一步的佐证与支撑。为此，可以运用进一步估计各变量对城镇化的影响程度及方向。

表 8-2　协整关系检验结果

方法 \ 类别	类型	统计量	P值
Pedroni Residual Cointegration Test	Panel v-Statistic	1.370	0.085
	Panel rho-Statistic	-4.131	0.000
	Panel PP-Statistic	-15.092	0.000
	Panel ADF-Statistic	-7.362	0.000
	Group rho-Statistic	1.551	0.060
	Group PP-Statistic	-9.840	0.000
	Group ADF-Statistic	-2.099	0.018

续表

方法 \ 类别	类型	统计量	P值
Johansen Fisher Panel Cointegration Test	None	1508.000	0.000
	At most 1	758.000	0.000
	At most 2	459.500	0.000
	At most 3	274.000	0.000
	At most 4	193.200	0.000
	At most 5	132.000	0.000

第三节 经济金融化对城镇化影响的总体效应实证

一、全样本估计结果与分析

在面板数据环境下，传统的估计方法所估计出来的结果会存在潜在的内生性和序列相关性，进而使回归结果出现偏误和非一致性。为增强模型可信度与解释能力，综合运用多重估计方法对模型进行结果估计，以验证我国整体层面经济金融化对城镇化的总体影响效应。相应估计结果如表 8-3 所示。其中，模型（1）～模型（4）分别给出的是个体固定效应（Fixed effect）、个体随机效应（Random effect）、完全修正 OLS 的 FM-OLS 方法和动态 OLS 的 DOLS 方法估计结果。综合各结果来看，各结果的差异十分小，再一次印证了模型分析结果的可靠性和科学性。综合比较来看，本书最终选择 FM-OLS 方法估计的结果也就是模型（3）作为分析经济金融化对城镇化影响效应的基准结果。

由结果可知，经济金融化（FIN）对城镇化的边际影响为正且通过显著性检验。这说明就样本跨期内我国的发展现实而言，以诱使实体经济利润积累模式改变、资源流向与配置变迁和"去工业化"为特征的经济金融化并没有表现出与城镇化内涵特质与发展相背离的格局。相反，总体层面，经济金融化对城镇化的发展产生了促进作用。具体而言，一是经济金融化使金融部门成长壮大，使其不断逼近规模经济状态，提升产业竞争力和实现扩张，从产融对接、小微金融和普惠支农服务体系等方面为城镇化发展提供差异化、多样化和系统化金融服务创新,这也切合改革开放以后我国金融发展总量和规模集聚扩大的总体事实与农村金融制度改革成效显著的现实表征。二是经济金融化可以通过引导资金再分配、改进资源配置效率和加速资本积累等途径助推实体经济发展。而健康、可持续发展的城镇化是建立在产业支撑和实体经济之上(辜胜阻、杨威,2012),进而可以实现"产城互动",提高城镇化发展质量。实证结果也表明,现阶段我国经济金融化和城镇化两者间仍处于良性阶段,总体上并未产生学术界和实务界所预测的不良影响。

从控制变量来看,工业化(IND)对城镇化的边际影响效应显著为正。这和谢杰(2012)、夏春萍、刘文清(2012)的研究结论一致,充分表明两者之间的正相关性,也表明工业化对城镇化发展的推动力。人力资本(HUM)对城镇化的边际影响显著为正,这充分表明人力资本是决定城镇化率重要的因素之一(万广华,2013),但相比较而言,在众多变量中人力资本对城镇化的边际影响系数仍较小。这可能是由以下两方面原因造成的:一是研究中所运用的指标是没有区分城乡差别的全社会的以平均受教育年限衡量的人力资本水平。由于我国是典型的"二元制"体制国家,城乡经济发展差距、教育发展差距较大,农村整体教育水平的落后决定农民的人力资本积累水平较低,拉低了其对城镇化的边际影响系数。二是现阶段人力资本对城镇化的边际影响系数仍较小也可能从另一侧面折射出我国在推进城镇化发展中的"重物质资本、轻人力资本"的政策取向偏离,转变政策思路,加速人力资本积累是未来政策的主轴。农业结构(STR)对城镇化的边际影响效应显著为负,农业结构的不合理因素已经成为制约城镇化发展的重要原因,在推进城镇化过程中,应从农业部门内部入手,切实将农业结构调整、转型作为主攻方向之一,优化品种、品质、产业和区域布局,全面提高农业劳动力生产率,以形成推动城镇化发展的强大"挤出效应"。制度安排(SYS)对城镇化的影响效应显著为负,长久以来形成的"二元"制度安排使城乡在区域界线、转移人口控制、管理体制与产业分工等方面都存在严格限制甚至控制,使农业转移人口身份转化滞后于就业转移,进而钳制了城镇化发展。

表8-3 全样本下的估计结果

变量	全样本			
	模型(1)	模型(2)	模型(3)	模型(4)
常数项	0.161 (1.89)**	0.152 (1.89)*	—	—

续表

变量	全样本			
	模型（1）	模型（2）	模型（3）	模型（4）
FIN	0.496 (2.04)**	0.515 (2.20)**	0.456 (22.99)***	1.092 (5.11)***
IND	0.304 (4.17)***	0.254 (3.67)***	0.341 (19.47)***	0.132 (1.848)*
HUM	0.049 (10.62)***	0.050 (11.42)***	0.086 (9.03)***	0.06 (19.514)***
STR	-0.143 (-1.90)**	-0.116 (-1.69)*	-0.15 (-12.77)***	-0.085 (-1.88)*
SYS	-0.143 (-7.28)***	-0.528 (-7.62)***	-0.538 (-42.29)***	-0.295 (-4.55)***
R^2	0.509	0.524	0.699	0.886
F	96.57	—	—	—
Wald	—	513.88	—	—
观测值	23×31	23×31	23×31	23×31

注：**、***分别表示在5%、1%的显著性水平上显著。

二、分区域估计结果与分析

综上分析，从我国整体层面来讲，经济金融化对城镇化的影响效应为正。受经济基础、社会条件与环境约束等均不同，我国各地区经济金融化程度和城镇化发展水平存在较大差异。经济金融化对城镇化的影响效应也可能会受到此影响并呈现空间分异特点。鉴于此，继续从区域层面入手，分别估计出东部地区、中部地区和西部地区经济金融化对城镇化的影响效应差异。结果如表8-4所示。囿于篇幅及研究侧重，此部分只给出最优估计结果。其中，模型（6）和模型（7）给出的是东部地区的 FM-OLS 和 DOLS 估计结果；模型（8）~模型（10）分别给出的是面板模型修正标准差法 PSCE①、FM-OLS 和 DOLS 的估计结果。模型（11）~模型（12）给出的则是个体固定效应模型估计结果和 FM-OLS 估计结

---

① 分区域估计后，中部地区的样本特征呈现典型的"长面板"特征。而面板模型修正标准差法 PSCE 在估计长面板时候的运用十分广泛且效果显著。

果。综合比较，在分析经济融化对城镇化的影响空间差异时，东部地区以模型（7）为基准、中部地区以模型（10）为基准、西部地区以模型（12）为基准。

由结果可知，经济金融化（FIN）对城镇化的影响效应在空间上存在异质性特点：经济金融化对东部地区城镇化发展的影响效应显著为正，而在中部地区、西部地区其对城镇化的影响效应均显著为负，且在负向约束强度层面其对中部地区的制约作用相比较西部地区更为强烈。这说明在区域层面，经济金融化对城镇化的影响效应并不一致，其与经济发展程度存在明显关联。可以从以下两个方面来对其进行解释：一是东部地区处于市场化改革前沿，金融资源集聚效应与规模经济效应突出，其在金融市场发展水平、金融机构类型与规模、融资与资本形成能力以及金融服务创新等方面均显著高于中部和西部地区，市场竞争充分、金融资源质量优、金融规模经济效应显著，为城镇化发展提供了多维要素支撑。二是随着经济金融深化程度提高，名义部门与实体经济部门间已形成良性互动、相互反馈的运作机制，也通过促进实体经济发展为城镇化发展提供强有力产业支撑。而中西部地区经济金融化对城镇化影响效应显著为负，一方面，揭示了中部和西部地区金融资源欠缺、服务创新不足致使经济金融化程度偏低的现实，经济金融化并未"逼近"最优状态导致金融部门在推动城镇化发展方面"乏力"；另一方面，也可能说明，经济金融化程度是建立在经济发展水平之上的。或者说，两者在理论上是同步前行的，在经济基础比较薄弱的时空条件下加速金融化可能会加剧产业"空心化"，反而会适得其反、预期背离，给城镇化发展产生不良影响。当然，这也需要进行系统和客观评判。

从控制变量来看，工业化（IND）对城镇化影响效应在东部、西部地区显著为正，对中部地区城镇化的影响不显著。从边际影响系数比较来看，东部地区最大。这说明，我国工业化的先发地区和经济"增长极"主要位于东部沿海地区的中心城市圈（金碚，2012），先发优势、禀赋条件使工业化成为推动城镇化发展的动力因子，而西部地区工业化对城镇化影响效应得益于西部大开发制度安排、承接东部产业梯度转移的"政策红利"，而在东部高度繁荣和西部大开发的夹击以及国家政策倾斜，中部成为工业化发展的"政策洼地"。在三大区域内，人力资本（HUM）对城镇化的边际影响效应均显著为正，从边际影响系数比较来看，东部＞中部＞西部，这也和当今我国的经济格局是一致的。农业结构（STR）对东部地区、西部地区的边际影响效应显著为负，对中部地区的边际影响显著为正。这可能因为中部地区的比较优势是农业，通过农业产业结构调整可以切实提高农业生产率进而形成强有力"推力"促进城镇化发展。东部地区自身就是非农产业拉力大的省份，农业内的结构调整只会适得其反。由于西部地区受市场化建设进程滞后、信息不对称影响，农民在产业结构调整过程中存在"盲从""跟风"行为明显，例如，"陕西苹果"现象，造成政府决策与农民决策偏差（姜松，2014），成为制约城镇化发展的重要因素。最后，制度安排（SYS）对东部地区、中部地区城镇化的影响显著为负，且从边际影响系数来看，中部＞东部，而其对西部地区影响并不显著。这也是我国发展现实的写照，在城乡统筹制度框架内推进城镇化仍是新时期城镇化发展思路调整的主攻方向和路径选择。

表 8-4 分区域估计结果

变量	东部		中部			西部	
	模型（6）	模型（7）	模型（8）	模型（9）	模型（10）	模型（11）	模型（12）
常数项	—	—	-0.158 (-2.39)**	—	—	0.386 (12.62)***	—
FIN	0.829 (1.95)**	0.511 (1.67)*	-0.972 (-2.23)**	-1.31 (-5.91)***	-2.589 (-4.31)***	-0.132 (-1.55)*	-0.963 (-1.69)*
IND	0.822 (6.07)***	1.206 (10.93)***	-0.111 (-0.96)	-0.167 (-0.55)	0.364 (0.849)	0.048 (2.19)**	0.212 (1.39)*
HUM	0.071 (9.28)***	0.093 (14.91)***	0.071 (8.57)***	0.061 (17.48)***	0.066 (5.79)***	0.011 (4.53)***	0.059 (2.25)**
STR	-0.308 (-3.037)***	-0.373 (-3.47)***	0.654 (7.84)***	0.65 (18.23)***	0.339 (2.57)**	-0.156 (-5.80)***	-0.18 (-6.49)***
SYS	-0.54 (-3.85)***	-0.635 (-4.66)***	-1.316 (-9.82)***	-1.439 (-25.08)***	-1.37 (-6.58)***	0.024 (0.88)	-0.19 (-0.8)
R^2	0.918	0.989	—	0.654	0.957	—	0.864
Wald	—	—	265.34			77.58	—
观测值	11×23	11×23	8×23	8×23	8×23	12×23	12×23

注：*、**、***分别表示在10%、5%、1%的显著性水平上显著，无标记则表示不显著。

第四节 经济金融化对城镇化影响的阶段特征实证

一、门槛效应检验

如果经济金融化是一个渐进演化过程,那么在不同经济金融化阶段,其对城镇化的影响效应势必会存在显著阶段性特征。为揭示不同经济金融化阶段其对城镇化发展的影响效应不同,本书关键步骤就是对经济金融化过程进行阶段划分。为此,首先,设置3000次的Bootstrap对我国经济金融化的全样本进行检验以确定门槛个数或分割点个数。研究结果如表8-5和图8-2所示。由表8-5中的单一门槛、双重门槛和三重门槛的F检验值可知,其分别在1%、5%和5%的显著性水平上拒绝原假设。也就是说,我国经济金融化的全样本至少存在三个"门槛值"或者说至少存在三个阶段划分点。那么,模型是否还存在其他"门槛值"?研究进一步检验发现:当将"门槛值"个数设置为4时,Stata程序报告出错,说明其已经达到计算上限。为此,本书就以三重门槛的检验值为基准展开经济金融化阶段划分,当然,这也符合理论模型中的预期结果。图8-2中的LR检验结果,也进一步印证了检验结果,我国经济金融化门槛效果显著,存在明显的阶段性特征。

表8-5 门槛效果自抽样检验

假设检验	F值	P值	BS次数	临界值		
				90%	95%	99%
单一门槛	38.080	0.000	3000	2.733	3.961	7.277
双重门槛	5.406	0.020	3000	2.576	3.826	6.634
三重门槛	4.898	0.027	3000	2.722	3.821	6.291

当确定了我国经济金融化过程存在明显的阶段特征和相应门槛个数后,接下来的一个重要的步骤就是要确定具体的门槛值,以明确具体的阶段划分结果。为此,进一步给出门槛估计值和相应置信区间,如表8-6所示。由结果可知,我

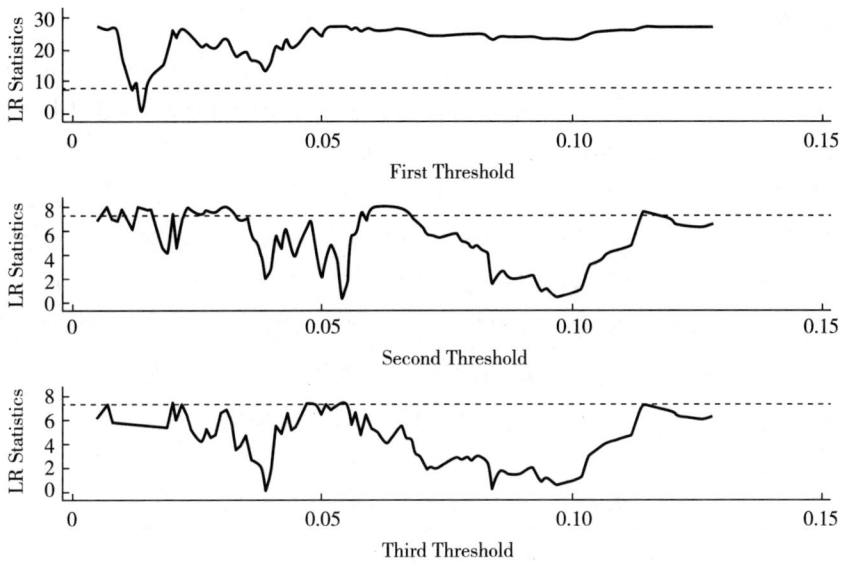

图8-2 门槛检验

国经济金融化阶段划分所对应的三个临界值分别为0.015、0.039、0.054。因此,全样本的经济金融化可以划分为 $FIN \leqslant 0.015$、$0.015 < FIN \leqslant 0.039$、$0.039 < FIN \leqslant 0.054$、$FIN > 0.054$ 四个阶段,如果对应 Logistic 曲线的阶段特点,则分别表示经济金融化的形成期、成长初期、成长后期和成熟期阶段,具体可以反映随着经济金融化深化其对城镇化的影响效应的动态转换及其阶段特征。

表8-6 门槛估计值和置信区间

模型	门槛估计值	95%置信区间
单一门槛值模型	0.015	[0.015, 0.016]
双重门槛值模型	0.015	[0.015, 0.016]
	0.039	[0.006, 0.136]
三重门槛值模型	0.015	[0.015, 0.016]
	0.039	[0.006, 0.136]
	0.054	[0.006, 0.136]

那么经过门槛检验后,在经济金融化每个阶段,样本的分布情况又是怎样的?为此,研究进一步给出了我国不同经济金融化区间内样本分布情况的描述性统计信息,如表8-7所示。由结果可知,FIN处于区间1($FIN \leq 0.015$)的样本个体有29个,占比3.9%,处于区间2($0.015 < FIN \leq 0.039$)的样本个体有340个,占比45.7%,处于区间3($0.039 < FIN_{it} \leq 0.054$)的样本个体有197个,占比26.48%,而处于区间4($FIN > 0.054$)的样本个体有178个,占比23.92%。总体来看,当前我国经济金融化处于区间2($0.015 < FIN \leq 0.039$)和区间4($FIN > 0.054$)这两个区间的样本仍占大部分,基本上占样本总量的72.18%。下文以阶段划分结果基础,进一步对面板门槛模型进行估计以检验经济金融化不同阶段其对城镇化影响效应的阶段特征及其动态转化。

表8-7 全样本划分后的描述统计信息

阶段	均值	标准差	最小值	最大值	个数	占比
FIN区间1	0.008	0.004	0.005	0.014	29	3.9%
FIN区间2	0.029	0.006	0.015	0.039	340	45.7%
FIN区间3	0.047	0.004	0.040	0.054	197	26.48%
FIN区间4	0.081	0.027	0.055	0.172	178	23.92%

二、门槛面板模型估计结果与分析

关于门槛面板模型的估计方法一般有普通标准差估计(Ordinary Std. Err)和门槛面板模型的稳健标准差估计(Robust Std. Err)两种。两种估计方法所估计的结果见表8-8。其中,模型(9)、模型(11)、模型(13)给出的分别是单一门槛、双重门槛和三重门槛的普通标准差估计结果,模型(10)、模型(12)、模型(14)给出的则是单一门槛、双重门槛和三重门槛的稳健标准差估计结果。一般来说,稳健标准差主要是指标准差对于模型可能存在的异方差或自相关问题并不敏感,基于稳健标准差计算的统计量仍然渐进服从T分布,其估计结果也较为稳健。但比较发现,普通标准差估计结果和稳健标准差估计结果的估计系数是一样的,唯有区别的就是T统计量不同。这也充分说明这两种方法所估计出来的结果还是非常可靠的、理想的。综合门槛个数检验结果,分析最终以模型(14)为基准。由于变量工业化(IND)、人力资本(HUM)、农业结构(STR)、制度安排(SYS)等变量对城镇化的影响效应与上述分析结果并无太大出入,就不再赘述。此处着重分析在不同经济金融化阶段其对城镇化的影响效应。

由表 8-8 中的模型（14）可知，随着我国经济金融化演进其对城镇化的影响效应并非恒定，而是呈现动态转化的阶段性特征。或者说，在不同阶段，经济金融化对城镇化的影响方向、影响程度存在显著的差异性。具体来说，当 FIN 处于区间 1（$FIN \leqslant 0.015$）这一阶段时，经济金融化与城镇化间存在显著的正向效应。在这个区间内，经济金融化有助于推动城镇化发展。当 FIN 处于区间 2（$0.015 < FIN \leqslant 0.039$）这一阶段时，经济金融化对城镇化的影响效应显著为负。也就是说，当经济金融化迈入第二阶段时，经济金融化则会制约城镇化发展。当 FIN 处于区间 3（$0.039 < FIN_{it} \leqslant 0.054$）这一阶段时，经济金融化对城镇化影响为负，但并不显著。而当 FIN 处于区间 4（$FIN > 0.054$）这一阶段时，经济金融化对城镇化的影响为正，但不显著。一言以蔽之，当经济金融化跨过第一个"门槛值"迈入第二阶段后，其对城镇化发展的影响效应的负面性、不稳定性、不确定性就开始显现。但从门槛估计结果也可以看出，经济金融化对城镇化的钳制效应只有在第二阶段时表现突出，当跨过第二阶段后表现更多的是不确定性。这主要是因为在金融快速发展过程中，往往出现金融各个维度之间的不平衡，导致金融与经济发展节奏的不均衡，使虚拟经济过快，进而驱赶资本绕过生产过程直接涌入金融领域，使生产部门反而依托于金融部门，脱离了实体经济的支撑，给实体经济发展造成不良影响（胡宗义等，2013；郭道扬，2013；张成思、张步昙，2015），进而会造成实体经济虚化、加快产业"空心化"步伐，使城镇化失去相应的产业支撑，钳制城镇化的可持续发展。但由经济金融化阶段划分的描述性统计结果和工业化对城镇化的影响显著为正的结论，可以形成对当前我国经济金融化的综合性判断：当前我国经济金融化程度总体上仍处于同实体经济发展节奏相适应、同城镇化相协调的阶段。但如果任由经济金融化规律自发演进，其对城镇化发展的负面效应会在其突破相应临界值后出现，这一点在加快我国新型城镇化建设和相应制度改革中应予以充分重视、密切关注，力争未雨绸缪、趋利逐弊，将经济金融化程度控制在合理区间范畴内。

表 8-8　门槛回归结果

变量	模型					
	模型（9）	模型（10）	模型（11）	模型（12）	模型（13）	模型（14）
FIN 区间 1	13.84 (6.36)***	13.84 (4.81)***	11.793 (5.04)***	11.793 (4.00)***	9.869 (3.96)***	9.869 (3.30)***

续表

变量	模型					
	模型(9)	模型(10)	模型(11)	模型(12)	模型(13)	模型(14)
FIN区间2	0.861 (3.52)***	0.861 (4.04)***	-0.183 (-0.36)	-0.183 (-0.39)	-0.897 (-1.49)*	-0.897 (-1.65)*
FIN区间3			0.522 (1.84)*	0.522 (2.20)**	-0.134 (-0.33)	-0.134 (-0.35)
FIN区间4					0.375 (1.29)	0.375 (1.54)
IND	0.304 (4.28)***	0.304 (5.21)***	0.293 (4.13)***	0.293 (4.98)***	0.289 (4.08)***	0.289 (4.88)***
HUM	0.05 (11.14)***	0.05 (12.26)***	0.052 (11.41)***	0.052 (12.45)***	0.053 (11.61)***	0.053 (12.68)***
STR	-0.135 (-1.84)*	-0.135 (-2.41)**	-0.12 (-1.68)*	-0.12 (-2.19)**	-0.115 (-1.57)*	-0.115 (-2.04)**
SYS	-0.527 (-7.45)***	-0.527 (-6.24)***	-0.522 (-7.39)***	-0.522 (-6.25)***	-0.501 (-7.06)***	-0.501 (-5.96)***

注：**、***分别表示在5%、1%的显著性水平上显著。

第五节 本章小结

基于我国1990~2013年省际面板数据实证经济金融化对城镇化影响的总体效应及阶段特征。研究结果显示：长期内，经济金融化与城镇化两者间存在协整关系，而不是内涵特质的背离。就我国整体而言，以实体经济利润积累模式改变、资源流向配置变迁和"去工业化"为实质内核的经济金融化对我国城镇化发展并没有产生不良影响。相反，样本跨期内其通过壮大金融部门规模与供给差异化的金融服务、引导资金再分配和加速资本积累等多种途径对城镇化产生了显著促进作用。从区域层面来看，经济金融化对东部地区城镇化影响显著为正，而对中部和西部地区的影响效应显著为负，这充分说明经济金融化水平受制于经济发展程度、发展阶段，经济金融化和实体经济增长节奏基本上是亦步亦趋、协同并进的，在经济基础比较薄弱的时空"土壤"下，金融经济化加速会给城镇化发展产生不良影响。进一步地，通过对经济金融化进行阶段划分并进行门槛回归发现，经济金融化对城镇化的影响存在明显的"门槛效应"和阶段特征，在不同经济金融化阶段其对城镇化的影响并非恒定，尤其是跨越第一个"门槛值"进入第二阶段后，其对城镇化的负面影响开始显现或呈现不确定性。如何趋利逐弊，"取其精华、去其糟粕"就是蕴含其中的政策内涵与战略抉择。

第九章　中国经济金融化对城镇化影响的空间效应实证

一般来说，金融活动本身就是跨时间、跨空间的资源配置活动。经济金融化的过程肯定会受到邻近区域经济金融化发展水平的影响。城镇化不仅是劳动力要素跨空间配置的活动，也会受到邻近区域城镇化发展水平的影响。所以，评估中国经济金融化对城镇化的影响效应也必须考虑变量之间的相互作用而形成的"空间效应"。为此，本书继续借鉴空间计量分析方法，揭示中国经济金融化对城镇化影响的空间效应；其次，运用直接效应和间接效应分解法，对空间效应进行分解，以此反映空间效应的结构性特征。通过比较，揭示经济金融化对本区域和邻近区域经济金融化产生影响的差异性。

第一节　模型设计

基于理论分析中所揭示的经济金融化对城镇化的影响机制。本部分继续建立计量经济学模型检验实践中经济金融化对城镇化的影响效应。城镇化作为"四化"系统中的子系统，是经济社会发展的必然规律。因此，除了理论分析部分所涉及的经济金融化之外，其还受到其他一系列因素的影响。为了更为准确地揭示其影响效应的变动，又必须在核心变量的基础上引入控制变量，把城镇化看成是经济金融化和控制变量的函数，假定如式（9-1）所示：

$$URB = f(FIN, Control) \qquad (9-1)$$

其中，URB 表示城镇化发展水平，FIN 表示经济金融化程度，$Control$ 为一系列控制变量。此外，由于后文实证实施中选取的数据类型是面板数据，需要基于面板数据特性，引入个体固定效应和时间效应，并将其改写成一般形式，如式（9-2）所示：

$$URB_{it} = c + b \times FIN_{it} + a \times \sum_{i=1}^{n} Control_{it} + \lambda_i(Optional) + \theta_t(Optional) + \varepsilon_{it}$$
(9-2)

在式（9-2）中，λ_i 和 θ_t 分别表示个体固定效应和时间效应。既然城镇化和经济金融化都是经济社会发展的必经过程和必然结果，那么两者都存在显著的阶段特征或说具备"成长性"特征，势必会经历由低级阶段向高级阶段、由幼稚向成熟转变。换言之，两者之间的影响也并不是单纯的"线性关系"。如果仍按照线性模型中的参数恒定假定，势必会忽略掉诸多隐匿的"动态信息"。为此，在模型中分别引入 URB^2 和 FIN^2 来反映两者的动态性演进规律和非线性特征。其中，URB^2 用以刻画城镇化自身动态性特征，FIN^2 用来揭示经济金融化对城镇化影响效应的动态性特征。一般而言，如果检验结果中出现 FIN^2 的估计系数为正，就说明经济金融化和城镇化之间存在着正"U"型关系；反之，如果 FIN^2 的估计系数为负，则说明经济金融化和城镇化之间存在着倒"U"型关系。因此，式（9-3）可以进一步改写为：

$$URB_{it} = c + c_1 URB_{it}^2 + b \times FIN_{it} + b_1 FIN_{it}^2 + a \times \sum_{i=1}^{n} Control_{it} + \lambda_i(Optional) + \theta_t(Optional) + \varepsilon_{it}$$
(9-3)

进一步地，传统计量经济学中忽视了地区数据模型中存在空间异质性和观测中存在空间依赖性的两大问题，违反了回归模型的 Gauss-Markov 假设，空间计量经济学很好地解决了上述两大问题（王钊、姜松，2013）。因此，式（9-3）需要进一步考虑空间因素以使模型更为完善。而这其中空间权重是关键。空间权重的引入也是空间计量经济学与传统计量经济学的重要区别之一。空间权重刻画的是截面个体之间的相关的结构，是一个无量纲的矩阵。本书将空间权重设定为 W_{ij}。但目前关于空间权重的设定在学术界并没有达成统一认知。如 Anselin（1988）所设定的空间权重就如式（9-4）所示：

$$W_{ij} = \exp(\rho d_{ij})$$
(9-4)

其中，d_{ij} 表示两个区域的"欧氏距离"，ρ 表示既定的参数。此外，还有学者构建空间权重时基于地理距离来构建空间权重矩阵并假定空间距离越短，空间关联性越强。在实际操作中，一般采用地区之间地理距离的倒数的平方作为空间权重矩阵，如式（9-5）所示：

$$W_{ij} = \begin{cases} \dfrac{1}{d_{ij}^2} \\ 0 \end{cases}$$
(9-5)

相比较 Anselin（1988）所采用的"欧式距离"而言，国内学者一般运用省会城市的球面距离来表示，其计算公式如式（9-6）所示：

$$d_{ij} = r \times \arccos[(\sin(lon_i) \times \sin(lon_j) \\ + \cos(lon_i) \times \cos(lon_j) \times \cos(lan_i - lan_j)] \quad (9-6)$$

在式（9-6）中，r 表示地球半径，lon_i 和 lon_j 分别表示两个省份省会城市的经度，lan_i 和 lan_j 表示两个省份省会城市的纬度。由于我国东部省域面积相对较小、经济发达、人口密度高，而西部省域幅员辽阔、经济欠发达、人口密度小，中国省份这一独特结构使用空间距离原则来构建空间权值矩阵是不可靠的（高远东、温涛、王小华，2013）。在本书中，主要参照现阶段学者主要的处理方式，运用二进制的邻接空间权重矩阵（见图9-1）。具体设定方式如式（9-7）所示：

$$W_{ij} = \begin{cases} 1, \text{省} i \text{ 和省} j \text{ 相邻} \\ 0, \text{省} i \text{ 和省} j \text{ 不相邻} \end{cases} \quad (9-7)$$

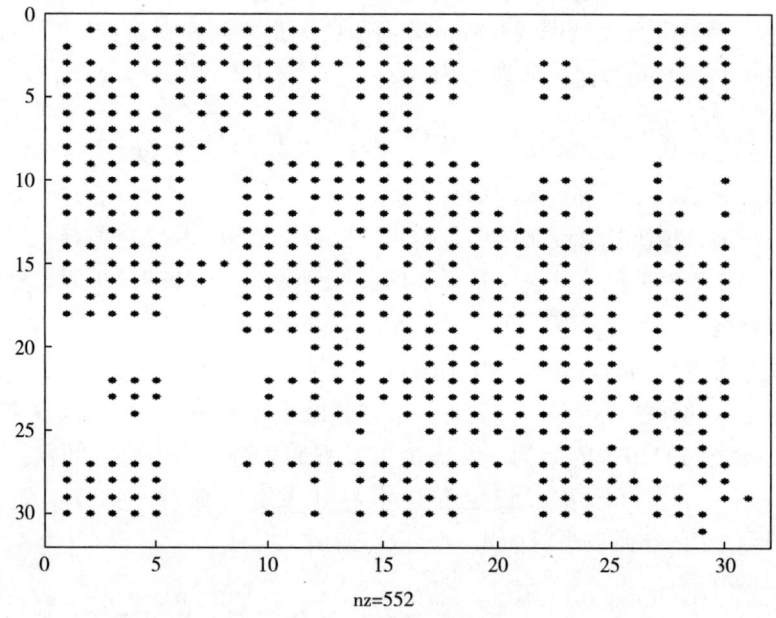

图9-1 我国二进制邻接空间矩阵

将式（9-7）的空间权重引入式（9-3），就可以从空间计量角度来分析经济金融化对城镇化的影响效应。为此，将模型（9-3）改写成空间计量模型的一般形态，如式（9-8）所示：

$$URB_{it} = c + c_1 URB_{it}^2 + b \times FIN_{it} + b_1 FIN_{it}^2 + \rho \sum_{j=1}^{n} W_{ij} \times URB_{it}$$

$$+ \sum_{j=1}^{n} W_{ij} \times FIN_{it} \times \varphi + \sum_{j=1}^{n} W_{ij} \times URB_{it}^{2} \times \eta + \sum_{j=1}^{n} W_{ij} \times FIN_{it}^{2}$$

$$\times \vartheta + \sum_{j=1}^{n} W_{ij} \times Control_{it} \times \kappa + a \times \sum_{i=1}^{n} Control_{it} + \lambda_{i}(Optional)$$

$$+ \theta_{t}(Optional) + \varepsilon_{it}$$

$$\varepsilon_{it} = \varphi \sum_{j=1}^{n} W_{ij} \times \varepsilon_{it} + \nu_{it} \tag{9-8}$$

在式（9-8）中，如果 φ、η、ϑ 和 $\kappa=0$ 则说明是带有自回归干扰的自回归空间模型（SAC）。如果当 $\rho=0$ 时，说明模型是空间杜宾模型（SDM）。当 $\varphi=0$，φ、η、ϑ 和 $\kappa=0$ 时，模型为空间自回归模型（SAR）。如果 $\rho=0$，φ、η、ϑ 和 $\kappa=0$ 时，模型为空间误差模型（SEM）。如果 $\rho=0$，φ、η、ϑ 和 $\kappa=0$，且满足 $\lambda_{i} = \tau \sum_{j=1}^{n} W_{ij}\lambda_{i} + \pi_{i}$，则模型就是广义的空间随机效应模型（GSPRE）。

设定模型后的关键步骤就是运用恰当的方法对空间计量模型进行估计以揭示其中存在的空间溢出效应。在实际操作中，许多实证研究使用点估计方法来对一个或多个空间回归模型的空间溢出效应进行检验。这种方法可能导致错误结论而使研究结果存在偏误（LeSage and Pace，2009）。其中，典型的做法就是采用偏导数的形式对影响效应进行直接效应和间接效应分解以为该假设提供更为坚实的保障。下面对直接效应和间接效应分解的原理进行介绍。假定我们以空间杜宾模型为例进行展开，其表达式如下：

$$y_{it} = \lambda \sum_{j=1}^{N} w_{ij}y_{jt} + \varphi + x_{it}\beta + \sum_{j=1}^{N} w_{ij}x_{ijt}\theta + c_{i}(Optional) + \alpha_{t}(Optional) + \nu_{it}$$

$$\tag{9-9}$$

将式（9-9）以并向量形式重写可得：

$$Y_{t} = (I - \lambda W)\varphi \iota_{N} + (I - \lambda W)^{-1}(X_{t}\beta + WX_{t}\theta) + (I - \lambda W)^{-1}\nu_{t}^{*} \tag{9-10}$$

在式（9-10）中，误差项 ν_{t}^{*} 包括 ν_{t} 和偶尔包括空间和时间的具体效应。因此，相对于 k 个解释变量在不同单位和特定时点的偏导数矩阵就可以表示为：

$$\left[\frac{\partial Y}{\partial x_{1k}} \cdot \frac{\partial Y}{\partial x_{Nk}}\right]_{t} = \begin{bmatrix} \frac{\partial y_{1}}{\partial x_{1k}} & \cdot & \frac{\partial y_{1}}{\partial x_{Nk}} \\ \frac{\partial y_{N}}{\partial x_{1k}} & \cdot & \frac{\partial y_{N}}{\partial x_{1k}} \end{bmatrix}_{t} = (I - \lambda W)^{-1} \begin{bmatrix} \beta_{k} & \cdots & w_{12}\theta_{k} & \cdots & w_{1N}\theta_{k} \\ w_{21}\theta_{k} & \cdots & \beta_{k} & \cdots & w_{1N}\theta_{k} \\ \vdots & & & & \\ w_{N1} & \cdots & w_{N2}\theta_{k} & \cdots & \beta \end{bmatrix}$$

$$\tag{9-11}$$

在式（9-11）中，直接效应反映的是矩阵主对角线上元素的平均值，衡量的是自变量是否对本地区的因变量具有显著影响。间接效应是矩阵所有非对角线元素的平均值,主要用于检验是否存在空间溢出效应,计算结果与时间下标是独立的。为此,本书将运用直接效应和间接效应分解的估计方法来评估经济金融化对城镇化的影响及其空间效应以增强估计方法的科学性和准确性,为政策制定和改革推进提供相应的经验支撑和政策支持。

第二节 空间统计分析

空间计量分析是建立空间统计的基础之上的,因此,首先对我国经济金融化对城镇化变动的影响进行空间统计分析,其次揭示两者在整体系统中的相互关联及其分布特征。文中主要以1987~2013年我国各省份经济金融化和城镇化两者的平均水平进行空间相关性检验。运用的主要方法是局部Moran's I散点图来反映(见图9-2)。由图9-2可知,我国经济金融化和城镇化间的Moran's I的系数为-0.113,小于0,我国经济金融化和城镇化的数据在空间并不是随机分布的,而是呈现典型的依赖性特征,并且表现为空间负相关性。从集聚特点来看,我国经济金融化和城镇化数据在空间上基本呈现"低—高""高—低"的集聚特点。下面以此为基础进一步进行空间计量分析,以揭示经济金融化对城镇化影响程度。

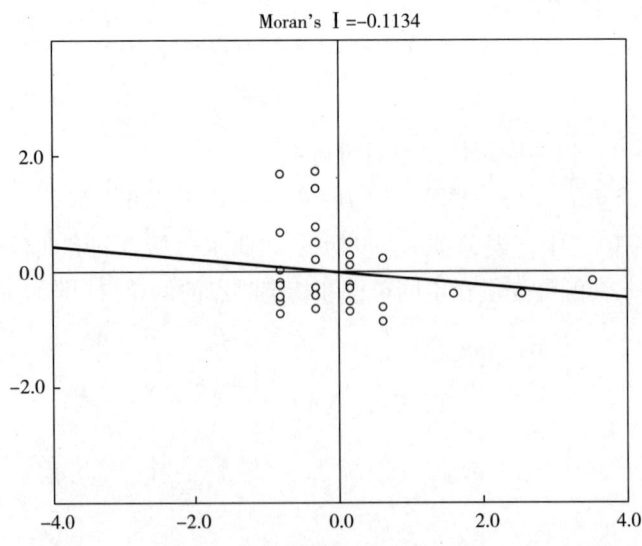

图9-2 我国经济金融化与城镇化的Moran's I散点图

第九章 中国经济金融化对城镇化影响的空间效应实证

第三节 空间计量分析

表9-1中给出了经济金融化对城镇化影响的空间计量分析结果。此外，为了增强研究结论的可信度、科学性和稳定性，研究分别给出了没有添加控制变量和添加控制变量两种情况的模型估计结果。其中，模型（1）为只涵盖核心变量的普通面板估计结果。模型（2）为添加控制变量的普通面板估计结果，由于空间计量模型中涵盖变量较多，本部分对控制变量进行了筛选，主要考核工业化和农业人力资本两个控制变量影响。其中，工业化控制变量用来控制由于工业化发展阶段不同而引致城镇化发展水平的差异。农业人力资本主要用于控制由于城镇化主体也就是农村转移劳动力个体差异特征导致的城镇化发展水平差异的影响。由模型（2）可知，引入控制变量后，模型各参数影响方向、影响程度均发生了较大的变化。这说明经济金融化对城镇化的影响受外部和内部环境的影响波动性较强，模型的稳定性有待进一步增强。进一步地，将"空间因素"纳入回归方程。为增强回归结果的可靠性，筛选较优的模型解释经济金融化对城镇化的影响效应。本书给出了目前空间计量领域主流的四种模型，空间自回归模型（SAR）、空间杜宾模型（SDM）、带有干扰项的自回归空间模型（SAC）和广义空间随机效应模型（GSPRE）的估计结果。其中，模型（3）~模型（6）分别给出的是SAR、SDM、SAC 和 GSPRE 模型的估计结果。模型（7）~模型（10）分别给出的是工业化和农业人力资本控制变量的 SAR、SDM、SAC 和 GSPRE 模型估计结果。从空间计量各模型的估计结果来看，当引入空间因素后，模型的 R^2 值有显著提高，这说明涵盖空间因素的空间计量模型较普通面板模型更具有解释力。可以说，引入"空间因素"后模型估计的精准度和信度都得到了较大提高。

从估计结果中我们也会发现引入空间因素后，某些参数的估计结果在各空间计量模型下就存在了非一致性。这也说明前文所提到的使用点估计方法所带来的研究结果存在的偏误。但事实上，要系统全面地进行空间计量分析，不仅要揭示因变量的自回归空间效应，还应揭示经济金融化和其他控制变量的空间效应（见表9-2）。虽然这一点可以由空间杜宾模型得以揭示，但是当样本容量较大时，要涵盖所有估计参数将产生问题。其中，一个解决的办法就是近期受到普遍关注的直接效应和空间效应的分解与估计（LeSage 和 Fischer，2008；Elhorst，2014）。

表 9-1 经济金融化对城镇化影响的空间计量估计结果

变量	(1)	(2)	(3)	(4)	(5)	(6)	(7)	(8)	(9)	(10)
常数项	0.212 (37.06)***	-0.039 (-2.65)***	0.148 (19.02)***	0.154 (12.57)***	—	0.207 (32.80)***	-0.002 (-0.1)	0.025 (1.27)	—	-0.017 (-1.06)
URB²	1.084 (94.60)*	0.999 (91.79)***	0.985 (82.12)***	0.979 (83.94)***	0.983 (82.00)***	0.995 (70.12)***	1.001 (93.35)***	0.97 (89.40)***	1.001 (93.89)***	1.003 (94.48)***
FIN	-0.334 (-1.83)*	0.187 (1.18)	0.001 (0.01)	0.445 (2.60)***	0.027 (0.16)	0.241 (1.30)	0.105 (0.66)	0.355 (2.25)**	0.232 (1.45)	0.186 (1.15)
FIN²	-2.059 (-1.40)*	-2.419 (-1.92)*	-3.294 (-2.60)***	-5.162 (-4.08)***	-3.194 (-2.48)**	-3.701 (-2.78)***	-2.413 (-1.94)*	-2.923 (-2.45)***	-2.356 (-1.91)*	-2.445 (-1.98)*
W×URB²				-0.059 (-1.16)				0.051 (0.97)		
W×FIN				-0.575 (-2.05)**				-0.601 (-2.19)**		
W×FIN²				-1.804 (-0.72)				-0.296 (-0.12)		
IND		0.253 (12.33)***					0.225 (10.67)***	0.205 (10.48)***	0.259 (12.49)***	0.245 (12.04)***
HUM		0.02 (11.41)***					0.013 (4.11)***	0.01 (2.47)**	0.02 (6.04)***	0.018 (8.68)***

续表

变量	模型									
	(1)	(2)	(3)	(4)	(5)	(6)	(7)	(8)	(9)	(10)
W × IND								0.101 (2.70)***		
W × HUM								0.018 (3.86)***		
ρ			0.187 (14.07)***	0.236 (5.60)***	0.179 (11.81)***		0.069 (2.07)**	0.06 (1.21)	−0.011 (−0.29)	
λ					0.12 (2.03)**	0.478 (11.62)***			0.194 (1.61)	0.18 (1.38)*
φ						−0.445 (−1.29)*				−2.866 (−7.25)***
R^2(within)	0.918	0.918	0.932	0.936	0.932	0.916	0.943	0.950	0.944	0.944
R^2(between)	0.976	0.976	0.974	0.979	0.975	0.978	0.956	0.953	0.938	0.944
R^2(overall)	0.953	0.953	0.957	0.961	0.957	0.952	0.950	0.951	0.936	0.941
观测值	837	837	837	837	837	837	837	837	837	837

注：（　）内为 T 值，* 表示 $p<0.1$，** 表示 $p<0.05$，*** 表示 $p<0.01$，没有标注表示不显著。

鉴于此，继续运用直接效应和间接效应分解的方式对空间模型的结果进行重新估计。其中，直接效应测度的是自变量的变化对本区域因变量的影响效应，这种效应还包括"反馈效应"（Feedback effects），即效应"外溢"至邻近区域并由其传回"策动"区域。间接效应测度的则是某一单位自变量的变动对其他空间单元因变量的影响效应。由此可以看出，通过对自变量"直接效应"和"间接效应"的空间分解，空间计量研究维度变得更为拓展。由于目前直接效应和间接分解只适用于空间杜宾模型和空间自回归模型。由于是对空间杜宾模型和空间自回归模型进行分解，因此，在进行分解时只考虑这两种模型。在模型（11）和模型（12）中给出的总体效应实际上和模型（7）和模型（8）中是一致的。因而，在分析时着重分析其直接效应和间接效应，总体效应部分就不再赘述了。其中，模型（11）给出的是空间杜宾模型的直接效应与间接效应分解结果；模型（12）给出的则是空间自回归模型的直接效应与间接效应分解结果。综合比较，以模型（12）的估计结果作为最终的分解结果。

表9-2 经济金融化对城镇化影响的空间效应分解

变量	模型					
	（11）			（12）		
	直接效应	间接效应	总体效应	直接效应	间接效应	总体效应
URB^2	1.001 (94.77)***	0.075 (1.94)**	1.001 (93.35)***	0.971 (106.27)***	0.115 (6.61)***	1.087 (60.62)***
FIN	0.105 (0.66)	0.007 (0.54)	0.105 (0.66)	0.359 (2.06)**	-0.66 (-2.33)**	-0.301 (-0.93)
FIN^2	-2.394 (-1.94)**	-0.178 (-1.30)*	-2.413 (-1.94)**	-2.976 (-2.32)**	-0.241 (-0.10)	-3.216 (-1.13)
IND	0.224 (10.98)***	0.017 (2.00)**	0.225 (10.67)***	0.207 (11.09)***	0.117 (2.96)***	0.323 (7.74)***
HUM	0.013 (4.07)***	0.001 (2.49)**	0.013 (4.11)***	0.009 (2.29)**	0.018 (4.15)***	0.008 (2.86)***
R^2 (within)	0.943			0.950		
R^2 (between)	0.956			0.9527		
R^2 (overall)	0.950			0.9511		
观测值	837			837		

注：（ ）内为T值，*$p<0.1$，**$p<0.05$，***$p<0.01$。

一、直接效应分解结果与分析

城镇化的平方项（URB^2）在1%的显著性水平上通过检验，这印证了模型设定部分所提出的城镇化是一个不断演进的过程，存在显著的成长性、阶段性以及路径依赖性，实证结果也告知我们，新时期要推进新型城镇化建设应打破相应的路径依赖，做好新型城镇化发展的路径选择。经济金融化（FIN）对城镇化的影响并不显著，这说明现阶段以金融部门和金融资产的膨胀、传统利润积累模式变迁和企业投资"行为化"的经济金融化现象并未对通过促进实体经济而对城镇化发展产生显著影响，这也反映了当下我国金融支持实体经济不足的现实困境。进一步地，经济金融化的平方项（FIN^2）对城镇化的影响为负且在5%的显著性水平上通过检验。这充分表明随着经济金融化演进与阶段变换，其对城镇化的负面效应就会开始显现。经济金融化驱赶资本绕过生产过程直接涌入金融领域，会形成"资金空转""去工业化"和实体经济"虚化"的现象，使城镇化背离产业"土壤"。

从控制变量的直接效应来看：工业化（IND）和人力资本（HUM）对城镇化都显著为正。但相较而言，工业化对城镇化影响的边际系数要大于农业人力资本积累。工业化为城镇化提供产业支撑、就业容纳和禀赋条件，是城镇化的动力基础，当然这与二元经济理论所揭示的工业化和城镇化两者间的相互关系一致。农业的人力资本积累可以提高农民的城镇化意愿和人口素质，推动城镇化的发展，这也充分说明农业人力资本提高是决定城镇化的重要因素之一（万广华，2013）。通过农业人力资本影响系数低于工业化也说明农业系统内部的"推力"不足，仅靠外部"拉力"在未来可能会面临动力不足的问题。在新时期，转变思路、将支农方向转向农民自身素质提高的维度会是新型城镇化推进重要战略选择。

二、间接效应分解结果与分析

在间接效应层面：城镇化的平方项（URB^2）在5%的显著性水平下通过检验，这表明城镇化演进除了对本区域具有重要的影响之外，也存在显著的空间溢出效应，将对邻域地区的城镇化产生重要的影响。这主要是因为城镇化的发展过程一般随着生产要素流动、产业集聚和基础设施建设的配套完善，表现的是社会经济地域空间的演化过程（姜松和王钊，2014），其空间"外溢性"不言而喻。此外，区域经济一体化进程、区域合作深化以及"城市群"战略实施也均对城镇化的"空间溢出效应"具有重要的影响。下文我们重点来看一下，经济金融化对城镇化影响的间接效应以揭示其空间"外溢性"。

由模型（12）中的间接效应的估计结果我们可以看到：经济金融化（FIN）及其平方项（FIN^2）的参数估计结果的显著性不同。经济金融化（FIN）对邻近区域的城镇化的影响为负且在5%的显著性水平下通过检验。而经济金融化的平方项（FIN^2）的影响并不显著。这说明经济金融化对邻近区域的影响并不是非线性的而是典型的线性关系。可以说，经济金融化发展对邻近区域城镇化的影响效应会维持恒定的负向效应。可以从以下三个方面来理解：一是经济金融化会对要素资源产生强有力的"聚合效应"或"极化效应"，快速抽离邻近省份或区域的劳动力要素，弱化邻近省份城镇化发展的"劳动力蓄水池"功能。二是经济金融化发展水平提高也意味着金融部门和金融中介组织的成长与壮大，其可以通过"资金时空"转化机制，引导资金流出邻近省份或区域，弱化城镇化发展的资金基础。三是经济金融化发展水平的提高也意味着产业结构的调整与优化。一般而言，产业结构越合理，城镇化发展水平越高、质量越好。而由于邻近区域的城镇化发展的"劳动力蓄水池"以及资金"时空转化"功能被削弱，产业结构也就存在不合理，弱化了城镇化发展的产业基础。因此，在应对经济金融化时应强化建立区域合作机制，不能形成"政策孤岛"，不能"孤军奋战"。

从控制变量的间接效应来看，工业化（IND）对邻近区域城镇化的间接效应为正，且在5%的显著性水平下显著。说明区域工业化的发展可以有效带动邻近省份城镇化的发展。这一点已经由发展经济学经典理论证实。一般而言，工业化的发展在空间上存在显著的梯度特性和"晕轮效应"，会由高梯度地区向低梯度地区辐射。经济金融化程度较高的地区，其第三产业比较发达，其他类型的产业一般会遵从"梯度转移"规律向邻近省份转移和空间聚焦，而这其中的空间表现形式就是邻近区域城镇化水平的提高。此外，工业化还可以通过经济要素、技术资源和完备的基础设施体系等方式对邻近区域的城镇化发展产生影响。人力资本（HUM）对邻近区域城镇化的间接效应为正，且在5%的显著性水平下显著，人力资本积累主要是通过人力资本投资获取的，人力资本投资的目的是获得更大收益，在这种内在"动力"的诱使下，就决定着人力资本拥有者会在邻近省份间发生转移和流动，进而产生"人力资本"的空间外溢效应、知识扩散效应对邻近区域城镇化的发展产生影响。同时，随着人力资本规模的扩张，空间集聚效应也将凸显，优质人力资本拥有者间也将产生竞争，进而不断推动邻近区域城镇化的发展。

第四节 本章小结

首先，本部分基于理论分析框架所揭示经济金融化对城镇化的影响机制；其次，运用我国省际面板数据，建立空间计量模型，采用直接效应和间接效应分解的方法实证经济金融化对本区域和邻近区域城镇化发展的影响效应。研究结论如下：一是在直接效应层面，经济金融化和本区域城镇化之间存在倒"U"型关系，在未跨越"U"型曲线顶点之前，经济金融化会促进本区域城镇化的发展。但一旦其跨越临界值，其就会对城镇化发展产生不良影响，这和前面运用门槛计量进行分析所得到的结论有一定的承接性和一致性。二是在间接效应层面，经济金融化对邻近区域的影响效应和直接效应不同，其并不是表现非线性的关系，而是恒定的线性关系。经济金融化发展会对邻近区域的城镇化影响显著为负，其通过弱化邻近省份城镇化"劳动力蓄水池"功能、资金基础和产业基础三种方式制约邻近省份的城镇化发展。三是从其他变量来看，城镇化存在显著的路径依赖性和"空间溢出"效应，工业化和农业人力资本对本区域和邻近区域城镇化发展的影响均显著为正。

第十章 经济金融化在业态层面对城镇化的影响：小微金融视角

经济金融化是金融创新不断深化的过程。为了反映这一层面的内涵，本书从金融创新的角度对经济金融化的影响效应进行进一步评估。金融创新直接表现就是金融业态的不断完善和丰富。结合城镇化发展特点及其转移主体特点，其金融服务一般具有明显的普惠性质。消费金融、小微金融、供应链金融以及互联网金融都是促进城镇化发展的主要金融业态。结合这一点以及数据的可获性，本书主要从小微金融这一业态的角度，评估经济金融化在金融业态层面对城镇化的影响效应。小微金融产生于20世纪70年代，其由诺贝尔和平奖得主尤努斯在1976年创立，一直被包括中国在内的发展中国家奉为低收入群体脱贫致富的有效手段和希望（何光辉、杨咸月，2011），是同"贫穷斗争中越来越重要的工具"（Karnani，2007），其主要是向那些无法从正规银行获得信贷的低收入群体提供小贷信贷以消除贫困和促进农业生产发展（Putzeys，2002；Swain和Sanh等，2008）。小微金融和城镇化发展之间的理论关系不言而喻。基于此，本部分建立面板半参数模型，从小微金融视角开展经济金融化在业态层面对城镇化的影响。

第一节 模型设计与估计方法

城镇化发展是一个系统工程，需要全方位、多层次、高效率的金融支撑体系提供全面的、可持续的资金保障。尤其是随着劳动力和资本供给增长的放缓，中国城镇化和经济增长更多地依赖于生产率的扩张，这也需要一个高效的金融体系加以支持（熊湘辉、徐璋勇，2015），其可以通过建立多元化的投融资体制、完善城镇金融服务体系、完善信贷管理体系和规范政府与金融部门间的关系等途径对城镇化产生支撑作用（陈雨露，2013），金融发展对城镇化的作用及其对城镇化的关系也就不言而喻。小微金融作为金融支撑体系的重要组成部分，是普惠制金融的有力手段。尤其是自2006年农村新型金融机构改革试点以来，小微金融服务整体框架基本搭建、供给主体渐趋完善，迈入快速发展阶段。小微金融服务对象、服务方式以及服务内容等决定其对城镇化的支撑作用更贴服当前我国城镇化推进的实践现实。为此，沿用金融与城镇化的分析框架，假定城镇化是小微金融发展与随机误差项的函数，如式（10-1）所示：

$$URB = f(MIC, \mu) \tag{10-1}$$

在式（10-1）中，URB 表示城镇化水平，MIC 表示小微金融发展水平，μ 表示随机误差项。考虑到除小微金融影响城镇化发展之外，影响到城镇化的因素还很多，不可能穷尽。为此，在式（10-1）的基础上引入一系列控制变量 $Control$，则式（10-1）可以转变为：

$$URB = f(MIC, Control, \mu) \tag{10-2}$$

由于在实证小微金融发展对城镇化发展影响效应时，选用的数据类型是省际层面的面板数据。为此，基于面板数据模型特性，将式（10-2）改写成线性形式，并分别引入个体效应和时间效应，如式（10-3）所示：

$$URB_{it} = \alpha + \beta \times MIC_{it} + \varphi \times \sum_{i=1}^{n} Control_{it} + c_i(Optional) + \alpha_t(Optional) + \mu_{it} \tag{10-3}$$

在式（10-3）中，i 表示省份，t 表示时间。c_i 和 α_t 分别表示个体效应和时间效应。城镇化作为经济社会发展的一个非常重要的子系统，其发展与演进过程并不是小微金融单一力量所决定的，而是受到其他诸多因素的因素，就需要对控制变量做进一步展开。在遴选时候主要以科学性、可行性和可获性为标准，基于国际经验和发展经济学中的"二元结构"理论框架展开。遴选的主要控制变量包括工业化（IND）、农业发展（AGR）、农业人力资本（HUC）。据此，可以将式（10-3）进行展开并改写为式（10-4）：

$$URB_{it} = \alpha + \beta \times MIC_{it} + \varphi_1 \times IND_{it} + \varphi_2 \times AGR_{it}$$
$$+ \varphi_3 \times HUC_{it} + c_i(Optional) + \alpha_t(Optional) + \mu_{it} \tag{10-4}$$

按照现有面板数据类型，其一般包括混合效应模型、个体固定效应模型和个体随机效应模型。因此，在分析面板数据时如何选择适当的面板模型进行分析是问题关键。这里主要运用F检验、LM检验和Hausman检验来识别面板数据模型的具体形式：具体来说：一是通过 F 检验来识别是建立混合效应模型还是个体固定效应，如式（10-5）所示。其中，SSE_r 表示约束模型的残差平方和，SSE_μ 表示非约束模型的残差平方和，N 表示截面，T 表示时期，k 表示解释变量个数。如果拒绝原假设，则说明应选择固定效应模型；反之，应选择混合效应模型。

$$F = \frac{(SSE_r + SSE_\mu)/(N-1)}{SSE_\mu/(NT-N-k)} \tag{10-5}$$

那么，在混合效应模型和个体随机效应模型间该如何选择呢？或者说如何判断是否存在随机效应呢？这里就涉及 LM 检验。Breusch 和 Pagan 所构建的 LM 检验统计量如式（10-6）所示。其中，$\hat{\mu}$ 为混合效应模型估计残差，$\hat{\mu}'$ 为随机效应模型估计残差。如果拒绝原假设，则说明应选择随机效应模型；反之，应选择混合效应模型。

$$LM = \frac{NT}{2(N-1)} \times [\hat{\mu}'(I_N \otimes J_T)\hat{\mu}/(\hat{\mu}'\hat{\mu}) - 1]^2 \tag{10-6}$$

若 F 检验和 LM 检验都拒绝原假设，则面板数据模型就涉及是选择个体固定效应模型还是个体随机效应模型的识别的问题了。这里就需要运用 Hausman 检验来识别模型的具体形式，其如式（10-7）所示。其中，$\tilde{\beta}_{fe}$ 表示个体固定效应估计量，$\tilde{\beta}_{re}$ 表示个体随机效应估计量，$S(\tilde{\beta}_{fe})^2$ 表示个体固定效应估计的残差平方和，$S(\tilde{\beta}_{re})^2$ 表示个体随机效应估计的残差平方和。如果拒绝原假设，则应选择个体固定效应模型；反之，应选择个体随机效应模型。

$$\text{Hausman} = \frac{(\tilde{\beta}_{fe} - \tilde{\beta}_{re})}{S(\tilde{\beta}_{fe})^2 - S(\tilde{\beta}_{re})^2} \tag{10-7}$$

此外，小微金融本身作为金融创新的重要成果，也是中国经济金融化进入普惠发展阶段后的业态呈现。唯有不断创新才能不断降低弱势群体提供金融服务的交易成本并扩大服务覆盖面和覆盖深度（李凌，2014）。既然如此，其发展态势与前景也就与金融监管存在紧密联系。因此，随着经济政策环境和金融监管政策的变化，将小微金融发展对城镇化的影响系数保持不变，很有可能会忽略小微金融发展对城镇化的影响的动态过程。为此，进一步建立面板半参数模型来揭示小微金融发展及其控制变量对城镇化影响的动态变化。其中，在式（10-8）中，$f(MIC_{it})$ 表示小微金融发展对城镇化的影响效应未知（连函数形式也不知道），α_i 为固定效应，该模型主要用于考察小微金融发展对城镇化的影响的动态变化过程。在式（10-9）中，$g(IND_{it}, AGR_{it}, HUC_{it})$ 表示各控制变量对城镇化的影

$$URB_{it} = f(MIC_{it}) + \varphi_1 \times IND_{it} + \varphi_2 \times AGR_{it} + \varphi_3 \times HUC_{it} + \alpha_i + \varepsilon_{it} \quad (10-8)$$

$$URB_{it} = g(IND_{it}, AGR_{it}, HUC_{it}) + \beta \times MIC_{it} + \alpha_i + \varepsilon_{it} \quad (10-9)$$

第二节 变量说明与数据来源

一、变量说明

在变量部分，城镇化、工业化、人力资本的量化方法都和上述两部分一致。因此，在这一部分重点对小微金融和农业发展两个主要指标进行简要说明。

1. 小微金融发展（MIC）

小微金融是我国金融体系的重要组成部分。从目前情况来看，小微金融中介主要有银行、小额信贷公司、典当行、民间借贷以及一些新兴机构，例如，中和农信、赤峰昭乌达妇女可持续发展协会、开县民丰互助合作协会等。但总体而言，小额信贷公司是小微金融机构的主要代表，其设立的目的和初衷是引导民间资本支持"三农"和中小企业发展，其服务对象主要是小微企业、城镇个体商户和富裕农户等被排斥于正规金融之外的客户，且其机构建设数量和贷款余额的增速都远超过村镇银行、贷款公司和农村资金互助社等新型金融机构（王擎、田娇，2014）。鉴于此，用小额信贷公司贷款余额（LOA）占GDP比重衡量的小微金融相关率来衡量小微金融发展水平。

$$MIC_{it} = \frac{LOA_{it}}{GDP_{it}} \times 100\% \quad (10-10)$$

2. 农业发展（AGR）

农业发展是推动城镇化发展的内生动力。农业发展过程也是实现农业现代化的过程。经典理论表明，农业发展通过与城镇化两者通过产业转型、要素禀赋、技术进步和制度创新等方面存在密切互动关系（韩长赋，2010）。自1978年来，我国农村人口向城镇迁移规模和速度都是空前的，在为经济增长贡献"人口红利"的同时，也为城镇化发展带来前所未有的机遇。一般来说，农业发展会提高农业部门的劳动生产率和产业竞争力，在改变传统农业生产方式的同时，使农业资源配置效率不断逼近"帕累托最优"，对农业剩余劳动力形成强有力的"排挤效应"。从这个层面来讲，农业发展和城镇化所蕴含的福利实质是相同的。按照配第—克拉克定律的理论认知，可以用农业增加值占GDP的比值变化来衡量农业发展情况，如式（10-11）所示：

$$AGR_{it} = \frac{AVA_{it}}{GDP_{it}} \times 100\% \tag{10-11}$$

二、数据来源

需要注意的是，由于统计口径方面的原因，本书中所用的样本数据和本书中涉及的数据类型为2010~2013年的中国省际面板数据。其中，小额信贷公司贷款余额数据根据中国人民银行发布的小额贷款公司分地区情况统计表整理。城镇化、工业化、农业发展和农业人力资本数据根据《中国统计年鉴》《中国农村统计年鉴》《中国人口与就业统计年鉴》以及各省（区、市）统计年鉴等。此外，为了保证数据口径一致性，在实证分析时对所有数据均进行了对数处理。各变量的描述性统计结果如表10-1所示。

表10-1 各变量描述性统计结果

变量		均值	标准差	最小值	最大值
MIC	总体	0.009	0.007	0.001	0.04
	组间		0.006	0.002	0.022
	组内		0.004	0.006	0.027
AGR	总体	0.179	0.083	0.015	0.398
	组间		0.084	0.016	0.385
	组内		0.009	0.146	0.223

注：描述性统计中的数据为未进行对数处理的数据。

第三节 实证结果与分析

在接下来的部分，分别从线性和半参数两个角度揭示小微金融发展对城镇化的影响效应。其中，线性模型方面主要从混合效应、个体固定效应和个体随机效应等三个模型选择的角度开展；半参数模型主要用于刻画小微金融发展对城镇化发展影响的动态性特征和结构性变化。

一、小微金融发展对城镇化的影响效应实证

首先，揭示小微金融发展对城镇化的影响效应。为了能更好地反映模型稳定性，本书在操作时给出小微金融发展单一变量对城镇化影响的基准模型。然后再给出添加控制变量后的模型估计结果。如表10-2所示。其中，模型（1）~模型（3）给出的是小微金融发展单一变量对城镇化影响的混合效应模型估计结果、个体固定效应估计结果和个体随机效应估计结果。由个体固定效应检验结果可知，统计量在1%显著性水平下通过检验。也就是说，在混合效应模型和个体固定效应之间应建立个体固定效应模型。由Breusch和Pagan所构建的LM检验可知，统计量在1%的显著性水平下拒绝原假设。也就是说，在混合效应模型和随机效应模型之间应建立个体随机效应模型。那么，综合两者究竟最终结果是选择个体固体效应模型还是随机效应模型呢？可以进一步通过Hausman检验进行解答。由Hausman检验可知，其也在1%的显著性水平下拒绝原假设，应以个体固定效应估计结果为准。也就是说，应以模型（2）的分析结果为准。

由模型（2）可知，小微金融发展（MIC）对城镇化的边际影响显著为正，这说明在样本跨期内我国小微金融发展对城镇化起到了有效促进、推进作用。可以从以下几个方面对此进行理解：一是小微金融服务的市场定位准确，这是其他金融中介组织所不能比拟的优势。同时，小微金融服务的目标群体和服务对象主要是"经济活跃"的穷人和经济上脆弱的经济组织，如微型企业、个体工商户和"三农"经济实体（李凌，2014），这也是新型城镇化发展中的主体对象、劳动力转移的"蓄水池"和产业支撑。综观现实情况，在现有"银行主导型"的金融体系中，这几类市场主体的金融刚性需求与金融排斥性困境表现十分突出。小微金融发展实现了服务对象与城镇化主体的高度切合相一致，填补了正规金融服务的"盲区"，有效化解了金融排斥。二是小微金融设置的初衷就是引导民间资本服务实体经济，因而从某种意义上来说，小微金融服务是现有金融服务体系重要组成部分和有效补充，有利于形成推动城镇化发展的合力。此外，小微金融服务供给方式、服务效率的便捷性、高效性，在某种程度上缩减了金融服务的交易成本，全面提高小微金融资源配置效率，也对城镇化发展会产生积极影响。研究结论充分表明，经济金融化在业态层面对城镇化所产生的影响。

其次，分析各控制变量对城镇化的影响效应。添加控制变量后估计结果分别如模型（4）~模型（6）所示。其中，模型（4）为混合效应估计结果、模型（5）为个体固定效应估计结果、模型（6）为随机效应估计结果。由模型（5）

中的个体固定效应检验可知，其在1%的显著性水平下拒绝原假设，则说明在混合效应模型和个体固定效应模型之间应选择个体固定效应模型。由 BP LM 检验可知，其在1%的显著性水平下拒绝原假设，则说明在混合效应模型和随机效应模型之间应建立随机效应模型。进一步地，Hausman 检验表明，在个体固定效应模型和随机效应模型之间应选择个体固定效应模型，也就是说应选择模型（5）作为分析的基准。此外，从结果中我们也可以发现，当引入控制变量后，小微金融发展（MIC）对城镇化的影响效应并未发生改变，这再次印证了模型是比较稳健的，在此就不再对其进行赘述。着重分析各控制变量的影响效应。

由模型（5）可知，在样本跨期内，工业化（IND）对城镇化的影响效应显著为负，说明我国工业化与城镇化间失衡、脱节的情况较为严峻，工业化发展与演进并没有为城镇化的发展提供有效的产业支撑、产城脱节现象比较严峻，这又再一次印证了学术界争议比较广泛的我国工业化和城镇化不相适应、不相协调的现实特质，城镇化的可持续发展受到阻碍。当然，这种现象可能在欠发达地区表现得尤为突出（唐蜜、肖磊，2014）。农业发展（AGR）对城镇化的影响效应显著为负。国外经验揭示农业发展是城镇化发展与演进的首要前提，农业发展为城镇化提供要素支撑、物质基础，是城镇化发展的必要条件。但为什么我国现实情况却呈现背离结果呢？这主要和我国长久以来奉行的依靠"三农"积累搞城镇化整体策略有密切关联。尤其是近年来，在强大的城镇部门拉力下，农业部门不断凋敝，兼业化、副业化现象日益深化，农村不断空心化，农业从业人员老龄化、高龄化的态势日益严峻，都"掣肘"城镇化可持续发展。农业人力资本（HUC）对城镇化的边际影响显著为正，且在所有变量中，其对城镇化的弹性系数最大。未来要切实提高农村人口的素质，为城镇化提供相应的人力资本（何平、倪苹，2013）。总体而言，现阶段工业化、农业发展和农业人力资本已成为钳制城镇化发展的重要因素。

表10-2 全样本估计结果

变量	模型					
	（1）	（2）	（3）	（4）	（5）	（6）
常数项	-0.427 (-3.07)**	-0.421 (-8.45)***	-0.421 (-6.19)***	-2.974 (-11.20)**	0.755 (1.01)	-1.969 (-4.19)***
MIC	0.05 (1.85)***	0.052 (5.27)***	0.052 (5.34)***	0.033 (2.25)***	0.024 (2.03)**	0.043 (4.34)***

续表

变量	模型					
	(1)	(2)	(3)	(4)	(5)	(6)
IND				0.046 (1.13)	-0.659 (-3.39)***	0.072 (0.98)
AGR				-0.184 (-9.85)***	-0.582 (-3.44)***	-0.209 (-5.45)***
HUC				1.017 (8.51)***	1.44 (3.77)***	0.555 (2.61)***
R^2	0.263	0.232	0.232	0.753	0.382	0.721
F/Wald		27.81	28.51	90.65	13.77	88.52
个体固定效应检验		70.07***			19.38***	
BP LM 检验			165.78***			98.89***
Hausman 检验	—	—	80.63***			42.01***

注：（ ）内为 T 值，$*p<0.1$，$**p<0.05$，$***p<0.01$。

进一步地，小微金融发展对城镇化的影响效应并不是独立发生的，而是同其他变量相互交错、共同发生的，这可以称为"调节效应"。这也会影响到小微金融发展和城镇化之间关系的方向和强弱。研究的必要性在于：一方面，可以检验在其他因素相互作用下小微金融发展对城镇化的影响效应变化，发现其中隐匿的问题和矛盾；另一方面，可以揭示小微金融发展影响城镇化发展的作用方式和条件，揭示传递路径中的薄弱环节，进而有的放矢、调整小微金融支持新型城镇化的调整方向。为此，我们继续将小微金融与工业化的交互项（$MIC \times IND$）、小微金融发展与人力资本的交互项（$MIC \times HUC$）、小微金融发展与农业发展的交互项（$MIC \times AGR$）引入模型以检验"调节效应"。估计结果如表10-3所示。其中，模型（7）~模型（9）给出的是引入小微金融与工业化交互项的混合效应、个体固定效应和随机效应估计结果。模型（10）~模型（12）给出引入小微金融发展与人力资本交互项后的混合效应、个体固定效应和随机效应估计结果。模型（13）~模型（15）给出的是引入小微金融发展与农业发展交互项的混合效应、个体固定效应和随机效应的估计结果。通过 BP LM 检验和 Hausman 检验结果可知，引入交互项的估计结果分别以模型（8）、模型（11）和模型（14）的分析结果为基准。由结果可以看出，小微金融发展与工业化交互项（$MIC \times IND$）、小微金融发展与人力资本的交互项（$MIC \times HUC$）、小微金融发展与农业

表10-3 引入交叉项后的估计结果

变量	(7)	(8)	(9)	(10)	(11)	(12)	(13)	(14)	(15)
常数项	-3.1 (10.8)***	0.78 (1.04)	-1.9 (-4)***	-1.86 (-1.29)	1.069 (0.89)	-2.653 (-2.4)**	-3.021 (-7.3)***	0.725 (0.94)	-2.172 (-4.26)***
MIC	-0.02 (-0.44)	0.05 (1.75)**	0.029 (0.91)	0.22 (0.92)	0.077 (0.16)	-0.074 (-0.44)	0.026 (0.53)	0.02 (0.72)	0.01 (0.35)
IND	-0.283 (-1.04)	-0.55 (-2.46)**	-0.012 (-0.06)	0.038 (0.89)	-0.68 (-3.3)***	0.08 (1.08)	0.045 (1.06)	-0.65 (-3.24)***	0.07 (0.91)
HUC	0.933 (6.78)***	-1.44 (-3.77)***	0.524 (2.36)**	0.5 (0.69)	-1.64 (-2.5)**	0.885 (1.69)*	1.021 (8.28)***	-1.42 (-3.6)***	0.569 (2.65)***
AGR	-0.19 (-9.74)***	-0.61 (-3.57)***	-0.2 (-5)***	-0.2 (-9)***	-0.6 (-3.4)***	-0.21 (-5.4)***	-0.204 (-1.53)	-0.586 (-3.42)***	-0.302 (-3.40)***
MIC×IND	-0.057 (-1.23)	0.032 (1.01)	-0.015 (-0.46)						
MIC×AGR				-0.09 (-0.79)	-0.03 (-0.34)	0.056 (0.49)	-0.004 (-0.15)	-0.003 (-0.19)	-0.018 (-1.15)
MIC×HUC									
R²	0.756	0.389	0.722	0.754	0.383	0.719	0.383	0.383	0.72
F/Wald	73.13	11.23	87.39	72.42	10.93	88.35	10.93	10.91	88.67
个体固定效应检验		19.14***			19.07***			19.17***	
BP LM 检验			96.53***			96.16***			99.23***
Hausman 检验			42.78***			40.31***			39.27***

注:( )内为T值,*$p<0.1$,**$p<0.05$,***$p<0.01$。

发展的交互项（MIC×AGR）对城镇化的影响效应均不显著，且引入交互项后小微金融发展对城镇化的影响效应开始变得不稳定。这也确实说明，现阶段的工业化水平、人力资本水平和农业发展情况会约束小微金融对城镇化效应的发挥。当然，这也是未来小微金融支持城镇化的调整方向与主攻重点。

二、小微金融发展对城镇化影响的半参数估计

在上文分析中我们已经揭示小微金融对城镇化的影响效应。但也如上述所言，随着经济政策、金融监管政策变化，小微金融发展及其控制变量对城镇化的影响效应又会经历怎样的动态变化呢？表10－4和图10－1～图10－4分别给出了小微金融发展以及各控制变量对城镇化影响的半参数模型估计结果。其中，模型（16）和图10－1反映的是假定控制变量影响形式已知的情形下，小微金融发展对城镇化的动态影响。模型（17）～模型（19）和图10－2～图10－4则反映的是假定小微金融发展影响形式已知的条件下，工业化、农业人力资本和农业发展对城镇化的动态效应。结合前文估计结果和表10－4的估计结果进行比较发现，半参数模型中所估计出来的线性部分与前文估计结果并没有出现显著差异。此处就不再进行赘述了。重点分析小微金融发展及其他控制变量对城镇化影响效应的动态变化。

表10－4 半参数模型的个体固定效应估计结果

变量	模型			
	(16)	(17)	(18)	(19)
MIC	—	0.021 (1.52)*	0.024 (1.93)**	0.022 (1.56)*
IND	-0.256 (-1.06)	—	-0.22 (-1.20)	-0.041 (-1.72)*
AGR	-0.546 (-2.78)***	-0.611 (-3.12)***	-0.351 (-2.17)***	—
HUC	1.63 (4.35)***	1.554 (4.33)***	—	1.545 (4.16)***
R^2	0.263	0.32	0.538	0.2908
Root MSE	0.063	0.064	0.052	0.065

注：（ ）内为T值，$*p<0.1$，$**p<0.05$，$***p<0.01$。

由图10-1可知,小微金融发展(MIC)对城镇化的影响效应存在显著的非线性转化特征。或者说,在小微金融发展的不同阶段,其对城镇化的影响效应是不同的。总体来看,小微金融发展对于城镇化的影响效应的动态变化符合"S型成长曲线"所刻画的阶段性规律。如果更为精确的话,可以看成是类似于倒"U"曲线和"S型成长曲线"的复合体。具体来说,在小微金融发展前期阶段,其对城镇化的影响效应是正向的,当达到一定的"门槛值"后,其影响效应会逐步减弱,然后降低至一定的"门槛值"后结束倒"U"型规律阶段,其开始进入"S型成长曲线"阶段直至趋于成熟和平稳。小微金融发展对城镇化的影响规律充分揭示了未来发展历程中其对城镇化发展的重要性。应进一步深化改革和调整取向,对小微金融发展做进一步扶持。这也间接论证了巴曙松(2012)提出的小微金融发展将是下一步金融改革的重点的观点。

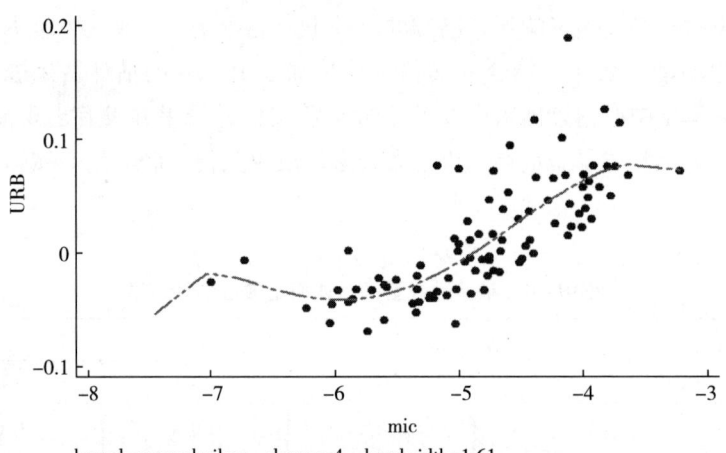

kernel=epanechnikov, degree=4, bandwidth=1.61

图10-1 小微金融发展对城镇化的非线性影响

由图10-2可知,工业化(IND)对城镇化的影响效应也是呈现典型的非线性特征,从其影响效应图形的形状来看,类似于倒"U"型曲线的形状。工业化对城镇化的影响效应在一开始时呈现正向效应。在达到抛物线"顶点"时。或者说,当工业化突破一定的"门槛值"后其对城镇化的影响强度逐渐递减。这充分说明了工业化对城镇化影响的阶段性特征。具体来说,在工业化发展初期,工业生产水平和劳动生产率有限,所提供的就业机会、劳动力吸纳和承载能力都较弱,其对城镇化的带动作用较弱。但随着工业化发展迈入中期阶段,工业劳动生产率显著提高、依靠就业集聚人口的能力和工业"反哺"农业"排挤"农业剩余力的能力均会显著增强，其对城镇化的带动效应逐步增强并会逐步趋于稳定。随着工业化发展迈入后期阶段，工业化和城镇化已经相互融合、高度统一，各自逐步成为经济社会发展的重要子系统，影响效应也会逐步减弱，此时城镇化的发展不是依托于工业化的外生性推动，更多体现的是工业经济向服务经济转型和城镇化发展质量的提高。

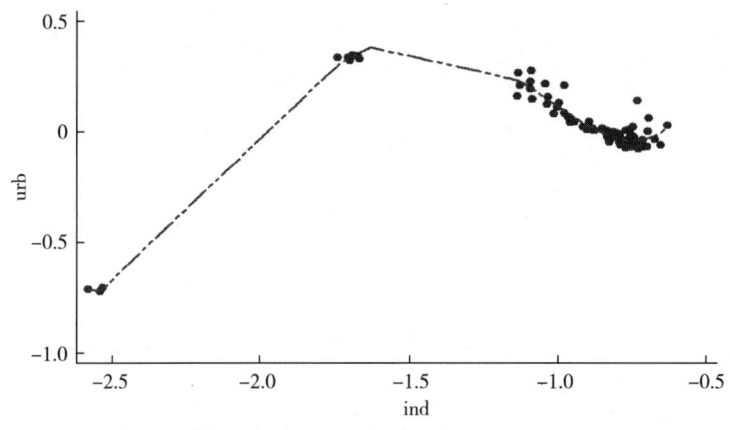

图 10-2 工业化对城镇化的非线性影响效应

由图 10-3 可知，人力资本对城镇化的影响也存在明显的非线性特征，但更为具体地说是呈现线性与非线性相结合的特性。具体来说，农业资本积累前期，其对城镇化的影响效应在平稳中呈现递减的态势。这在某种程度上也反映了我国当前农村人口众多、农民收入增长缓慢、教育经费投入不足等原因，致使我国农业人力资本存量不足并呈现农村人力资源的过度"富足"与人力资本严重"贫困"并存的现实问题（刘文，2004；贾伟强、李文娟，2012）。一旦农业人力资本积累突破相应的临界值后，其影响效应就会实现转化，然后达到"顶点"后又会呈现下降的态势。这可以从以下视角进行说明，农业人力资本主要是通过教育、科研、在职培训、卫生保健与迁移流动形式进行的人力资本投资而形成的，因而人力资本投资则存在显著的"边际收益递减"规律。因此，农业人力资本对城镇化的影响效应也存在"边际递减"的规律性特征。

最后，由图 10-4 可知，农业发展对城镇化的影响效应逐步递减的特征，实证内容所揭示的内容和配第一克拉克定律所揭示的实质间存在一致性。城镇化特征在空间上的表现就是劳动力由农业向第二、第三产业转移的过程。如果从产业

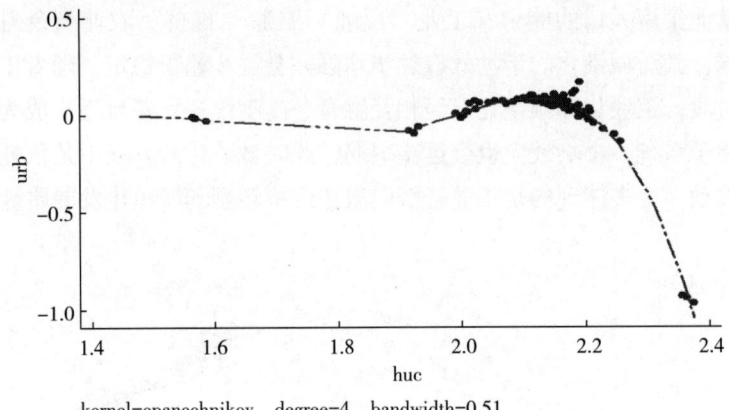

kernel=epanechnikov, degree=4, bandwidth=0.51

图 10-3　农业人力资本对城镇化的非线性影响

结构的变动情况来看，第一产业占比在国民经济总量中的比重会逐步降低。由于本书在衡量农业发展时所采用的指标就是用农业增加值占 GDP 的比重来衡量的，所以实证结果与理论高度吻合。但这也并不是意味着农业在国民经济中的地位会逐步下降。相反，农业发展在不同的经济发展阶段，其对推动经济发展阶段转变和城镇化进程具有独特的功能和作用，农业发展可以在保障粮食安全、缓解贫困和农业结构性调整等诸多方面做出贡献，为城镇化发展奠定坚实基础。这也是现阶段中央高层决策推进农业现代化、工业化、城镇化和信息化"四化"同步的战略初衷，个中意义也不言而喻。

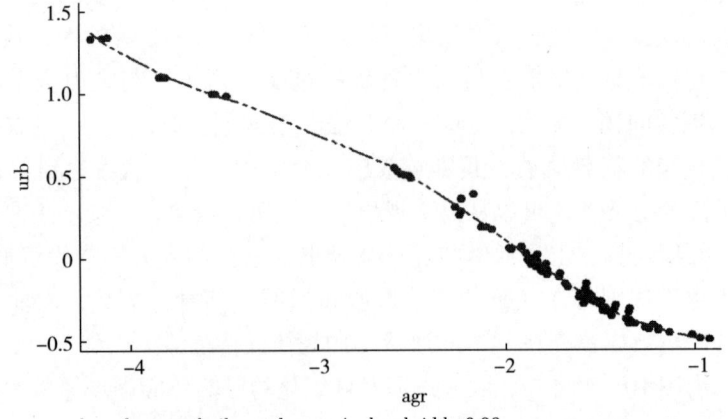

kernel=epanechnikov, degree=4, bandwidth=0.98

图 10-4　农业发展对城镇化的非线性影响效应

第四节 本章小结

基于 2010~2013 年我国省际面板数据实证小微金融发展对城镇化的影响效应及非线性特征。研究结果显示，在样本跨期内，小微金融发展对城镇化产生了显著的推进作用。准确的市场定位、服务目标群体与城镇化主体的高度切合和一致性，使其填补了正规金融服务的"盲区"、服务供给效率快捷高效，使其在样本跨期内对城镇化的影响效应显著，这也说明在业态层面，经济金融化对城镇化的影响也是正向的、促进作用。但从影响程度来看，小微金融发展对城镇化的边际影响系数仍较小，通过引入交叉项进一步实证发现，工业化水平、农业人力资本水平和农业发展现状会制约小微金融对城镇化的影响效应的发挥，这也说明经济金融化在业态层面也应以促进实体经济增长、强化产业结构条件和人力资本投资为条件，否则将会形成和城镇化之间发展的失衡和偏差。进一步地，面板非参数模型估计结果表明，小微金融发展对城镇化的影响存在显著的非线性特征，或说，在小微金融发展的不同阶段，其对城镇化的影响效应是不同的，类似于倒"U"型曲线和"S 型成长曲线"的复合体，但总体来说呈现逐步增强的演进态势。这一点和两者各自的成长曲线模拟结果存在一致性，两者也是动态均衡的过程。应从动态的角度看待经济金融化和城镇化之间的协调问题。从其他控制变量来看，工业化、农业发展对城镇化的影响效应显著为负，农业人力资本对城镇化的影响效应显著为正。

第十一章　中国经济金融化与城镇化协调发展路径

理论分析、国际经验以及中国宏观检验结果都表明，经济金融化和城镇化协调发展是一般规律特征。现实中，经济金融化和城镇化各自发展进程存在的"过度"问题、两者协调发展存在的结构性矛盾都在一定程度上，新时期必须创新体制机制，探寻中国经济金融化与城镇化协调发展路径。为此，本部分通过对上述研究结论的凝练和演义，形成中国经济金融化与城镇化协调发展的本质，提出新时期经济金融化和城镇化协调发展的基本原则、总体思路和主要路径选择。

第一节　经济金融化与城镇化协调发展本质与基本原则

一、经济金融化与城镇化协调发展本质

基于上述各部分分析，本书认为，经济金融化与城镇化协调发展的本质是处理好三个主要关系，一是金融发展如何服务实体经济的问题；二是金融发展如何和产业结构相协调的发展；三是金融发展如何提升农村转移劳动力发展能力的问题。其中，金融发展服务实体经济是为城镇化发展提供产业支撑、就业蓄水池，实现"产城互动"；金融发展和产业结构相协调是提升城镇化质量、优化动力结构，实现城镇化高质量发展；金融发展提升农村劳动力发展能力是为城镇化主体提升内生"造血"功能，促进城镇化内生发展。因此，基于这几方面认知，经济金融化和城镇化协调发展的本质就可以从以下三个方面予以概况总结：

第十一章　中国经济金融化与城镇化协调发展路径

1. 实现金融发展对实体经济的包容性和普惠性

在现实发展实践中，金融发展之所以和实体经济相偏离、陷入资金空转的恶性循环，一个非常重要的原因是金融的快速逐利性和实体经济利润创造的缓慢、周期长的矛盾性所决定的，如果不能解决好这一问题，经济金融化深化就无法为实体经济发展提供要素支撑。实体经济也就无法为城镇化发展提供产业支撑。所以，促进经济金融化和城镇化协调发展就可以表达为实现金融发展对实体经济的包容性和普惠性问题了。事实上，关于金融的包容性、普惠性问题早在2005年就被联合国提出了，旨在让更多金融要素资源流向实体经济、减少失业和减少贫困，唯有如此才能提供产业支撑，打造就业"蓄水池"。因此，在国内也被学界、政界和实务界所广泛接受和认同。但从绩效表现来看，当前我国普惠金融发展存在严重的形式化，对提高金融服务实体经济发展效率负面效果明显（蔡则祥和武学强，2017），这也是经济金融化发展进程中，普惠金融"使命偏离"、服务实体经济和为城镇化提供产业支撑乏力的重要问题呈现。从这个角度来说，金融发展对实体经济并不普惠。因此，只有尽力提升普惠金融水平，改善金融生态环境，促进金融健康持续发展，提升包容实体经济的能力，才能实现经济金融化和城镇化协调发展。

2. 实现金融发展与产业结构演变相协调

城镇化演变过程也是产业结构合理化、高级化的过程。如果一个地区城镇化水平较低，那么可以推断的是当地第一产业为其产业结构中占据较大比重。相反，如果一个地区城镇化水平较高，可以推断该地区第二产业、第三产业在其产业结构中所占比重较大。产业结构演变的规律是，在产业结构中，第一产业产值所占比重逐步下降，第二、第三产业产值所占比重逐步上升。可以说，城镇化发展和演进过程，也是产业结构调整、优化、高级化的过程。从这个角度来说，促进经济金融化和城镇化协调发展的本质是要处理好经济金融化和产业结构演变的关系，促进两者相协调。要处理好这方面关系，应处理好经济金融化和产业结构合理化、高级化和均衡化之间的关系。其中，在经济金融化和产业结构合理化方面，要在市场经济条件下，合理分配金融资源，逐步改善金融市场环境，减少投机性资本对产业结构的影响，提升金融服务城镇化发展效率。在经济金融化和产业结构高级化方面，要实现金融"绿色发展"，引导金融资源由资源消耗型产业向环境友好型、资源节约型产业转移，提升金融服务城镇化质量。在经济金融化和产业结构均衡化方面，要强化金融创新，优化金融体系内部结构，发挥金融机构和金融工具的作用，创新资源配置方式，提升金融服务城镇化发展的规模和层次。

3. 实现物质资本投资向人力资本投资转变

在传统产业发展物质资本占主导并起到推动作用。自改革开放以来我国日益完善的基础设施体系、市政配套，已经表明了物质资本对于经济增长的促进作用。也正因如此，金融要素流向物质资本投资领域也居多，并衍生出诸多发展业态。例如，PPP模式、银团贷款以及项目融资等。这些都是金融发展支持物质资本投资的重要体现。但是随着经济发展阶段的转变，知识经济时代的到来，人力资本投资无论是在数量上还是在收益上都将占据主导地位，并成为经济发展的新动力。这一点从西方发达国家经济增长的轨迹中已经得到印证。金融具有市场发现、价值引领的功能，随着物质资本投资向人力资本投资的转变，金融也应实现这一转变，逐步由对物质资本投资的支持转向对人力资本投资的支持。唯有如此，才能顺应城镇化发展，尤其是新型城镇化发展的核心内涵、利益诉求。

二、经济金融化与城镇化协调发展基本原则

基于对经济金融化与城镇化协调发展本质的界定，新时期中国促进经济金融化与城镇化协调发展就应紧密贴合两者协调发展的内涵，坚持产城融合发展、以人为本以及包容普惠原则。

1. 产城融合原则

城镇化和经济金融化两个变量都通过"产业发展"这一之间变量建立联系。城镇化发展尤其自身发展规律和成长逻辑，离不开工业化带动、高科技带动、服务产业带动、农业现代化带动。但无论是哪一种模型，都和产业有千丝万缕、不可割舍的关系。可以说，没有产业支撑的城镇化、产业基础的城市是"空城"；经济金融化也是如此。作为现代化经济体系的血液，金融的产生和经济增长是内生关系，并不是简简单单的外生力量的介入。金融不仅是为经济增长、产业部门振兴中的要素投入关系，也会改变经济增长方式、运转模式和产业组织形式。金融产生的原始动力就是经济系统中主体的内生金融需求。金融是为产业发展服务的，是撮合主体价值交易关系的。这也是金融的本源，更是经济金融化演进的动力。因此，经济金融化过程也和经济增长、产业发展密切相连。需要产业发展创造内生需求、需要产业发展提供跨时间、跨空间要素配置机会。偏离实体经济增长、产业发展的经济金融化势必会陷入"资金空转""脱实向虚"的发展困境。因此，促进经济金融化和城镇化协调发展必须牢固坚持产城融合原则，提升产业自我更新、自我循环、自我发展能力，为经济金融化和城镇化发展提供产业支撑和协调平台。

2. 以人为本原则

新时期我国中央决策高层提出了推进新型城镇化的发展战略。同传统城镇化相比，新型城镇化最大的不同和发展特色就在于"以人为核心"，既不是简单的人口单向流动、转移的过程，也不是城镇人口比例增加、规模扩张，而是转移后其适应能力、思维方式、行为习惯、生活模式的全面"由乡到城"的转变、更替。因此，新型城镇化更加强调为人服务、更加注重人的发展。新型城镇化的总体指导思想就是"人本思想"，关键是实现"迁转俱进"，实现平等享受公共基础服务，实现共享优美人居社会、生态环境的目的。经济金融化代表的是金融成长、发展，服务产业和市场主体的过程，是现代经济发展模式成熟与否、健全与否的"分水岭"。随着城镇化迈入"新型城镇化"阶段，经济金融化也应实现发展阶段的转变，逐步由关注经济增长过程向关注经济发展过程转变，由关注发展"硬件"向关注发展"软件"转变，由关注"物"向关注"人"转变。通过新型金融发展业态、服务机制，更好的服务新型城镇化发展，促进经济金融化和城镇化协调发展。

3. 包容普惠原则

经济金融化和城镇化协调发展除了要坚持产城融合、以人为本的原则以外还必须坚持包容普惠原则。关于这一点可以分别从经济金融化端和城镇化端两个进行说明，在经济金融化阶段坚持包容性原则就需要解决长久以来困扰金融实现普惠的"金融排斥"问题。从中国现实情况来看，弱质性产业以及农民、低收入群体等"长尾人群"长期以来都是金融排斥的对象。但这些群体的金融需求也是最为强烈的，若无法得到满足将产生十分严重的后果。仔细分析可以看到，这些长尾人群也是城镇化发展过程的主体，从这个角度来说，随着经济金融化的纵深发展，形成多层次、普惠性的金融体系就是经济金融化的必然选择。从城镇化来看，坚持包容普惠原则，就应统筹城镇化与社会发展的关系，让"长尾人群"在融入城镇中能获得能力提升、分享城镇化发展进步的成果以及社会福利。综合而言，坚持包容性原则是经济金融化和城镇化协调发展的纽带和"交集"。

第二节 经济金融化与城镇化协调发展的总体思路

基于经济金融化和城镇化协调发展本质的认知、按照产城融合发展、以人为本以及包容普惠原则，新时代经济金融化与城镇化的发展应坚持"1+2"的总体发展思路。"1"即坚持一个目标,以金融和产业融合共生发展为目标;"2"即协调两个关系,平衡金融创新和金融监管的关系,处理好包容性和市场性的关系。

1. 坚持一个目标:金融和产业融合共生发展

经济金融化与城镇化协调发展必须坚持金融和产业融合共生发展的总体目标。按照上述分析,经济金融化和城镇化相联系的纽带就是产业支撑和实体经济发展。因此,两者协调发展所要达到的目标也就是实现金融和产业的融合发展,增强金融支撑产业发展的服务能力。在这一点上,无论是经济金融化还是城镇化都与实体产业发展是血脉相融、不可分割、相互促进的共生共荣关系。这也是两者协调发展的共同目标愿景。这其中有两个方面,一是随着经济金融化的不断深化,其最重要的特征就是金融业的成长壮大和发展。金融业作为服务业的重要组成部分,可以为产业发展、实体经济增长做出直接的贡献。通过金融最原始的融通资金、市场发现、信息沟通、激励等功能实现不同经济体资源在不同时间、不同地区等时间和空间范围内的再配置,为资金短缺主体提供融资等金融服务,实现其投资和消费,进而实现金融发展在实体经济中的附加值。二是随着城镇化的发展,其也会带动基础设施建设、公共服务供给、生产投资等实体经济领域的金融服务需求,也会进一步促进经济金融化的深化程度。从这个角度来说,新时期实现经济金融化和城镇化协调发展,必须牢固坚持这一共同目标。否则,无法实现两者协调发展所带来的福利效应。

2. 协调两个关系

(1)平衡金融创新和金融监管的关系。经济金融化深化是金融创新的结果,让金融服务实体、稳健成长和为城镇化发展提供支撑条件则是金融监管的必然要求。因此,新时期经济金融化和城镇化协调发展也应处理好金融创新和金融监管的关系。按照一般理论认知,金融创新和金融监管之间是相互促进、相互作用的双向因果关系。两者在相互作用的过程中,金融创新不断深化、金融监管不断健全。没有金融创新的深化,也就不会有金融监管的完善;没有金融监管也就没有金融创新。两者在相互作用中,基本上遵循"创新—短视—失控—监管"的动态博弈过程。新型城镇化的发展势必会带来新的转移主体的金融新需求,这就需要通过金融创新产生新产品、新服务。支撑城镇化发展的实体经济产业也会在实现产生互动、融合发展中产生融资规模变大、融资期限变长、融资模式多元的现实诉求,也需要产业发展的金融创新。随着城镇化的推进,金融创新将进一步深化。这时如果金融监管力度加大,势必会错失金融机构进行服务创新、服务城镇化发展的积极性。同时,金融创新所体现的新产品、新交易模式或新功能等,往往实际意味着对原有监管框架的突破。此时如果监管框架相对薄弱、监管力度不强的"灰色地带",则成为金融创新的热土,服务城镇化发展的金融服务创新就会超越现有监管框架,有"钻监管漏洞""逃避监管"之嫌。就会对金融体系稳定产生影响,金融效益就无法继续。只有正确处理好金融创新和金融监管的关系,平衡金融创新和金融监管边界,才能为经济金融化和城镇化协调提供有效保障。

(2) 处理好包容性和市场性的关系。城镇化是人口由农业向非农产业、由农村向城镇转移的过程。因此,城镇化的主体在很大部分就是我们所提到的"长尾人群"。对于这类群体,传统的金融机构往往会存在"金融排斥"的现象。之所以如此,和金融机构的本质是密不可分的。金融机构本质上是经营货币信用关系的企业,其经营目标是实现利润的最大化。因此,银行等金融机构对这类"长尾群体"供给金融服务时一般都会权衡流动性、安全性和营利性三者之间的关系,并据此做出决策行为。若面临的风险性较大,银行等金融机构就会减少金融服务供给。一般来说,长尾群体的信息不对称性、风险不对称性以及成本收益的不对称性,使银行势必会压缩小微信贷供给,因为银行是"风险厌恶型"的。因此,"金融排斥"的问题实际上金融机构作为理性经济人权衡安全性、流动性的结果。若这部分风险无法分散,无法调动银行等金融机构加大对"长尾人群"进行金融服务供给的积极性。当然,站在金融机构的角度,对金融机构来说,还有一个途径就是追求高风险、高收益,实现成本和收益的对称。因此,城镇化主体往往求助于小贷公司、民间和网络借贷等利率较高的金融机构,因为这类机构是"风险偏好型"的,然而通过这类机构所获取的金融服务的成本较高,而且容易存在社会稳定的问题。从这个角度来说,经济金融化和城镇化协调发展必须处理好金融机构包容性、市场性的关系。在使金融机构实现收益最大化的同时,兼顾城镇化主体的包容性、普惠性问题。唯有如此,才能更好地促进经济金融化和城镇化协调发展。

第三节 中国经济金融化与城镇化协调发展路径

基于前文的研究结论以及经济金融化和城镇化协调发展的总体思路,经济金融化一般会通过服务实体经济路径、产业结构调整路径和人力资本投资路径三个层面对城镇化产生影响。因此，经济金融化和城镇化协调发展路径也应从这三个方面予以展开。其中，在服务实体经济路径方面，应强化货币政策调控，营造服务服务实体经济氛围；依托供应链提供金融服务，提升服务实体经济质量；创新PPP模式，改进金融服务实体经济效率；进而奠定城镇化发展的产业基础。在产业结构调整路径方面，应明确货币政策与财政政策分工，强化协同配合；切实推进配套改革，突破产业结构调整困境；发展绿色金融，服务产业绿色转型；进而提升城镇化发展质量；在人力资本投资路径方面，发挥消费金融作用、发挥小微金融作用、发挥金融科技作用，奠定城镇化推进的微观主体基础。

一、服务实体经济路径

经济金融化正向效应体现在服务实体经济上，实体经济是基础，是重中之重。促进城镇化建设、推进供给侧结构性改革，也需要以服务实体经济，实现全社会福利最大化为本。新时期经济金融化和城镇化协调发展也应始终坚持这一路径，在增强金融服务实体经济能力的基础上，为城镇化发展提供产业支撑。具体来说，应从以下三个方面进行：一是强化货币政策调控，营造服务实体经济氛围；二是依托供应链供给金融服务，提升服务实体经济质量；三是创新PPP模式，改进金融服务实体经济效率。

1. 强化货币政策调控，营造服务实体经济氛围

货币政策作为政府干预宏观经济的工具箱的重要抓手，可以在宏观层面引导经济走向实体经济发展方向。首先，在服务实体经济的过程中，需要货币政策率先表率、"定基调"。因此，货币政策在服务实体经济发展也应保持"稳健"，以中性货币政策为主，把好货币供应量的"总闸门"，保持适度的社会融资规模、流动性。其次，在具体操作中，可以遵循如下路径，在短期内通过财政补贴、税收优惠等财政政策工具对冲实体经济外部环境的不利影响；在中期内通过深化体制机制改革来引导社会资本、民营资本进入比较利益较高的可竞争领域；在长期内通过调整政府和市场的关系实现实体经济增长模式的转变，更好地体现货币政策在服务实体经济过程中的连续性。最后，结合当前防范系统性金融风险的现实大背景，将货币政策和防范金融风险和服务实体经济结合起来，稳步推进"去杠杆"工作，协调推进各项政策的节奏和力度，在保持货币政策"总量调控"政策属性不变的前提下，创新货币政策工具箱，通过短期流动性调节工具，支持实体企业、创新关键环节实现融资，逐步引导和营造服务实体经济的氛围，为城镇化发展奠定坚实产业基础条件。

2. 依托供应链供给金融服务，提升服务实体经济质量

新时期实体经济竞争的关键是供应链整合、供应链运行能力的竞争，是价值链重构、向价值链高端攀登动力的竞争。供应链将是实体经济高质量发展的主要标志和重点突破口。这不仅是新时期实体经济发展的新特点，也为金融机构创新金融服务模式提供了新契机。依托供应链供给系统性金融服务就是发展的必然。供应链金融也实现了金融普惠性和市场性的有机结合，既利用了供应链上核心企业的"主导能力"，又调动了上游、下游中小企业供应链参与的积极性。核心企业、中小型企业以及金融机构在供应链上实现了共生发展。因此，在金融机构层面，应转变传统"点对点"式的金融服务供给模式，进而转向供应链金融服务供给模式，通过聚焦特色供应链、产业链，减少逆向选择和道德风险，打包供应系统性、综合性金融服务。考虑到供应链企业的发展现实和分布特征，供应链金融基础普惠性原则，以满足供应链中小企业、长尾人群的金融需求为主。在金融机构选择上，本书认为银行主导型的金融体系在其中仍然扮演着重要且不可替代的角色。在这一点上我们可以借鉴德国模式。大商业银行主要负责提供流动性，大型商业银行给中小型银行贷款，中小型银行给小微企业、贷款，切实发挥大型商业银行的资金优势以及中小型银行的"近距离"服务优势和效率优势。需要值得一提的是，政府在这其中也扮演着重要角色，当中小型银行缺乏流动性时，政府需要进行干预，让大型商业银行给中小型银行提供流动性，这实质上就是金融供应链。通过金融供应链和企业供应链的有效联动，全面提升实体经济发展质量。

3. 创新 PPP 模式，改进金融服务实体经济效率

实体经济发展成就的取得除了内生驱动因素以外，也离不开外部因素的作用。尤其是投融资体制机制创新。这其中，值得一提的是政府与社会资本合作（Public–Private–Partnership，PPP），即 PPP 模式，是指通过社会部门和政府的长期合作，发挥各自优势来完成公共服务或公共产品，可以满足城镇化建设中多元化的金融服务需求。作为实现国家治理现代化的体制机制变革的重要抓手，金融服务实体经济的渠道创新、机制创新和制度创新路径，PPP 模式能有效防止民间资本向非实体经济流动的"杠杆效应"，既可以实现融资渠道拓展，也可以为民间资本提供新渠道、新领域，全面助力城镇化建设。新时期应从以下三个方面进行创新：一是建立风险共担机制，各参与主体应各就其位、界定权责边界、市场分工，建立风险共担机制，集合各利益主体需求与期望，促进政府、社会资本和金融机构之间的高效衔接和达成服务实体经济增长的共同愿景，牢固树立 PPP

模式服务实体经济的根本定位。二是创新PPP模式的回报机制，减少PPP模式项目中缺口补助、政府付费比例，逐步增加使用者付费机制占比，增强PPP模式服务实体经济的效果。政府在前期与社会资本共同研究项目规模、空间布局等，若无法实现达成一致目标，该项目就应废止；若执意执行，社会资本就应承担相应风险，逐步增强项目边际效用能力。三是建立PPP模式绩效考核机制，明确立项阶段、投标阶段、特许权授予阶段、设计施工阶段和运营移交阶段等不同阶段的任务重点，设计指标体系并赋予运营移交阶段较大"权重"，扭转现阶段"重建设、轻运营"，"重过程、轻结果"的考核偏向，改进服务实体经济效率，全面助力城镇化建设。

二、结构调整路径

如果说实体经济发展是经济金融化和城镇化协调发展的基础条件。那么结构调整就是经济金融化和城镇化协调发展的质量条件。本书在结构调整路径方面，应明确货币政策与财政政策分工，强化协同配合；切实推进配套改革，突破产业结构调整困境；发展绿色金融，支持产业绿色转型。

1. 明确货币政策与财政政策分工，强化协同配合

货币政策与财政政策共同构成我国调控经济和规避"市场失灵"的两把"利剑"。宏观层面，货币政策占主导；但在结构层面，货币政策只能在短期内对产业结构调整产生影响，那么在货币政策时滞效应过后，财政政策就应该实现"补位"，在结构调整中承担更大责任，实现货币政策与财政政策的协同配合。具体来说，对于产业结构中的新产业、新产品和新业态等，政府可以通过财政补贴、贴息、融资模式创新等途径，逐步提高财政政策对产业结构调整的干预和激励，提升其科技含量和创新档次，切实将科技成果转化为实际生产力和提升企业创造、创新能力。此外，还要充分发挥税收在产业结构调整中的调节作用，对于清洁化、环境友好化的企业实施税收优惠，对于落后产能、淘汰产业，要发挥税收"环境负外部性"矫正作用，引导其进行产业改造或进行梯度转移；加大基础设施领域补"短板"的力度，加快推进结构性减税，减轻中低收入群体和中小企业的税收负担，发挥税收在扩大内需中的作用。全面助力新型城镇化建设，提升城镇化发展质量。

2. 切实推进配套改革，突破产业结构调整困境

众所周知，产业结构调整是一个系统工程，融资需求刚性态势无法逆转，需要多方市场参与和寻求共赢。为此可以借鉴项目融资经验，引入政府、私人资

本、金融机构等多方合作机制，改革创新融资模式，在以项目为依托载体，形成合力共赢、共促改革的共生格局。同时，在配套制度改革层面，通过不断完善企业信息资源数据库建设和等级评选，建立企业信用机制和激励机制，对于为中小企业担保成绩卓越的担保企业，要加大政府扶持和奖励力度，切实调动和发挥其在产业结构调整中的作用。依然依托制度建设保证低成本资金进入城镇化建设领域，出台更具针对性的制度安排、风险补偿与分担机制，在以引导低成本资金更多地参与城镇化建设、降低融资成本的同时，防范金融风险，突破产业结构调整困境。

3. 发展绿色金融，支撑产业绿色转型

自习近平总书记提出"绿水青山就是金山银山"的"两山论"后，我国经济增长、产业发展已经整体迈入"绿色发展"阶段。在这样的大背景下，金融也实现了绿色转型。绿色金融就是其中的典型代表。从绿色金融的现实表现来看，由于无法找到营利性和绿色性之间的最佳平衡点。在现实发展中，绿色金融发展还处于探索初级发展阶段，机构类型还比较单一。但其效果还是十分显著的。因此，在结构调整层面，新时期支撑经济金融化和城镇化协调发展应大力发展绿色金融。一是培育金融机构"绿色发展"社会责任，引导其进行思维变革、经营模式变革，融入"赤道原则"，通过制定严格的业务审核标准和程序、健全的绩效考核、奖惩机制，实现经济效益、社会效益和环境效益"三赢"；二是对现行金融机构从事绿色金融探索的绿色金融模式进行归纳总结、找准矛盾点、建章立制，完善绿色金融改革创新试点的体制机制，全面激活绿色金融助力产业转型、提升城镇化发展质量的活力；三是全面开展绿色信贷的宏观审慎评估，形成绿色金融标准体系，在降低绿色产业融资成本的同时，做好绿色金融的风险防范，促进绿色金融外部性内生化，提高绿色金融支撑绿色发展、助力城镇化建设的可持续性。

三、人力资本投资路径

城镇化是农村人口转移和流动的过程。因此，城镇化的协调、可持续发展离不开转移人口的知识、技术水平的提升。这也是以人为核心的城镇化的核心内涵和要义本质。因此，随着经济金融化的深化，金融发展对城镇化的支持的关键就是要关注城镇化主体的素质与技能的全方面提升，更加注重人力资本投资。唯有此，才能为经济金融化和城镇化发展创造微观主体条件。从金融业态层面来看，关注人力资本投资领域的金融业态主要有消费金融、小微金融和金融科技等业态形式。因此，实现人力资本投资方面，就应充分发挥消费金融、小微金融和金融科技作用，为经济金融化和城镇化协调发展创造条件。

1. 发挥消费金融作用

消费金融通过运用各类金融工具，合理分配财务资源、保证金融机构集约发展、分散经营。随着城镇化的持续推进，对于消费金融的需求强度会提升。尤其是当我国城镇化发展现在所处的发展阶段特征决定未来城镇化发展还有较快增长速度、较大发展空间。这些都将为金融机构通过消费金融这一业态形式服务城镇化建设、提升城镇化主体的适应能力创造了重要的外部条件和客户基础。为此，就需要满足转移劳动力多元化的消费金融需求，形成"消费金融链"。首先，在具体实践中，应明确各类消费金融机构，例如，银行、保险、金融公司和担保机构在消费金融中的角色定位，设计综合性、系统性金融产品，提供融资、支付、人身意外险和财产保险、担保等服务，弥补传统消费金融产品单一化缺陷，推动转移劳动力消费金融市场的发展。其次，传统消费金融机构和新型消费金融机构都应秉承"客户至上"的服务理念，对传统的营销渠道流程再造、业务环节优化，增强城镇化主体的客户黏性，提升业务辐射范围和效率，逐步构建良性化、可持续、健康发展的消费金融生态圈。最后，在场景层面，应逐步将消费金融的应用场景从"吃穿住行"转移到培训、再就业、技能提升等场景，全面助力人力资本投资和提升转移劳动力的适应能力、市民化程度，提升城镇化质量。

2. 发挥小微金融作用

从我国城镇化现实情况来看，庞大的农业转移劳动力是城镇化主体，而这些群体恰恰是"游离"于正规金融服务体系，被正规金融服务所排斥的对象。小微金融的服务对象与城镇化主体间存在天然的切合性与连接性，并有效填补了现有金融体系的空白并有效地提高了金融服务效率。首先，从这个层面来说，小微金融发展应该是我国城镇化发展中的重要业态。为此，在"五化"同步背景下，尤其是在迈入经济新常态经济增速放缓和质量提高并重的前提下，应将小微金融发展以及小微金融服务创新提升至战略层面，引导、支持并鼓励小微金融支持城镇化建设，将小微金融服务优势和制度"红利"释放至最大。其次，应重塑定位、回归初衷，调整小微金融服务方向，将服务重点向农民人力资本提高等方向倾斜，让利小微经济实体和"三农"，全面推动城镇化发展，为经济发展注入持续性动力。最后，放宽小微金融中介组织的贷款杠杆比例以及相应的股本结构限制，提升小微金融的服务能力。通过政策引导、制度创新等多重举措来鼓励正规金融机构提供小微金融服务，全面增强小微金融服务层次。转变监管理念，给予小额信贷公司非银行金融机构身份特征,并给予相应税收优惠,削减小微金融机构的营运成本。当然,现阶段小微金融服务在供给中所呈现的结构性问题也表现出系统性特质。尤其是其征信问题,这也需要政府、监管部门的相互配合并实施综合性配套改革,以化解小微金融支持城镇化建设、人力资本提升的诸多制度"瓶颈",为城镇化发展及城镇化质量提高提供有效支撑。

3. 发挥金融科技作用

普惠金融陷入发展困境在很大程度上与交易成本高、结构化信息不易获取有很大关系。现代金融科技的发展,恰恰提供了有效解决这些问题的渠道和手段。通过改变交易的基础设施,互联网使交易成本大大降低,人们可以更加方便、快捷、低成本地进行交易。作为金融和科技的结合体,金融科技利用大数据、云计算、人工智能、区块链等技术创新传统金融行业所提供的产品和服务,提升了效率和降低了运营成本,化解了长久以来困扰中国的金融排斥问题,而且获取金融服务的相关费用也较低。可以说,在投资效率上,金融科技给农民、涉农企业等城镇化过程中的"长尾人群"获取金融服务提供了新途径。为此,新时期应从以下两个方面发挥金融科技作用:一是强化金融科技基础设施建设,尤其是随着互联网和智能手机的普及渗透,移动金融就在城镇化发展发挥更大作用、做出重大贡献,会成为新型城镇化的"底层机构"。二是随着城镇化的推进,城镇化主体的金融需求也发生较大变化。为此,有必要建立面向城镇化转移劳动力的金融服务大数据分析平台,精准定位这类群体的金融服务需求特征。通过金融科技作用发挥,提升城镇化推进过程中,金融服务效率、质量,发挥金融科技在经济金融化和城镇化协调发展中的"纽带"作用。

第十二章 研究结论与政策建议

第一节 研究结论

本书将理论分析和实证分析相结合、定性分析和定量分析相结合，旨在刻画中国经济金融化和城镇化发展概况及其趋势，剖析我国经济金融化与城镇化关系、分析经济金融化和城镇化协调发展水平，评估经济金融化对城镇化的影响效应，探寻新时期经济金融化和城镇化协调发展的路径并提出政策建议。

1. 理论分析表明经济金融化发展存在临界值

经济金融化的过程也是金融容量或者是一个国家或地区金融最大或"最适"容纳量变化的过程，会通过"金融化→经济增长→城镇化"路径与城镇化发生理论关联。从本质上来看，经济金融化和城镇化的关系体现的是在生产函数中，资金和劳动力要素比例变化的过程。最佳的资金与劳动力比率也就是经济金融化影响城镇化的临界值。当跨越临界值时，就意味着当前的金融容量已经超越了经济增长和城镇化所能承受的容量，也就是所说的过度金融化问题。

2. 经济金融化和城镇化演进过程均符合 Logistic 成长曲线所刻画的阶段性规律

本书运用 Logistic 成长曲线模拟经济金融化和城镇化演进过程，并运用非线性回归方法对 Logistic 成长曲线进行估计。研究发现，当前中国经济金融化处于成长曲线的"准备期"阶段，城镇化处于成长曲线的"成长初期"阶段。新时期无论是经济金融化还是城镇化都有较快的增长速度、较大的成长空间、较强的市场潜力。比较发现，在发展阶段上，城镇化发展明显超前、经济金融化发展明显滞后,两者存在发展阶段上的不匹配性和动态失衡性,并未出现协同共进的理论预期状态。新时期在中国推进经济金融化和城镇化协调发展中,应在稳定城镇化发展的前提条件下,继续推动经济金融化深化程度。

3. 无论是经济金融化还是城镇化都存在结构性"过度发展"状态

本部分运用 H-P 滤波法评估经济金融化和城镇化发展的"适度性"。分解结果发现,经济金融化过度发展的年份大多处于中国经济结构性转型、经济体制变革的时期,外部环境不好的年份更易出现经济金融化过度发展的情形。经济金融化过度发展的年份大多出现在改革开放之后的年份。在样本区间内,两者同时出现过度发展状态的年份有9次。

4. 中国经济金融化和城镇化的关系在宏观和区域层面存在不一致性

本书同时运用时间序列数据和面板数据,综合运用传统格兰杰检验和面板格兰杰检验方法,揭示经济金融化和城镇化的关系。研究发现,在宏观层面,经济金融化是城镇化的格兰杰原因,城镇化也是经济金融化的格兰杰原因,两者之间是双向因果关系、存在互动机制。但面板格兰杰因果检验结论却揭示,虽然经济金融化是城镇化的格兰杰原因,但是城镇化却不是经济金融化的格兰杰原因,两者在面板数据层面不存在互动关系。中国经济金融化和城镇化发展特色性、结构矛盾性十分明显。

5. 中国经济金融化和城镇化协调水平的波动性、反复性和间断性特征明显

本书运用动态协调适应度模型,评估经济金融化和城镇化协调发展水平。研究发现,虽然中国经济金融化和城镇化协调发展水平较高,但总体上呈现下降态势。从阶段性特征来看,两者的协调水平在整个样本区间上的变动趋势呈现倒"S+U"型特征,即"降—升—降—升降"的演变特征,波动性、反复性和间断性特征十分明显。尤其是在近十年的发展中,两者的协调性水平连续下降趋势明显。这些特点需要在新时期予以重点关注。若任凭这种趋势蔓延而无动于衷,两者之间的协调关系将逐步恶化乃至失衡,届时将对实体经济发展、产业结构转型升级和新旧动能转换产生诸多不利影响。

6. 样本区间内经济金融化对城镇化影响为正且存在门槛效应特征

分别构建普通面板和门槛面板模型实证经济金融化对城镇化影响的总体效应和阶段特征。整体而言,在样本跨期内经济金融化并没有对城镇化产生不良影响,相反其通过实现金融部门规模经济、引导资金再分配和加速资本积累等途径对城镇化产生显著的促进作用。但其对城镇化影响效应也存在显著空间差异,东部影响显著,中部和西部影响显著为负。从阶段特征来看,经济金融化对城镇化

的影响存在明显的门槛效应,在不同经济金融化阶段其对城镇化影响效应并非恒定。当期跨越第一个门槛值迈入第二阶段后其负面效应开始显现或呈现不确定性。

7. 中国经济金融化对城镇化的影响存在显著的空间效应

本书采用直接效应和间接效应分解的方法来探寻经济金融化对本区域和邻近区域城镇化的影响效应及特征。研究发现,经济金融化对本区域城镇化的影响存在着倒"U"型非线性特征。当经济金融化未达到"U"型曲线的定点以前,对该区域城镇化的影响效应显著为正,而当其跨越"U"型曲线的定点后,对该区域城镇化发展的负面效应便开始显现。但值得注意的是,其对邻近区域城镇化影响的非线性特征并不明显,而是存在显著的、线性的负向关系,会制约邻近区域城镇化的发展。此外,工业化和农业人力资本两个控制变量对本区域和邻近区域的城镇化影响效应均显著为正。

8. 新时期中国经济金融化与城镇化协调发展应坚持"1 + 2"的总体发展思路,通过服务实体经济、结构调整、人力资本投资三个路径实现

基于经济金融化和城镇化协调发展本质的认知、按照产城融合发展、以人为本以及包容普惠原则,新时代经济金融化与城镇化的发展应坚持"1 + 2"的总体发展思路,坚持以金融和产业融合共生发展为目标,平衡金融创新和金融监管的关系、处理好包容性和市场性的关系。其中,在服务实体经济路径方面,应强化货币政策调控,营造服务服务实体经济氛围;依托供应链提供金融服务,提升服务实体经济质量;创新 PPP 模式,改进金融服务实体经济效率。在产业结构调整路径方面,应明确货币政策与财政政策分工,强化协同配合;切实推进配套改革,突破产业结构调整困境;发展绿色金融,服务产业绿色转型。在人力资本投资路径方面,发挥消费金融作用、发挥小微金融作用、发挥金融科技作用。

第二节 政策建议

基于全书研究结论以及中国经济金融化与城镇化协调发展路径,新时期促进经济金融化和城镇化协调发展应建设经济金融化预警机制、创新金融服务新机制、构建普惠金融成长机制、建立区域合作机制四个方面进行。

一、建设经济金融化预警机制

1. 从实质层面看

经济金融化反映的是当前产业结构不合理、产能过剩和产业资本寻求释放的内在现实困境,也是当前体制下的金融服务供需不匹配、不均衡的"外化"特征,更是企业获得金融投资利润的短期性、主营业务不匹配性的投机行为。如不能合理引导和辅以政策规范,势必会陷入"金融业、产业冷"的经济困境,不断"虚化"实体经济,阻碍创新驱动进程,使城镇化发展的产业支撑"根基"受到侵蚀并产生不良影响。为此,应在创新驱动和结构转型调整基础上,围绕中小微制造业、家庭农场、农业专业合作社、农业产业化企业等融资难问题有针对性地创新金融服务机制并辅以财税政策手段,引导资金流向实体产业、回归生产性部门,以抑制金融投机行为进而切合新型城镇化的实质内涵要求。

2. 由于经济金融化和城镇化之间存在的倒"U"型关系

我们要形成客观认知,从多个维度对经济金融化的利弊进行全方位、系统化分析,对其中所隐匿的风险性、危害性了然于胸。随着经济金融化深化尤其是其达到倒"U"型顶点后,其势必会侵蚀城镇化发展的产业根基。而这背后反映的恰恰是实体经济的结构性矛盾与潜在危机的金融特征所导致的资金不愿进入实体经济而在虚拟经济内部"空转"的现实背离,会虚化实体经济产业结构和城镇化发展的基础支撑。为此,有必要建立经济金融化预警机制,强化经济金融化监管的区域合作和动态预测,力争将其负面效应控制在最小变动区间。

3. 由于经济金融化对城镇化的不良影响唯有在跨越临界值后才会产生和出现

而在此之前,其可以通过实现规模经济、提升产业竞争力和提供多样化、系统化的金融服务支持等途径推动城镇化发展。这要求我们应通过改革,建立经济金融化和城镇化发展的协调机制,破除现有金融支持实体经济、城镇化中存在的体制性障碍,将金融服务重点向制造业发展、农业现代化建设和农民人力资本提高等方向倾斜,通过经济体系的"推拉"机制带动城镇化的发展和提升金融服务城镇化的质量。此外,就微观层面而言,经济金融化反映的是企业利润缩减背景下寻求产业资本释放的"理性经济人"诉求,但其实质上是产能过剩困境中企业的一种短期性的投机行为,是在现行金融体制下企业"融资难、融资贵"问题的再体现。因此,要抑制投机,建立金融服务新机制,引导资金流向实体产业和实体部门,实现虚实互动、产城互动,加速新型城镇化建设进程。

二、创新金融服务新机制

经济金融化和城镇化两者均是社会发展的必然趋势并代表着经济发展与社会进步方向，但过度金融化会使城镇化进程受阻。推动经济金融化和城镇化的协调发展是题中之意与必然选择。为此，要顶层设计、总体规划，合理布局金融资源、规范金融资金投向以提升金融服务效率，为城镇化发展提供有效金融服务支撑。逐步加快金融服务创新力度，大力发展产业金融、贸易金融、科技金融、供应链金融等新型金融模式，提升金融支持实体经济、服务实体经济、推动实体经济的有效性，为城镇化发展提供产业根基、生存"土壤"，加快推进新型城镇化进程，提升城镇化发展质量，切实实现经济金融化和城镇化间的协调发展。当然，要实现这一条件，还需要外部的健全的信用体系和良好营商环境的保障。

1. 在信用体系建设方面

应从制度规范角度切入，要建立和完善相关法律法规，建立和制定覆盖面更广的信用监督及奖惩制度、社会信用体系。一方面，政府应着力推动公共信用信息、金融信用信息和市场信用信息的互联共享融合，及时完善企业经营情况、纳税情况、进出口报关等信用信息，以提升市场机制下的主体信用信息共享与应用水平。另一方面，可建立信用评价应用机制，推动实施守信激励、失信惩戒的制度的实施。通过各类措施逐步引导各类金融机构优势互补、协同共进，服务城镇化建设。这其中，大型金融机构发挥"流动性"优势、中小型金融机构发挥近距离服务、效率优势以及政府主导全局的力量整合优势，为保证经济金融化稳健运行、实现其与城镇化协调发展提供外部条件支撑。

2. 在营商环境方面

首先，要促进传统产业加快转型升级，逐步淘汰落后技术、落后产能。通过市场激励、政策引导和制度保障来鼓励企业培育核心技术、核心工艺、核心能力，进而提高企业的创新能力、市场竞争力，有效应对经济金融化冲击。其次，增强供应链整合能力，采取封闭式及全流程管理的生产模式，生产销售适销对路产品，确保融资用在"刀刃上"。最后，要切实降低实体企业尤其是制造企业的生产成本融资成本，通过良好营商环境营造、"工匠精神"培育，激发其创业和创新活力，让优质金融资源向有活力、有竞争力的优质实体企业、制造产业倾斜，保证其专心从事生产经营活动、提升盈利水平、抗冲击能力。

三、构建普惠金融成长机制

1. 构建普惠金融体系

新型城镇化是城乡一体、产城互动、资源集约和生态良性的城镇化，但归根结底还是"人"的城镇化。在城镇化的进程中，作为城镇化的主体他们对金融需求类别、需求程度、需求层次在每一个阶段也是千差万别的。由于城镇化主体金融需求的多变性，金融供给主体也应该对供给类别、供给方式进行动态调整，以便能够给金融需求主体提供满意的金融服务，这就需要对金融市场进行改革，构建普惠金融体系。要站在深化金融改革的角度，前后结合，统筹考虑，要在以下三个方面入手：一是丰富普惠金融组织体系，解决普惠金融供给不足的问题，最重要的就是创新，不仅仅是扩张金融机构；二是引领现有的金融机构对体制进行改革创新，在风险可以控制的条件下，拓展落后地区和急需产业的产业服务；三是放宽市场准入标准，鼓励社会资本和民间资本参与，构建多类别、广覆盖的普惠金融体系。

2. 健全普惠金融工具体系

为了满足不同类型顾客的需求，需要健全普惠金融产品体系和业务机制，利用网络技术，研发出多类别、便捷化的金融产品和服务，有利于解决顾客对服务广度、深度和效率等不满的问题。并且，为了有效克服信息不对称，应对信用评估和风险定价模型进行创新。然后金融服务机构改革方面，要发挥商业性金融、政策性金融、小微金融和农村资金互助合作组织等业务优势、定位和细分并将其整合成为一个普惠金融体系，增强他们的协同作用。为了满足不同类型顾客的需求，需要健全普惠金融产品体系和业务机制，利用网络技术，研发出多类别、便捷化的金融产品和服务，有利于解决顾客对服务广度、深度和效率等不满的问题。

3. 金融服务模式改革

要发展价值链金融，通过为生产、加工、销售与流通等价值链环节提供价值链金融服务，解决城市化进程中的资本需求困境。拓展普惠金融渠道体系，优化普惠金融生态体系，要根据城镇布局合理摆布网店资源，实现业务广覆盖。要充分利用互联网透明度高、交易成本低、便捷、快速等特性，鼓励金融机构利用互联网提供优质的服务，实现线上与线下的协调发展，为低收入的城镇居民提供低成本、高服务的金融模式。做好对低收入者、小型企业等基础信息的收集、整理和评价工作，为发展各类普惠金融组织提供了保障。对转移劳动力进行金融知识的教育以及如何防范金融风险的讲解,增强其风险抵御意识、维护金融消费者权益。

四、建立区域合作机制

按照基本规律认知,各个区域经济金融化发展水平的临界值和对城镇化的影响也应是不一样的。因此,政策制定也就不能"一刀切",一方面,应在厘清经济金融化对城镇化影响效应差异化的基础上,优化政策布局和制定差异化、针对性政策;另一方面,由于经济金融化对邻近区域城镇化发展影响显著为负,而且保持着恒定的线性关系。这就充分说明经济金融化的发展对邻近区域所产生的不良影响。这就说明在区域内,除了要建立经济金融化预警机制与城镇化发展的协调机制之外,更为重要的是还应建立区域间的应对合作机制,而不应"孤军奋战",从总体层面,应分区域、分时段评估经济金融化过程,全面甄别经济金融化的潜在风险,趋利避害,为城镇化的健康、稳定发展提供有效的支撑。

同时,在空间层面,应优化金融资源的空间配置,合理布局金融要素。中央政府及各地政府在加大财政金融资金投入城镇化建设的同时,应不断优化财政金融支持城镇化发展的空间结构,合理布局财政金融资金,切忌"一刀切"和"撒胡椒面",必须有的放矢,强化针对性、效率性,并在财政金融政策实施中,强化政策的疏导与调整,建立财政金融支农的长效机制,逐步增强对中西部财政金融支持城镇化建设的力度和规模,逐步缩小城镇化发展的空间差距和发展困境,实现区域经济金融化和城镇化的协调发展。

参考文献

[1] Aalbers M B. The Financialization of Home and the Mortgage Market Crisis [J]. Competition & Change, 2008, 12 (2): 148 – 166.

[2] Arrighi G. The Long Twentieth Century: Money, Power, and the Origins of Our Times [M]. Verso, 1994.

[3] Corak M. Income Inequality, Equality of Opportunity, and Intergenerational Mobility [J]. Iza Discussion Papers, 2013, 27 (3): 79 – 102.

[4] Corpataux J, Crevoisier O, Theurillat T. The Expansion of the Finance Industry and Its Impact on the Economy: A Territorial Approach Based on Swiss Pension Funds [J]. Economic Geography, 2009, 85 (3): 313 – 334.

[5] Davis K. The Urbanization of the Human Population [J]. The City Reader, 1966: 1 – 14.

[6] Demetriades, O. Hussein K A. Does Financial Development Cause Economic Growth? Time-series Evidence from 16 Countries [J]. Journal of Development Economics, 1996, 51 (2): 387 – 411.

[7] Dore R. Financialization of the Global Economy [J]. Industrial and Corporate Change, 2008, 17 (6): 1097 – 1112.

[8] Epstein, Gerald A., ed. Financialization and the World Economy [M]. Edward Elgar Publishing, 2005.

[9] Fligstein N. The Architecture of Markets: An Economic Sociology of Twenty-first-century Capitalist Societies [M]. Princeton University Press, 2001.

[10] Foster J B, Magdoff F. Financial Implosion and Stagnation [J]. Monthly Review, 2008, 60 (7): 1 – 29.

[11] Freeman R B. It's Financialization! [J]. International Labor Review,

2010, 149(2): 163 – 183.

[12] Gleadle P, Haslam C. An Exploratory Study of an Early Stage R&D-intensive Firm Under Financialization [C] //Accounting Forum. Elsevier, 2010, 34 (1): 54 – 65.

[13] Hansen, B. E. Threshold Effects in Non-dynamic Panels: Estimation, Testing, and Inference [J]. Journal of Econometrics, 1999 (2): 345 – 368.

[14] Harper M. Profit for the Poor: Cases in Micro-finance [M]. Intermediate Technology Publications Ltd. (ITP), 1998.

[15] Hewison, K., Kalleberg, A. L. Precarious Work and Flexibilization in South and Southeast Asia [J]. American Behavioral Scientist, 2012, 57 (4): 395 – 402.

[16] Karnani A. Microfinance Misses its Mark [J]. Retrieved February, 2007 (18): 2009.

[17] Kedrosky P, Stangler D. Financialization and Its Entrepreneurial Consequences [J]. Kauffman Foundation Research Series, 2011 (3).

[18] Kotz D M. Neoliberalism and Financialization [J]. Comunicación Presentada el, 2008 (2).

[19] Krippner G R. The Financialization of the American Economy [J]. Socio-Economic Review, 2005, 3 (2): 173 – 208.

[20] Lapavitsas C. Theorizing Financialization [J]. Work, Employment & Society, 2011, 25 (4): 611 – 626.

[21] Lee K M, Cheng C Y. Financialization, Economic Crises and Social Protection: The Case of Hong Kong [J]. Journal of Asian Public Policy, 2011, 4 (1): 18 – 41.

[22] Lin K H, Tomaskovic-Devey D. Financialization and US Income Inequality, 1970 – 2008 [J]. American Journal of Sociology, 2013, 118 (5): 1284 – 1329.

[23] Maddala, G. S., Wu, S. A Comparative Study of Unit Root Tests with Panel Data and a New Simple Test [J]. Oxford Bulletin of Economics & Statistics, 1999, 61 (S1): 631 – 52.

[24] McCoskey, S., Kao, C. A Panel Data Investigation of the Relationship between Urbanization and Growth [J]. Urban/Regional, 1998.

[25] Mishra U, Sivramkrishna S, Jyotishi A. Impacts of Globalization on Indian

Industry: Case of Financialization in it And Non It Sectors [C] //Proceedings of the 52nd ACM Conference on Computers and People Research. ACM, 2014: 69 – 75.

[26] Palley T I. Financialization: What It Is and Why It Matters [R]. Working Papers//The Levy Economics Institute, 2007.

[27] Pedroni, Peter. Critical Values for Cointegration Tests in Heterogeneous Panels with Multiple Regresses. Oxford Bulletin of Economics & Statistics, 1999, 61 (S1): 653 – 670.

[28] Putzeys R. Micro Finance in Vietnam: Three Case Studies [J]. Rural Project Development, Hanoi, 2002.

[29] Ravallion M, Chen S, Sangraula P. New Evidence on the Urbanization of Global Poverty [J]. Population and Development Review, 2007 (4): 667 – 701.

[30] Rossman P, Greenfield G. Financialization: New Routes to Profit, New Challenges for Trade Unions [J]. Labor Education, 2006, 1 (142): 55 – 62.

[31] Sovani N V. The Analysis of "Over-Urbanization" [J]. Economic Development and Cultural Change, 1964 (2): 113 – 122.

[32] Stockhammer E. Financialization and the Global Economy [Z]. Political Economy Research Institute Working Paper, 2010 (242).

[33] Swain R B, Sanh N V, Tuan V V. Microfinance and Poverty Reduction in the Mekong Delta in Vietnam [J]. African & Asian Studies, 2008, 7 (2 – 3): 191 – 215.

[34] Tickell A. Finance and Localities [M]. The Oxford Handbook of Economic Geography, 2000: 230 – 247.

[35] Tomaskovic-Devey D, Lin K H. Income Dynamics, Economic Rents, and the Financialization of the US Economy [J]. American Sociological Review, 2011, 76 (4): 538 – 559.

[36] Van der Zwan N. Making Sense of Financialization [J]. Socio-Economic Review, 2014, 12 (1): 99 – 129.

[37] Zhang K H, Song S. Rural – urban Migration and Urbanization in China: Evidence from Time-series and Cross-section Analyses [J]. China Economic Review, 2003 (4): 386 – 400.

[38] 安世友. 金融资产管理公司支持实体经济的路径选择 [J]. 西南金融, 2018 (4): 3 – 9.

[39] 巴曙松. 将小微金融发展作为下一步金融改革的重点 [J]. 西南金融, 2012 (6): 4-6.

[40] 白钦先. 百年金融的历史性变迁 [J]. 国际金融研究, 2003 (2): 59-63.

[41] 白钦先. 金融全球化——一把"双刃剑" [J]. 求是, 2001 (1): 57-58.

[42] 贝多广. 全新认识小微金融 [J]. 中国金融, 2014 (3): 40-41.

[43] 蔡如海, 刘向明. 中国的货币化与金融化: 影响因素与演进趋势 [J]. 金融论坛, 2008 (5): 58-63.

[44] 蔡则祥, 武学强. 新常态下金融服务实体经济发展效率研究——基于省级面板数据实证分析 [J]. 经济问题, 2017 (10): 14-25.

[45] 曹建华, 李风琦. 新形势下金融服务实体经济的路径与对策分析 [J]. 理论探讨, 2018 (6): 88-95.

[46] 陈斌开, 林毅夫. 发展战略、城市化与中国城乡收入差距 [J]. 中国社会学, 2013 (4): 81-102.

[47] 陈雨露. 中国新型城镇化建设中的金融支持 [J]. 经济研究, 2013 (2): 10-12.

[48] 陈钊, 陆铭, 金煜. 中国人力资本和教育发展的地区差异: 对于面板数据的估算 [J]. 世界经济, 2004 (12): 25-31.

[49] 崔学东. 当代资本主义金融化与金融危机——异端经济学金融化研究述评 [J]. 社会科学战线, 2009 (7): 60-65.

[50] 戴根有. 建立我国征信体系的思考 [J]. 征信, 2005 (1): 27-30.

[51] 丁敏哲. 城市化与区域金融改革 [J]. 中国金融, 2013 (4): 28-29.

[52] 董晓峰, 杨春志, 刘星光. 中国新型城镇化理论探讨 [J]. 城市发展研究, 2017, 24 (1): 26-34.

[53] 杜晓山. 小额信贷的发展与普惠性金融体系框架 [J]. 中国农村经济, 2006 (8): 70-73.

[54] 段平方. 西方激进经济学对资本主义金融化与金融危机研究的理论综述 [J]. 财政研究, 2012 (2): 79-81.

[55] 樊志刚. 微型金融的大行实践 [J]. 中国金融, 2014 (3): 38-39.

[56] 冯献, 崔凯. 中国工业化、信息化、城镇化和农业现代化的内涵与同步发展的现实选择和作用机理 [J]. 农业现代化研究, 2013, 34 (3):

269-273.

[57] 辜胜阻,刘江日. 城镇化要从"要素驱动"走向"创新驱动"[J]. 人口研究,2012(6):3-12.

[58] 辜胜阻,杨威. 反思当前城镇化发展中的五种倾向[J]. 中国人口科学,2012(3):2-8.

[59] 辜胜阻. 非农化与城镇化研究[M]. 杭州:浙江人民出版社,1991.

[60] 辜胜阻等. 中国特色城镇化道路研究[J]. 中国人口·资源与环境,2009(1):47-52.

[61] 郭道扬. 会计制度全球性变革研究[J]. 中国社会科学,2013(6):72-90.

[62] 郭田勇,丁潇. 普惠金融的国际比较研究——基于银行服务的视角[J]. 国际金融研究,2015(2):55-64.

[63] 韩长赋. 加快发展现代农业[N]. 人民日报,2010-11-22.

[64] 郝云平,雷汉云,董永亮. 普惠金融与包容性经济增长——基于中国西部地区面板数据的实证[J]. 金融与经济,2018(5):44-49.

[65] 何光辉,杨咸月. 印度小额信贷危机的深层原因及教训[J]. 经济科学,2011(4):107-118.

[66] 何平,倪苹. 中国城镇化质量研究[J]. 统计研究,2013(6):11-18.

[67] 何自立,马锦生. 发达国家经济高度金融化的内涵及本质[J]. 经济纵横,2013(5):20-27.

[68] 洪正. 新型农村金融机构改革可行吗?——基于监督效率视角的分析[J]. 经济研究,2011(2):44-58.

[69] 胡海峰,金允景. 全面提升金融服务实体经济质量和水平[J]. 河北经贸大学学报,2014,35(5):101-105.

[70] 胡宗义,刘亦文,袁亮. 金融均衡发展对经济可持续增长的实证研究[J]. 中国软科学,2013(7):25-38.

[71] 黄庆华,姜松. 城镇化、门槛效应与房地产价格变动[J]. 财经问题研究,2014(11):99-106.

[72] 贾伟强,李文娟. 中国农村人力资本问题研究综述——2000~2009年的研究[J]. 当代经济管理,2012(8):21-26.

[73] 姜松,曹峥林,刘晗. 农业适度规模经营与金融服务创新:特征现象与演化机制[J]. 世界农业,2017(7):67-73.

[74] 姜松, 黄庆华, 王钊. FDI、门槛效应与房地产业发展——基于1999~2010年省际面板数据的实证 [J]. 软科学, 2013 (7): 7-12.

[75] 姜松, 黄庆华, 周虹. 小微金融发展与城镇化: 影响效应与非线性特征 [J]. 金融与经济, 2016 (4): 8-14.

[76] 姜松, 黄庆华. 互联网金融发展与经济增长的关系——非参数格兰杰检验 [J]. 金融论坛, 2018 (3): 6-23.

[77] 姜松, 黄庆华. 中国经济金融化对城镇化影响的总体效应与阶段特征 [J]. 金融论坛, 2016 (4): 16-33.

[78] 姜松, 刘晗, 周虹. 金融支农与农业现代化演进: 影响效应与区域差异 [J]. 重庆理工大学学报（社会科学版）, 2016, 30 (11): 38-49.

[79] 姜松, 王钊, 刘晗. 中国经济金融化与城镇化的空间计量分析——基于直接效应与间接效应分解 [J]. 贵州财经大学学报, 2017 (3): 70-83.

[80] 姜松, 王钊. 中国城镇化与房价变动的空间计量分析 [J]. 科研管理, 2014 (11): 163-170.

[81] 姜松, 吴卫红, 曹峥林. 财政支农、农村金融发展与城乡统筹——来自重庆的经验实证 [J]. 金融理论与实践, 2012 (4): 24-30.

[82] 姜松, 周虹. 互联网金融发展与货币政策传导机制: 冲击与应对 [J]. 河北经贸大学学报, 2019, 40 (1): 41-49.

[83] 姜松, 周虹. 中国互联网金融发展、货币政策与经济增长——基于省际季度动态面板的实证 [J]. 金融与经济, 2018 (4): 30-35.

[84] 姜松. 农业价值链金融创新的现实困境与化解之策——以重庆为例 [J]. 农业经济问题, 2018 (9): 44-54.

[85] 姜松. 农业适度规模经营与金融服务共生演化机理及模式研究——基于农业价值链视角 [M]. 北京: 经济管理出版社, 2018.

[86] 姜松. 西部农业现代化演进过程及机理研究 [D]. 西南大学博士学位论文, 2014.

[87] 姜松. 重庆市城乡统筹发展制约因素及推进路径研究 [D]. 西南大学硕士学位论文, 2011.

[88] 金碚. 全球竞争新格局与中国产业发展趋势 [J]. 中国工业经济, 2012 (5): 5-17.

[89] 金台临. 小微金融支持新型城镇化发展研究——基于台州市小微金融机构的研究 [J]. 农村金融研究, 2015 (5): 57-72.

［90］康芒斯．制度经济学［M］．北京：商务印书馆，2006．

［91］李建伟．城镇化背景下农村异质性金融需求制度实证研究——基于金融排斥的视角［J］．云南财经大学学报，2014（1）：138 - 144．

［92］李克强．政府工作报告——2014 年 3 月 5 日在第十二届全国人民代表大会第二次会议上［J］．新华月报，2014（7）：10 - 18．

［93］李凌．论双层监管体制下小微金融监管制度创新［J］．中南财经政法大学学报，2014（3）：93 - 98．

［94］李孟刚，徐英倩．新时代增强金融服务实体经济能力研究［J］．理论探讨，2018（1）：106 - 112．

［95］李强，陈宇琳，刘精明．中国城镇化"推进模式"研究［J］．中国社会科学，2012（7）：82 - 100．

［96］李扬．"金融服务实体经济"辨［J］．经济研究，2017，52（6）：4 - 16．

［97］李扬．中国经济发展新阶段的金融改革［J］．经济学动态，2013（6）：4 - 14．

［98］李媛媛，金浩，张玉苗．金融创新与产业结构调整：理论与实证［J］．经济问题探索，2015（3）：140 - 147．

［99］刘波，王修华，彭建刚．我国居民收入差距中的机会不平等——基于 CGSS 数据的实证研究［J］．上海经济研究，2015（8）：77 - 88．

［100］刘刚，白钦先．热钱流入、资产价格波动和我国金融安全［J］．当代财经，2008（11）：43 - 49．

［101］刘文．我国农村人力资本的基本特征及投资战略研究［J］．南开经济研究，2004（3）：22 - 27．

［102］鲁春义．基于 VAR 模型的中国金融化、垄断与收入分配关系研究［J］．经济经纬，2014（1）：141 - 148．

［103］罗超平，周子琳．城镇化"新型"的内涵与现实评价——以重庆为例［J］．西南大学学报（自然科学版），2016，38（2）：83 - 89．

［104］莫雷拉，阿尔梅达．资本主义的"金融化"及其近年来对拉丁美洲新兴经济体的影响［J］．当代经济研究，2010（9）：1 - 5．

［105］倪鹏飞．新型城镇化的基本模式、具体路径与推进对策［J］．江海学刊，2013（1）：87 - 94．

［106］宁爱照，杜晓山．农村小额信贷市场分析［J］．农村经济，2015

(2): 52-56.

[107] 逄金玉. 金融服务实体经济解析 [J]. 管理世界, 2012 (5): 170-171.

[108] 齐兰, 陈晓雨. 中国经济金融化对产业结构优化影响机制的实证研究 [J]. 当代经济管理, 2015, 37 (5): 75-80.

[109] 邱兆祥, 王树云. 金融与实体经济关系协调发展研究 [J]. 理论探索, 2017 (4): 28-34.

[110] 任碧云, 李柳颖. 数字普惠金融是否促进农村包容性增长——基于京津冀2114位农村居民调查数据的研究 [J]. 现代财经 (天津财经大学学报), 2019, 39 (4): 3-14.

[111] 唐蜜, 肖磊. 欠发达地区人口大县城镇化动力机制分析 [J]. 农业经济问题, 2014 (8): 100-109.

[112] 田菁. 中国区域金融发展: 差异、特点及政策研究 [J]. 财经问题研究, 2011 (2): 63-70.

[113] 田力, 胡改导等. 中国农村金融容量问题研究 [J]. 中国农村经济, 2004 (3): 125-135.

[114] 万广华. 城镇化与不均等: 分析方法和中国案例 [J]. 经济研究, 2013 (5): 73-86.

[115] 王国刚. 城镇化: 中国经济发展方式转变的重心所在 [J]. 经济研究, 2010 (12): 70-81.

[116] 王俊豪. 产业经济学 (第二版) [M]. 北京: 高等教育出版社, 2012.

[117] 王立国, 赵婉妤. 我国金融发展与产业结构升级研究 [J]. 财经问题研究, 2015 (1): 22-29.

[118] 王擎, 田娇. 非正规金融与中国经济增长效率——基于中国省级面板数据的实证研究 [J]. 财经科学, 2014 (3): 11-20.

[119] 王素斋. 新型城镇化科学发展的内涵、目标与路径 [J]. 理论月刊, 2013 (4): 165-168.

[120] 韦福雷, 胡彩梅, 鞠耀绩. 省域城镇化金融支持效率及影响因素 [J]. 金融论坛, 2013 (10): 3-8.

[121] 温涛, 冉光和, 熊德平. 中国金融发展与农民收入增长 [J]. 经济研究, 2005 (9): 30-43.

[122] 吴超,钟辉. 金融支持我国城镇化建设的重点在哪里 [J]. 财经科学, 2013 (2): 1-10.

[123] 吴晓灵. 2008年国际金融十大新闻 [J]. 国际金融研究, 2009 (1): 6-15.

[124] 吴晓求. 中国构建国际金融中心的路径探讨 [J]. 金融研究, 2010 (8): 199-206.

[125] 夏春萍,刘文清. 农业现代化与城镇化、工业化协调发展关系的实证研究 [J]. 农业技术经济, 2012 (5): 79-85.

[126] 肖妍,王伟. 金融支持西部落后地区城镇化:现状与对策研究——以渝东南地区为例 [J]. 西南金融, 2014 (4): 60-63.

[127] 谢杰. 工业化、城镇化在农业现代化进程中的门槛效应 [J]. 农业技术经济, 2012 (4): 84-89.

[128] 谢康,肖静华,周先波等. 中国工业化与信息化融合质量:理论与实证 [J]. 经济研究, 2012 (1): 4-16.

[129] 熊湘辉,徐璋勇. 中国新型城镇化进程中的金融支持影响研究 [J]. 数量经济技术经济研究, 2015 (6): 73-89.

[130] 徐建军,王浩瀚. 我国金融发展对国际贸易的影响机理阐释及经验证据 [J]. 国际贸易问题, 2009 (2): 100-107.

[131] 徐选国,杨君. 人本视角下的新型城镇化建设:本质、特征及其可能路径 [J]. 南京农业大学学报 (社会科学版), 2014, 14 (2): 15-20.

[132] 严蓓蓓. 内涵式城镇化:完全城镇化的内涵、制约因素及实现路径 [J]. 行政论坛, 2013, 20 (6): 88-92.

[133] 严启发. 对当前国际金融形势的若干观察与思考 [J]. 国际贸易, 2008 (3): 54-57.

[134] 杨小玲. 金融发展、就业效应与产业结构调整 [J]. 广东金融学院学报, 2009 (4): 5-12.

[135] 殷晓岚. 20世纪苏南农业与农村变迁研究 [D]. 南京农业大学博士学位论文, 2004.

[136] 袁晓初. 金融支持新型城镇化建设研究 [J]. 学习与探索, 2013 (8): 122-124.

[137] 张成思,张步昙. 再论金融与实体经济:经济金融化视角 [J]. 经济学动态, 2015 (6): 56-66.

[138] 张林. 金融发展、科技创新与实体经济增长——基于空间计量的实证研究 [J]. 金融经济学研究, 2016 (1): 14-25.

[139] 张慕濒, 孙亚琼. 金融资源配置效率与经济金融化成因 [J]. 经济学家, 2014 (4): 81-90.

[140] 张慕濒, 诸葛恒中. 全球化背景下中国经济的金融化: 含义与实证检验 [J]. 世界经济与政治论坛, 2013 (1): 122-138.

[141] 张培刚. 农业与工业化 (中下合卷) [M]. 武汉: 华中科技大学出版社, 2002.

[142] 张荣天, 焦华富. 中国新型城镇化研究综述与展望 [J]. 世界地理研究, 2016, 25 (1): 59-66.

[143] 张引, 杨庆媛, 李闯, 杨孟禹. 重庆市新型城镇化发展质量评价与比较分析 [J]. 经济地理, 2015, 35 (7): 79-86.

[144] 赵峰. 当代资本主义经济是否发生了金融化转型 [J]. 经济学家, 2010 (6): 15-23.

[145] 赵磊, 肖斌. 经济金融化何以可能——一个马克思主义的解读 [J]. 当代经济研究, 2013 (3): 61-65.

[146] 赵玉敏. 世界经济金融化对中国制造业的影响 [J]. 国际贸易, 2008 (11): 49-53.

[147] 中国人民银行长春中心支行课题组. 金融城镇偏向对城镇化的影响——基于城乡二元框架的分析 [J]. 金融论坛, 2013 (10): 22-28.

[148] 钟伟. 21世纪初期金融全球化及中国的政策选择 [J]. 世界经济与政治, 2001 (4): 51-56.

[149] 周业安, 冯兴元, 赵坚毅. 地方政府竞争与市场秩序的重构 [J]. 中国社会科学, 2004 (1): 56-65.

[150] 朱纯福. 银行移动金融发展与货币数字化、财富积累 [J]. 金融论坛, 2015 (2): 3-11.

[151] 邹晓梅, 张明, 高蓓. 欧洲的资产证券化: 发展历程、特色产品及其对中国的启示 [J]. 上海金融, 2015 (1): 79-84.

后　记

本书的选题最早源于学校科研启动基金项目，最终的结题成果为研究报告。在项目实施的过程中，也利用课题研究的契机，在《金融论坛》《贵州财经大学学报》《金融与经济》等核心期刊形成一批下载量、引用率均较好的研究成果。可以说，在进行专著写作之前，著者已经在这一领域有了丰厚的积累。2019年重庆理工大学经济金融学院为配合学校博士点申报建设，资助教师出版专著。因此，也借这个机会，重新将研究成果进行进一步拓展并形成专著出版，提升成果的影响力、转化能力，使其中的研究问题、基本思路、技术路线、主要观点及政策建议在更大程度上、更大范围内得到传播，引起更多专家学者、更多政府决策者、更多研究人员对于这一选题的关注。

本书除了融合既有的研究成果，还增加了诸多新内容。一是从国外经济金融化发展历程的梳理出发，凝练金融化发展的一般特征及其现实启示；二是从制度演进的角度，刻画经济金融化的演进轨迹、制度框架以及制度逻辑，然后回归现实，从宏观、中观和微观三重维度，描画我国经济金融化发展的现实概况、演进过程并对适度性进行判断；三是研究我国城镇化发展现状与特征、空间布局与比较、模拟结果与定位，并从动态视角揭示我国经济金融化和城镇化之间的动态失衡；四是从多维度实证检验经济金融化和城镇化之间的关系，然后运用协调适应度模型测度中国经济金融化与城镇化协调性。这些内容的添加使研究的系统性更好、逻辑更为紧密、内容更为完善。

这些工作量的增加都与研究团队成员的辛勤付出是分不开的。因为重庆理工大学经济金融学院资助专著出版有一定的期限限制，为了达到专著出版的要求，团队成员在山城炎热的夏天，加班加点、加速赶工，终于在规定的时间同出版社签订合同，如期出版。因此，也借专著成稿之际，向研究团队成员道一声感谢。感谢重庆工商职业学院夏艳老师在理论基础、国外经济金融化发展特征、政策建议等部分的辛勤付出；感谢周鑫悦、喻卓和孙玉鑫三位可爱的研究生在国外经济金融化发展过程梳理、经验启示、中国经济金融化发展成就、中国城镇化发展现状及其发展趋势、中国城镇化发展的空间布局与比较等部分的辛勤付出和进行的卓有成效的工作。相信这次科研训练会提升你们的数据分析能力、写作能力，成为你们研究生阶段学习的宝贵经历。感谢经济管理出版社胡茜主任和编辑、校对老师对本书的鼎力相助和所付出的辛勤劳动。

虽然研究对经济金融化和城镇化之间的关系、作用机理及影响效应进行了卓有成效的理论和实证分析，但是我们也要正视研究中存在的相关问题，需要在新时期进行深入研究。一是对金融化和城镇化的适度性进行判断时运用的是 H-P 滤波法，该方法反映的是统计层面的"适度性"含义，经济学内涵需要进一步挖掘。加之现实世界问题本源产生的复杂性、多元性，这一方法的现实运用性有待进一步提高。二是在刻画经济金融化和城镇化的演进过程运用的是逻辑成长曲线模型，虽然运用的非线性估计方法可以提升估计结果的可信度、无偏性和一致性，但该模型中求解得到的拐点时间以及预测结果，也只能用作划分阶段与定位以及深化认知，不能作为政策参考依据。因为，随着体制转轨、制度创新，预测时间也可能会发生变异或趋势改变。三是在业态层面，本书主要从小微金融的角度进行论证，因为数据获得原因并未涵盖其他金融业态和进行比较研究，这一点需要后续研究的深入进行。这些方面存在的问题将成为著者在新时期研究的重点和主攻领域。

最后需要说明的是，本书反映的只是著者在经济金融化和城镇化理论基础、发展现状、协调性判断、相互关系以及影响效应等方面研究中的学术观点、方法运用和问题诊断，并不代表著者所在单位的基本立场和根本原则。

姜松

2019 年 8 月于山城重庆